中国财税制度改革与
创新发展研究

宋凤轩 著

财政学专业综合改革试点
河北大学政府管理与公共政策研究中心　　资助

科学出版社

北 京

内 容 简 介

本书是作者对财税理论与制度建设观点的集结，内容上紧密结合经济社会发展实际，重点突出财税制度改革中预算公开、绩效预算、社保基金运营、营改增、直接税建设、所得税国际化、综合治税等热点话题，展现了中国财税制度发展改革轨迹，相关政策建议为财税改革创新提供了思路。

本书将财政预算管理、财政税收政策、现代税收制度建设等方面的内容呈献给读者，可供财政学、税收学和相关经济学类本科生、研究生以及对中国财税制度感兴趣的人士参考研读。

图书在版编目（CIP）数据

中国财税制度改革与创新发展研究 / 宋凤轩著. —北京：科学出版社，2019.11

ISBN 978-7-03-058470-0

Ⅰ．①中… Ⅱ．①宋… Ⅲ．①财税－财政改革－研究－中国

Ⅳ．①F812.2

中国版本图书馆 CIP 数据核字（2018）第 180313 号

责任编辑：马 跃 李 嘉 / 责任校对：王丹妮

责任印制：吴兆东 / 封面设计：无极书装

科学出版社出版

北京东黄城根北街 16 号
邮政编码：100717
http://www.sciencep.com

北京虎彩文化传播有限公司 印刷

科学出版社发行 各地新华书店经销

*

2019 年 11 月第 一 版 开本：720×1000 B5
2020 年 1 月第二次印刷 印张：12 1/2
字数：260 000

定价：**102.00 元**

（如有印装质量问题，我社负责调换）

目　录

第一章 财政管理制度的改革与评价

第一节 预算公开制度的评述与展望

预算公开是我国国家治理结构的核心问题之一。随着我国预算制度不断完善，预算透明度也逐渐提升，中央与地方政府都在加快预算公开建设的步伐，2014 年修订的《中华人民共和国预算法》（以下简称《预算法》）的出台更是从法律上明确规定了预算公开的重要地位，2018 年 12 月 29 日最新修订的《中华人民共和国预算法》中对预算公开的相关内容未作改动。但在实际推进预算公开的过程中，受到内部与外部等诸多因素的限制，政府预算信息在对内与对外公开方面都还不到位。针对当前我国预算公开制度存在的问题，根据不同地区的具体情况，本节提出了破解我国预算公开水平低的对策。

一、当前中国政府预算公开制度的运行状况

（一）预算公开原则得到法律制度上的强化

2005~2014 年，经历了十年的讨论，修订后的《预算法》最终于 2014 年 8 月 31 日出台。2014 年修订的《预算法》着重突出了预算透明度问题，将完善预算体系，健全预算透明制度作为预算改革的重要任务。

随着我国预算外资金的取消，所有的财政收支全部纳入政府预算，并由人大进行监督审查，这就进一步强化了对预算资金来源与去向的监管。在预算公开的过程中，《预算法》明确规定，所有批准的预算、决算及相关调整的内容，均应在限期（20 日）内向社会公开，并将预算的执行、政府采购、转移支付、资金使用等情况及时向社会公开（国家机密除外），对于未按规定公开预算的相关负责人，进行必要的行政问责。这一系列规定，确立了预算公开在《预算法》中的

地位，将预算公开推向了一个新的高度，有助于构建阳光政府、责任政府，提升政府在公众心中的地位。

（二）预算信息注重向社会公众公开

随着我国预算公开的推进，预算向社会公开的"内力"和"外力"同时发挥作用。在"内力"方面，政府部门的思想理念不再是将预算信息作为本部门的"秘密"，而是作为推进服务型政府建设的一种手段，促进政府与社会公众间的良好沟通。随着《中华人民共和国政府信息公开条例》的颁布实施，预算公开的途径更加明确。鉴于公众知识层次的差异，一些地方政府充分利用公众熟悉的网络平台，对预算信息进行公开，使大众能够方便、快捷地了解预算情况，有利于公开信息作用范围的扩展。

在政府部门自身公开意识提高的同时，"外力"的作用日益彰显，公众的预算参与意识逐步增强。公民作为社会契约中的委托人、社会生活中的纳税人，有权利了解政府将自己的税款用在哪里，同样有权利参与对政府提供的公共产品和服务的监督；对于自己不满意的政府行为，公民有权按照社会契约提出质疑，对于违反契约的行为，公民还有权向政府要求"违约赔偿"。这样一来，逐渐形成一种自下而上的合力——从公民的外部约束到政府的自我遵循。虽然这种合力的作用暂时还不太明显，但作为真正预算公开的起点，为我国预算公开增添了一定的能量。

（三）地方政府预算公开的推行取得明显成效

自 2010 年开始，我国各省、自治区、直辖市基本向社会公开预算与决算报告，加上《预算法》在预算公开理念和法制上的强化，地方政府提高了对预算公开的重视程度。为打造服务型政府，提高政府的公信力，近年来各省、自治区、直辖市都在努力提升服务水平。以北京市和河北省为例，在创新预算信息公开方式等方面，北京市充分发挥市人大、第三方和社会监督的作用。例如，北京市人大在大额专项资金使用上，以随机的方式对项目进行抽签询问，在绩效评价过程中，将内部监督与第三方监管相结合，重视社会学者与评估机构的评估意见，将内部与外部评价结果综合起来向社会公布，这样既发挥了各监督方的作用，又实现了对预算的全方位监管。河北省财政厅于 2008 年 3 月 7 日发布了冀财办〔2008〕10 号文件——《关于印发〈河北省财政厅政府信息公开指南〉的通知》，明确河北省财政厅办公室为河北省财政厅政府信息公开机构。河北省财政厅自 2008 年 5 月 1 日起正式受理政府信息公开申请。2008 年 5 月 29 日经省政府第 5 次常务会议讨论通过的《河北省实施〈中华人民共和国政府信息公开条例〉办法》，自 2008 年 7 月 1 日起施行，并于 2015 年实现了省级预决算的"全公开"，且在河北省人民政府网首页设预决算公开专栏，方便公众搜索预算相关信息。2016 年 1 月 18 日，河北省人民政府在河北省财政信息网站和《公共支出与采购》期刊上发布了《河北省财政厅政府信息公开指南》，明确河北省财政厅办公室为信息公开机构，并在河北省财政信息网首页设预决算公开专栏，方便公众搜索预算相关信息。

二、中国预算公开制度进程中面临的障碍

1. "三公"经费透明度依然较低

自 2010 年起，我国的"三公"经费支出公开制度，首先从中央各部门推行。虽然我国预算公开的步伐逐渐加快，但实际的公开程度还有待提高。首先，公开的自觉性较差。以最先进行"三公"经费公开的科学技术部来说，公开行为并不是其主观意愿，而是我国科技创新能力低下，其受到社会和两会的外部压力而被迫为之。其次，公开内容过于笼统。在预算科目中，有一项预算科目叫"其他支出"，这一科目的设置，给各部门的预算制定预留了很大空间，很多部门利用这一科目本身的模糊性，将所有"灰色支出"放入这一科目中，企图掩盖资金的实际用途。最后，地方政府"三公"经费的公开标准不统一。目前大部分省份还处于仅仅公布一个数字代替整个"三公"经费开支，这种形式上的公开并无实际意义。

2. 预算编制规范性较差

同国外相比，我国预算编制时间较短，仅仅两个月，就要将下一年度的预算编制完成，可谓"时间紧，任务重"，要保证编制速度，就意味着编制质量会受到影响。在预算执行中，各部门会根据实际情况进行调整，这就可能滋生一些腐败问题。以专项资金为例，这是许多部门眼中的一块"肥肉"，一些部门领导美其名曰"招标"，时常发生以权谋私行为，以收受贿赂、"寻租"等方式"在其位谋其利"，使得本应通过招投标进行的政府采购变成了形式，部门领导掌控了决定权。综合项目建设能力并不是中标的唯一依据，于是真正高效的投标公司无法中标，最终项目质量不能保证，预算资金也没能有效发挥作用。除此之外，虚报谎报预算项目、任意调整预算、"糊涂账"等问题充斥预算所有环节，使得预算支出的盲目性和随意性凸显。

3. 整体预算公开的绩效水平不高

1）各地区信息公开程度差异较大

虽然预算信息公开不断向全国推进，但在地方政府推进的过程中，不同地区的进度有所不同，且地区间的公开差异度较大（表 1.1、图 1.1）。

表 1.1　2009~2018 年财政透明度排名情况

年份	2009	2010	2011	2012	2013	2014	2015	2016	2017	2018
最高分地区	福建	福建	新疆	湖北	海南	新疆	山东	宁夏	山东	广东
最低分地区	吉林	宁夏	贵州	青海	吉林	西藏	贵州	江苏	湖北	江西

资料来源：2009~2018 年《中国财政透明度报告》

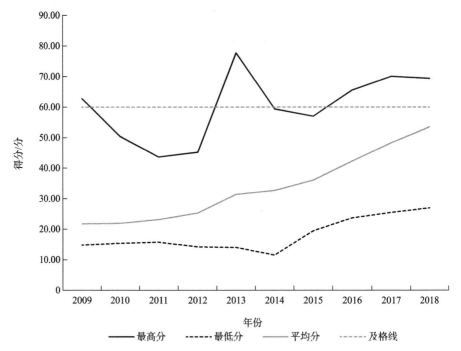

图 1.1　2009~2018 年各地区财政透明度指数化差异对比图
资料来源：2009~2015 年《中国财政透明度报告》

由表 1.1 可以看出，财政透明度指数最高地区和最低地区的分布与经济发展程度并没有必然的联系，但根据 2009~2018 年的《中国财政透明度报告》来看，透明度排名前五位的地区中福建、新疆和山东出现次数较多，而综合历年数据来看，福建处于第一位；排名后五位的地区中，吉林、贵州处于垫底位置。

由图 1.1 可知，我国信息公开的平均水平在不断提高，其平均透明度指数由 2009 年的 21.71 分提高到 2018 年的 53.49 分。与此同时，最高分地区与最低分地区间的差异依然很大，2014~2018 年最高分与最低分的差距最低时为 37.57 分，最高时达 47.85 分，大多年份的差距保持在 40 分左右。

2）预算信息公开整体水平较低

虽然我国的预算信息公开水平在提升，但不得不说，这个提升中隐藏着退步。从图 1.1 可看出，我国预算信息公开的平均水平总体呈上升趋势，2018 年的 53.49 分是 2009 年的 21.71 分的 2 倍还多，且自 2013 年之后呈现稳步上升趋势。但从图 1.1 线条走向可以看出，最高分与最低分的增长趋势存在缓和或下降的苗头，2018 年最高分，不增反降了 0.63 分，最低分也仅提高了 1.48 分。此外，可以看出，即使在 2018 年，我国的预算信息公开的透明度指数仍然很低，是一种"不及格"的状态。总体来说，我国各省（自治区、直辖市）的预算信息公开程度不高。

（本节原载于《经济研究参考》2016 年第 40 期 9-15 页，文章内容有改动）

第二节　绩效预算管理制度运行的路径选择

随着绩效预算改革的不断深化，棘手之处慢慢凸显。当前我国预算环境与经济发展条件复杂性的存在，使得实际中一项改革政策的制定需要按照推敲—试点—全面推行的过程，有时甚至还会在试点阶段后出现反复，这需要对绩效预算的各个环节——指标设定、制度运行、绩效意识及结果评价等环节逐一进行剖析。根据新常态下我国绩效预算管理制度运行的现状，本节有重点地对背景与制度环境因素进行深层次的分析，从而对解决当下我国绩效预算管理改革提出有建设性的方案。

一、当前中国绩效预算管理制度的运行状况

（一）绩效管理制度框架基本建立

1995~2016 年，经过二十余年的努力，我国公共财政框架已基本建立，在这个基础上，中央和地方预算部门都建立了一系列绩效管理制度，绩效管理制度框架初步确立并不断完善。

在制度约束方面，中央和地方政府先后出台了面向全国和符合地方发展的绩效预算相关的管理办法，通过制度的规范自上而下对各级政府进行制度监管与控制，提高了预算绩效管理的规范性与标准化程度。随着绩效预算的深入推行，对于绩效评价方面的操作规程等不断增多，绩效管理的细化程度也在不断加深。在实行部门预算改革和国库集中收付制度后，部门预算支出不再笼统划分，而是细化为基本支出和项目支出，各部门所有的资金使用情况和使用效果都能在一本预算中体现，尤其是 2011 年取消预算外资金后，加强了对财政预算资金的管控力

度，促进了预算绩效的提高。

随着绩效管理制度框架的完善，中央与地方政府不断建立相关的辅助框架的预算改革机构，从总体上看，以北京、上海、江苏为代表的东部地区，依靠其较高的经济发展水平和较好的财力状况，已基本建立起独立的绩效管理部门，而经济欠发达的中西部地区距离建立独立的绩效管理部门还存在一定距离。尽管绩效预算改革进度不一，但改革方向已经明确，东部地区起到了带动作用，绩效预算改革正在全国铺开。

（二）绩效预算管理整体水平不断提高

当前我国预算绩效管理范围不断扩大，2014 年全国财政评审资金已近 4.7 万亿元。从中央看，中央部门 2014 年"二上"纳入绩效目标管理的项目支出金额为 2 080 多亿元，比 2013 年增长约 56%，并已覆盖所有新增项目支出；从地方看，纳入 2014 年绩效目标管理的项目支出约 3.01 万亿元，比 2013 年增长近125%；纳入绩效监控的项目资金约 1.98 万亿元，比 2013 年增长近 147%；地方的绩效评价工作层次不断细化，已由原来的省级拓展到当前的地市级，甚至是县级，2014 年县级绩效评价资金已达到 2.18 万亿元，比 2013 年增长近 61%。纳入绩效评审的资金也呈逐渐增长的态势（表 1.2）。

表 1.2　2013~2015 年全国预算资金审查情况　　　　　　单位：亿元

年份	预算评审资金	绩效评价资金	决算审核资金
2013	23 112	1 325	5 805
2014	24 388	4 346	6 095
2015	25 871	7 754	6 468

资料来源：根据国家统计局网站公布数据整理得出

由表 1.2 可看出，2013~2015 年我国预算审查资金不断增长，其中预算评审资金和绩效评价资金都在以超过 5%的速度增长，决算审核资金虽然增长幅度较小，但总体来说我国绩效预算改革进程在不断向前推进。

从预算绩效管理模式来看，各省根据自身需求的不同而不断创新。以河北省为例，在 2014 年的《河北省人民政府关于深化绩效预算管理改革的意见》中，提出了要建立"预算编制有目标、预算执行有监控、预算完成有评价、评价结果有应用、绩效缺失有问责"的全过程绩效预算管理新机制，将预算从目标到结果再到应用各个环节紧密结合起来，全方位提高预算资金的绩效。

从预算绩效管理质量来看，截至2014 年，我国 34 个省区市中已有 31 个省区市建立绩效评价指标体系，财政部重新开发了"预算绩效管理信息交流平台"，在部分省区市建立了绩效管理信息系统，在评价指标的技术要求上也达到了较高的水平。对于预算各项数据的整理，我国已具备网络指标评价的技术水平支持，同时配合地方专家学者库、地方监督指导库等地方创新机制的建立，信息管理与应用水平不断提高。

（三）《预算法》的实施强化了绩效预算管理

在《预算法》修订之前，绩效预算并没有被明确提出，但随着 2014 年 8 月《预算法》的出台，内容中明确提出了"讲求绩效"这一原则，并要求在预算的编制、审查、批准、执行、监督和决算等环节进行细化，使得绩效预算在运行中真正做到了"有法可依"。

在预算编制环节，将绩效目标管理纳入编制流程，《预算法》第三十二条指出"各级预算应当根据年度经济社会发展目标、国家宏观调控总体要求和跨年度预算平衡的需要，参考上一年预算执行情况、有关支出绩效评价结果和本年度收支预测，按照规定程序征求各方面意见后，进行编制"，这意味着绩效评价结果成为下一年度预算编制的依据之一，从法律上承认了绩效评价结果的应用价值，提高了绩效评价的有效性。

在预算审查和批准环节，正式提出将绩效预算纳入预算报告中，强化了绩效预算在整个预算中的地位。尽管我国已引入跨年度预算平衡机制，但与参考上一年度的预算绩效评价结果并不矛盾，反而更加强调了预算效率的提高。

在预算执行方面，提出"各级政府、各部门、各单位应当对预算支出情况开展绩效评价"。将各级政府的所有部门纳入绩效评价范围，将其置于阳光下的监督中，有利于降低政府部门人员利己行为发生的概率，提高预算透明度；绩效评价结果直接对下一阶段部门预算产生重要的影响，这样一来，在内部与外部的共同作用下促使预算部门人员提高律己意识，提高预算的整体效率。

在决算方面，对专项资金等项目实施情况的绩效审查进行了具体的规定，同时将绩效目标作为衡量决算效率的重要指标，各部门在进行决算调整时都会考虑，这在一定程度上促进了预算效率的提升，同时也对部门预算执行形成了一定的约束。

二、当前中国绩效预算管理制度运行中存在的问题

（一）绩效指标体系尚未完全形成

1. 个别绩效预算目标设定不明确

在经济社会转型的大背景下，我国各项制度发展不够成熟，加上政府部

门对预算环境的认识不够深入，导致绩效预算目标的制定与实际执行相脱离。而绩效目标作为宏观上的一种政策导向，意味着其必然要进行定性设置。鉴于不同的部门性质，过于具体的目标设置会造成预算执行中目标与部门具体情况的矛盾，因此整体目标的设置不可能做到面面俱到，这就导致在实际的执行过程中，不同的部门会按照有利于自身的思路分析目标导向，进行具体的预算安排，目标制定标准的不统一导致各地区间衡量绩效结果的可比性降低。正是因为缺乏一个较为明确的目标安排，而预算执行的决策权又掌握在部门领导者手中，使得各部门在资金安排时根据自身的利益导向执行目标。

2. 绩效指标设置缺乏针对性

在绩效指标的设置上，我国呈现"三多三少"①的特点，总体来说，即缺乏针对性的指标设置。虽然将投入、产出与结果结合起来有助于对我国政府预算绩效水平的综合考量，但在实际操作中，只能从一些描述性语言中得到大概的评价结果，且都是些共性的结果，很难得到真正对提高部门效率有用的信息，因此评价结果不能对真实绩效情况进行科学考量。

此外，由于技术水平的限制，根据实际各部门的具体指标进行设置，并不能得到与之详尽程度匹配的结果。在不同性质的各部门中，指标制定本身就存在较大差异，"阿罗不可能定理"使得不存在一个普适性的指标满足所有部门的要求，因而决策者不可能对每个部门进行详尽的考量，综合找到一个指标应用于所有部门，只能从较高的层面出发，制定一个较为宽泛的绩效指标，其针对性的缺乏不言而喻。

3. 评价体系的设计对绩效预算缺乏有效引导

完整的绩效评价体系是科学进行绩效预算及评价的基础。我国绩效预算起步较晚，从预算资金的分配、使用，到绩效评价，再到绩效评价结果的应用，每一环节内容的完善程度均有待提高，各环节间的配合程度也较低，影响整个体系的运行效率。就绩效评价方法来说，成本-效益分析法是应用比较普遍的方法，其侧重的是投入与产出之间的关系，这主要重视的是经济效益的发挥，产出的实际社会效益没有很好地体现，于是影响了整个绩效评价体系作用的发挥。

我国绩效预算起步较晚，因此当前的绩效评价体系主要参考了国外的绩效评价模式，体系的核心更加符合外国国情。而在预算部门与公众的关系

① "三多三少"指共性指标多，个性指标少；定性指标多，定量指标少；过程指标多，结果指标少。

中，不同国家的侧重点各有不同，对于一个人民民主专政的社会主义国家来说，在我国，人民利益高于一切，公众的满意程度直接构成预算绩效的衡量标准。我国在二者关系处理的选择上，仅是简单的借用，未能深入挖掘其与我国国情中的共性与个性问题及其关系，因此，符合国情的良好的绩效评价体系没有形成。

（二）制度的执行效果与体系设定不相吻合

1. 下级部门对具体绩效目标的理解存在偏差影响预算运行效率

预算的最终决策者是财政部门，实际的执行部门是各级地方政府。财政部门制定绩效目标的依据是实现整体社会效益的帕累托最优。由于信息不对称的存在，财政部门不可能完全了解各地方真实的社会发展情况，即使可以，考虑到成本因素，也无法做到面面俱到，即使最终的绩效目标实现了，达到的是整体社会效益的最大化，也并不意味着各地区各部门的帕累托目标实现。于是就会出现执行过程中目标的侧重点导向偏离原目标设定的问题，双方出发点的差异会导致财政部门的预期目标与地方实际运行效果之间出现差异，绩效预算的实际效率也会受到影响。

2. 财政部门与预算单位之间存在利益"博弈"

作为政策的执行者，政府部门人员出于自身利益的考虑，都会选择最为利己的方式去执行政策，也就是追求部门预算最大化。在这个过程中，如果没有强有力的监督，可能会导致腐败滋生。当前我国行政部门内部存在个别贪腐现象，正是部门人员各逐其利的缘故。虽然近年来我国加大了反贪治理的力度，也取得了明显的成效，但从长期来看，并不能从根本上遏制贪污现象的产生。作为决策者的财政部门，会在一定程度上对预算部门形成约束，但"天高皇帝远"，这种程度的约束作用很有限，地方政府会存在"钻空子"的行为。

3. "结果"导向型绩效预算目标短期难以奏效

新绩效预算强调的是"结果"，我国绩效预算的改革正朝着这一方向迈进。但是，由"产出导向性"向"结果导向性"转化是一个漫长的过程，这一过程中，难免出现转换不彻底的情况。当前我国绩效预算偏重"产出"，主要有两个原因：一是政府人员对"结果"的理解不到位；二是政府人员主观上不愿进行这种转换。实际上，一个真正有效率的政府，其行为是能够为社会带来长期效益的，而不只是注重短期利益。绩效预算改革本身就需要相当的财力、物力消耗，资金和技术等要素的制约使得要推行技术等要素要求较高的"结果"导向型绩效预算更是困难重重。

（三）绩效评价质量不高

1. 绩效信息透明度不高

要提高绩效预算管理水平，需要从广度和深度两方面提升绩效信息透明度。而当前我国预算公开程度在地区间出现较大差距，在向社会公开的过程中，由于公开广度和深度不高，公众获取的预算信息不够全面和深入，这种信息不对称严重影响了公众对绩效预算的有效监督，削弱了预算绩效评价的客观性与公平性；同时，受到预算审批制度的不完善影响，人大代表对预算编制缺乏深入了解。

2. 绩效评价结果应用方面存在偏差

当前我国绩效评价指标体系将设计重点放在了评价本身，而弱化了对评价结果的应用。事实上，评价的最终目的是应用，评价过程的客观公正，为评价结果的应用奠定了良好的基础，但评价结果对应用形成实质性的推动则是评价目的实现的前提条件。在各部门的绩效改革中，某些部门未能在评价结果和应用之间建立有效联系，导致评价效率不高，而另一些部门则存在对绩效评价结果的过度应用问题，他们在一些项目和人员的取舍上过于绝对化，挫伤了部门工作的积极性，影响绩效评价的质量。

3. 绩效评价与结果应用间未建立有效的联系

绩效评价工作的最终目的是将评价结果有效应用到未来的预算安排中。当前我国预算的绩效评价重点还停留在评价本身上，对评价结果的应用还很不到位。当一项评估结果出来之后，这一项目的绩效评价过程就基本完成，而很少对结果进行有价值的应用。这种机械地模仿国外绩效评价的模式并没有对我国预算改革形成实质性的推动作用，至少目前是这样。如果绩效评价结果并不对部门产生影响，就成了"形式主义"，没有任何意义。

与之相反，近年来我国在某些绩效改革中，有些"走极端"，过度应用绩效评估结果。一些地区实行"末位淘汰制"，没有给予部门修正的机会，在一些项目和人员的取舍上过于绝对化，长期推行可能会导致部门行事如履薄冰，瞻前顾后，工作积极性受挫，这样过于注重结果，轻视过程，同样不利于绩效预算制度的完善。

三、优化中国绩效预算管理体制改革的基本对策

（一）不断完善绩效预算指标体系

1. 在多目标理论的基础上明确绩效预算的目标

针对我国绩效预算目标模糊的现状，考虑到一些限制因素，应根据我国国情进行绩效目标的设计。整体来说，可按阶段进行绩效目标的划分，分成长期绩效目标、中期绩效目标和短期绩效目标三个阶段。长期绩效目标应以绩效预算的远期社会效益为设计依据，有利于整个社会的长远发展，因此是一个较为宽泛的方向性设置，主要起导向作用；中期绩效目标更加侧重目标设置的阶段性成果，将一段时期内的绩效预算成效作为目标实现与否的参考依据；短期绩效目标应侧重优化当前财政资金的配置，根据长期目标在预算不同环节设置较为具体的阶段性目标。整个目标体系的执行作为一个动态调整的过程，对于执行过程中出现的目标与实际情况不匹配问题，应及时对具体项目进行纠正，甚至取消一些不合理项目的资格，通过这种方式，保证预算目标的执行效率。

2. 根据目标有侧重地设计绩效评价指标

科学的绩效指标应注重经济效益与社会效益的权衡，且在二者冲突时以社会效益为重。因此，在绩效指标设计时，不应仅考虑一个项目的产出效益。具体来说，将现行"三多三少"的绩效指标转化为"多少并重"，将共性指标通过量化的方式予以具体化。例如，通过实地调研，收集一手数据，经加工标准化，将类似"通过大众创业提高大学毕业生就业率"的指标转化为"通过大众创业使毕业生就业率提高到××%"，具体的指标体系更有利于各部门绩效工作展开，指标中同时包含了体现促进国民经济稳定发展的经济效益与提高就业的社会效益。尽管这种量化的结果评价指标的取得存在一定难度，但可以通过专业技术与"互联网＋"的方法得到解决。

3. 在各项指标整合的基础上建立绩效考评综合评价体系

针对我国当前绩效预算评价体系存在的问题，应从绩效评价方法与绩效指标间的配合、绩效人员及绩效信息三方面入手。在绩效方法上，注重同绩效指标间的契合程度，对于不同的绩效指标考核，应采取不同的绩效评价方式。当前我国的绩效评价方法以成本-效益分析法为主，可考虑适当提高最低费用选择法、机会成本法等方法的比重，注重对不同评价方法的综合利用；绩效指标

同样需要根据资金量、部门预算管理水平等方面进行综合考虑。绩效方法确定以后，将不同评价指标与方法进行组合，以达到最优效率。在信息共享方面，预算信息的公开是绩效预算改革的重要一环，只有形成部门间、政府与公众间信息的共享，才能在全国范围内形成良好的绩效评价体系，促进绩效评价制度的优化。

（二）进一步强化绩效预算管理

1. 制定标准规范的绩效审批制度

绩效审批制度的设计要照顾到人大代表的能力。首先，预算报告内容在语言表达上应尽量通俗化，必要时附以相关说明以便人大代表更好地理解预算安排的导向；其次，人大代表审议的过程应尽量照顾其本身的非专业性，在召开会议前一段时间将审议稿提交到代表手里，人大代表通过各种方式了解预算报告，对预算安排进行充分分析，审批会议上主要进行代表间的讨论，通过拉长预算审议时间来弥补人大代表专业上的欠缺。就审批程序来说，应当改变从前对某一项目的"一揽子"表决方式，将每个项目划分成几个具体的分项目，在对每一分项目进行表决时，表决方式也应尽量做到细化，如采取打分的方式，应将各分项目的最终得分综合起来，按得分对各个项目进行排序，最终确定该项目是否通过审议以及预算安排的实施顺序。对于未通过的预算项目，需将该项目的预算报告发回原部门进行修改，之后再进行表决。

2. 建立绩效问责制度，明确事前与事后责任

针对我国绩效责任不明确问题，应尽快建立起预算绩效问责制度，将责任落实到人，每一项预算安排都有相应的负责人，部门领导负有对整个预算支出的责任，一旦预算资金的投入没有实现预期的结果，相应的工作人员都要对其负责。完善的绩效问责制度应包括问责范围、问责主体、资金投入方向、项目运行结果等方面，对资金使用过程中出现的不规范现象也要加强相应的监督与问责。在问责过程中，问责部门有权对预算质询，并要求项目整改，责任人应在规定期限内将修改报告提交问责部门，问责部门对结果进行审查，合格后方可完成问责程序。最终的问责结果将上报上级财政部门，同时将其与部门的人事任免和领导的绩效考核相关联，利益的损失必然会使部门重视预算安排。

3. 加强对绩效评价结果的应用管理

作为绩效预算的最终环节，绩效评价结果的应用是最终目的。要真正发挥

绩效评价结果的作用，应从以下三个方面着手：首先，将绩效评价结果与部门的年度预算相联系，一旦资金使用没有达到预期的目标，甚至出现负效益，就需重新规划此项目的预算安排，不合理的项目支出将会被取消；对于年度绩效较好的预算项目，在下一年度预算安排时会优先考虑。其次，加强绩效评价结果的社会公开，有力发挥公众对绩效预算的监督作用。公共部门预算安排的最终目的是实现预期的社会效益，因而预算投入项目中有很大一部分是民生工程，向社会公开绩效评价结果，既能够加强公众对政府的监督，又能真正做到绩效信息"有用"。最后，绩效问责制度的完善离不开绩效评价结果的应用。绩效目标完成得好，部门的年度预算划拨就进行得顺利，相关负责人也会得到奖励；绩效目标完成得不好，年度预算资金会相应减少，项目负责人也会受到相应的处罚。这种"有奖有惩"的制度带有一定的竞争性质，更有利于部门间预算的良性运作。

（三）健全外部绩效评价制度

1. 健全预算外部审计，提高绩效信息的有效性

针对我国审计署审计过程中存在的问题，应当在绩效审计的每一步骤做出明确具体的安排，根据不同性质的预算项目，设计不同的审计过程。在事前审计阶段，根据项目本身的重要程度规定需要审计的项目，并采取抽查的方式进行；在事中审计阶段，要定期检查项目的执行进度；在事后审计阶段，应根据部门的绩效预算管理体系审查绩效信息的真实性、绩效数据收集整理过程的客观性、绩效指标的运用程度和绩效评价过程的科学性，任何一个环节审查不合格，此项目都不能通过绩效目标的要求。最后将审计结果与第三方审计结果相结合，通过内外审计的配合，防止部门人员的违规操作。这样，才能很好地将最终的审计结果与绩效评价相结合，通过绩效审计带动绩效评价的真实性与有效性的提高。

2. 建立绩效信息公开制度，带动预算效率的提升

在预算信息公开化的过程中，绩效信息作为预算信息的重要组成部分，其公开程度的高低直接决定了我国预算公开的进程。绩效信息的全部内容都应纳入预算公开体系，通过人大与社会的监督，提高预算透明度，保证部门预算效率。

在绩效信息公开中，绩效目标的设定应满足两个条件：首先，在部门内部公开方面，为解决部门执行过程中出现的理解偏差问题，应设置尽量简化的绩效目标与具体的衡量指标，语言也尽量通俗化，在保证部门内部对目标理解一致的同

时，降低部门工作人员的执行成本；其次，在向社会公开方面，相对于专门的预算人员来说，公众普遍缺乏基本的预算知识，因此，在公开的绩效信息上，应更加注重理解难度的降低，尽量避免出现专业性过强的语言，对必要的专业术语做出具体的解释说明，让公众对当前政府预算有更加充分的认知，以便提高公众对绩效预算管理的参与度。

3. 加强第三方与社会公众对政府绩效预算的监督和评价

作为独立的评价主体，第三方监管不从属于任何行政机构，也不受政府部门的影响，作为专门的评价机构和拥有专业知识的预算学者，他们对绩效预算有更深层次的认识，与政府预算相结合能够有效提升部门行政效率。因此，应在政府和财政部门主导预算的前提下，提高第三方绩效评价的比重。但在中介机构引入的过程中，应严格对其专业评估资格的认定与管理，保证非政府机构的规范性。

另外，绩效预算管理效率的提升有赖于社会公众的监督。如果将政府行为置于社会公众的视线下，则会更有效地提升政府部门的运行效率。从社会契约论的角度来说，政府作为社会公众的代理人，要按照公众的意志提供公共物品，并受到公众的监督。对于公开的绩效信息，应赋予公众相应的参与权，使其通过广泛的第三方渠道将意见反映到绩效评价之中。这样，公众有效利用绩效信息参与政府预算事务，绩效评价的"非官方"监督作用不断增强，能够促进预算部门努力提高绩效。

（本节原载于《经济研究参考》2016 年第 40 期 4-9 页）

第三节　政府采购制度现状分析与完善对策

政府采购制度是我国财政公共支出管理制度的一项重要内容。在我国经济发展新常态下，健全政府采购制度是强化财政支出管理、提高财政效率、预防腐败、促进廉政建设的重要方式。河北省承德市政府采购于 1999 年启动，经过 20 年的发展，采购规模、采购范围、采购数量等各方面都有了较快的发展，但各种采购问题也逐渐暴露出来，因此迫切需要完善政府采购制度。立足河北省承德市政府采购工作实际，本节采取实地调查、比较分析、数据分析等方法，对承德市政府采购制度建设现状、成效、存在的问题及改进举措进行了深入研究和探索。

一、河北省承德市政府采购制度运行现状及成效

（一）河北省承德市政府采购制度运行现状

河北省承德市政府采购的组织机构由采购人（各行政事业单位、团体组织）、采购执行机构和监督管理机构组成。其中采购执行机构包括政府集中采购机构（承德市政府采购中心）和具备一定资质的社会采购代理机构。监督管理机构主要为各级财政部门。

1. 落实"八公开、三承诺"工作制度

为推进政府采购制度建设，承德市政府采购工作落实"八公开、三承诺"制度。"八公开"即坚持招标事项公开、招标内容公开、招标条件公开、招标办法公开、招标议程公开、评标标准方法公开、合同条款公开、招标结果公开。使每个供应商对采购项目都能一目了然，使具备资质的供应商均能获得公平竞争的机会，充分体现"公开、公平、公正、透明"的原则。

"三承诺"即每次开评标前参与采购活动的供应商要签订"供应商诚信承诺书"，参评专家要签订"评审专家承诺书"，采购人要签订"承德市政府采购采购人承诺书"。三个承诺书分别从采购需求确定、投标文件制作、专家评审、合同签订、项目验收等环节，对供应商、评审专家及采购人进行约束，逐步建立起供应商、评审专家、采购人的立体诚信体系。

2. 采用分散和集中相结合的采购模式

承德市政府采购实行分散采购和集中采购相结合的采购模式，在采购限额标准 10 万元以下的部分，经承德市财政局政府采购管理办公室备案，可由采购单位自行组织采购；在采购限额标准 10 万元以上的，分两种情况执行，属于政府采购集中采购目录内的必须由承德市集中采购机构（承德市政府采购中心）组织采购，属于政府采购部门采购目录内的采购人可以自主选择委托集中采购机构或社会代理机构组织采购。

承德市政府采购流程如图 1.2 所示。

3. 严格执行专家抽取制度

承德市政府采购评审专家的产生是由采购人或采购机构在承德市财政局政府采购监督管理部门的监督下，在采购活动当日，通过评审专家抽取系统进行网上抽取、电话核实等一系列活动产生的，他们须严格执行事前保密制度。同时在评审过程中，严格落实专家回避制度，确保评审工作的公平、公正性。

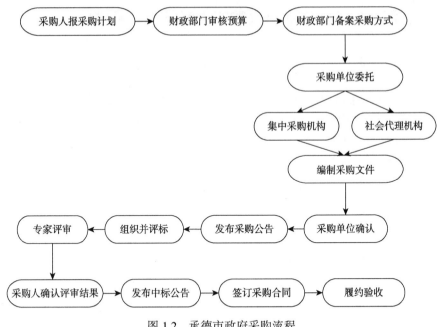

图 1.2　承德市政府采购流程

（二）河北省承德市政府采购制度运行成效

承德市政府采购工作于 1999 年启动，经过 20 年的发展，采购范围不断扩大，采购规模日益增长，尤其是 2003 年以后，承德市政府采购飞速发展，节约了大量财政性资金。据统计，截至 2015 年，承德市共完成采购预算约为 1 898 428万元，实现采购规模约为 1 700 637 万元，节约资金 197 791 万元，综合资金节约率达 10.42%。详细情况如表 1.3 所示。

表 1.3　1999~2015 年承德市政府采购规模情况分析表　　单位：万元

年份	采购预算金额	采购合同金额	节约资金	节约率
1999	1 426.90	1 336.30	90.60	6.34%
2000	2 006.00	1 729.00	277.00	13.81%
2001	4 261.60	3 752.28	509.32	11.95%
2002	7 745.60	6 601.36	1 144.24	14.77%
2003	20 176.28	17 451.69	2 824.59	14.00%
2004	31 523.46	27 933.91	3 567.08	11.32%
2005	44 296.94	40 350.26	3 946.68	8.91%

续表

年份	采购预算金额	采购合同金额	节约资金	节约率
2006	41 298.90	36 855.60	4 443.30	10.76%
2007	91 423.30	81 314.70	10 108.60	11.06%
2008	138 706.95	122 729.78	15 977.17	11.52%
2009	176 073.40	158 522.00	17 551.37	10.00%
2010	184 726.86	160 919.61	23 807.25	12.90%
2011	237 851.19	213 986.67	23 864.52	10.03%
2012	240 852.82	214 086.72	26 766.10	11.00%
2013	171 189.00	152 399.31	18 789.96	11.00%
2014	193 553.43	174 650.02	17 885.42	9.29%
2015	312 333.00	286 018.00	26 315.00	8.40%

　　伴随着承德市政府采购项目的开展，服务采购数量及范围不断扩大，服务采购项目占全年总采购量的比例逐年增长。2014 年承德市政府采购共完成采购预算 193 553.43 万元，其中货物类采购项目预算金额 44 875.42 万元，工程类采购项目预算金额 137 755.85 万元，服务类采购项目预算金额 10 922.16 万元。2015 年承德市政府采购共完成采购预算 312 333 万元，其中货物类采购项目预算金额 82 923 万元，工程类采购项目预算金额 179 927 万元，服务类采购项目预算金额 49 483 万元。2014 年、2015 年各类采购项目占比分布如图 1.3、图 1.4 所示。

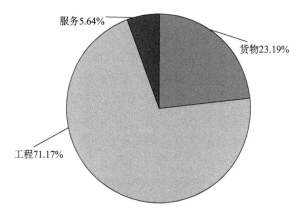

图 1.3　2014 年承德市政府采购各类项目分配比例图

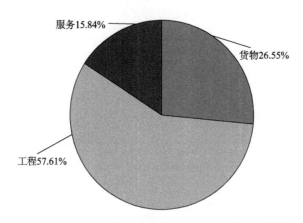

图 1.4　2015 年承德市政府采购各类项目分配比例图

一是初步形成了以政府规章为主体的制度法律体系。制定出台了《承德市财政局、承德市监察局、承德市人民检察院关于成立监督委员会加强政府采购监督管理的意见》《承德市政府采购代理机构监督管理暂行办法》《承德市政府采购档案管理办法》《承德市政府采购当事人与政府采购评审专家行为规范》。在 2015 年实施的《中华人民共和国政府采购法实施条例》（以下简称《实施条例》）出台后，承德市财政局为进一步规范采购程序，提升监督力度，出台了《关于进一步加强我市政府采购管理工作的通知》。这一系列文件的出台，为承德市政府采购事业的发展筑牢了制度保障，提高了财政性资金的使用效益，维护了采购当事人的合法权益并促进了承德市廉政建设。

二是严格执行政府采购节能环保政策要求，节能环保目标得到了充分实现。2015 年全年承德市政府采购共实现节能、节水产品采购数量 24 743 件，采购比重达 98.96%，实现采购总金额 7 817 万元，共实现环保产品采购数量 93 229 件，采购比重达 64.95%，实现采购总金额 11 421 万元。

三是网上抽取评审专家机制的运行，有效确保了抽取专家的保密性。自 2015 年 6 月开始，由承德市政府采购管理部门负责组织研发的一套系统软件进行评审专家的抽取工作，"背对背"的抽取方式，促进了评审专家参与项目的机会均等性，同时更有利于评审专家的事前保密性，有效地防止了评审前寻租行为、贿赂评审专家的行为的发生。

四是通过协议供货和定点采购方式提高采购效率。到目前为止承德市协议供货采购范围已经涵盖 32 大类，一百多个品种，包含纸笔本等办公用品、计算机、打印机、服务器、硒鼓、电视机、电热水器、空调机等办公设备和电器设备。采购人的采购预算在 10 万元以下，且在协议供货目录内的货物，均通过协议供货采购方式。采购速度快、货物送达快、采购货物保质保量，深得采购人的好评。

同时承德市政府采购中心对印刷服务、车辆保险服务、会议服务通过招标方式，将市区范围内符合要求的供应商，经过政府采购程序纳入定点采购供应商库。通过定点采购的方式既能形成规模效应，提升政府议价能力，降低支出成本，同时又确保了市级各行政事业单位获得服务时的效率。例如，车辆保险服务，由承德市政府采购中心对市直各部门车辆进行统一登记，并统一组织招标，由专家评委与各保险公司洽谈，形成统一的保险折扣率和统一的服务标准，仅此一项内容，2015 年承德市政府就节省财政性资金 129.32 万元，同时节省了各单位自行办理车辆保险的时间成本。

二、河北省承德市政府采购制度运行中存在的问题

近年来，承德市政府采购管理部门虽出台了一些制度规定，初步建立了政府采购制度框架体系，但是在政府采购内控管理制度、采购文件标准化、采购需求编制严谨化、评审专家论证制度、供应商诚信管理制度、供应商权利救济制度等方面仍是空白，采购工作缺乏有效的制度约束和管理规范。同时，承德市政府采购工作在监管机制、专家评审机制、代理机制、信息化平台建设等方面还存在一系列问题，需要不断完善。

（一）河北省承德市采购工作监督管理机制不健全

1. 监督管理部门责任不清、职责不明确

根据《实施条例》第六十五条，审计机关、监察机关以及其他有关部门依法对政府采购活动实施监督。承德市财政局、承德市监察局、承德市人民检察院于 2010 年联合下发了《关于成立监督委员会加强政府采购监督管理的意见》，文件确定了承德市政府采购监督委员会的成员组成，并按政府采购项目预算金额分四档规定了采购过程中监督成员的组成方式。但随着时间的推移，该意见内部分规定与实际工作并不协调，导致政府在采购活动过程中很难按照规定给予落实。目前监督管理工作主要由承德市财政局负责，而监察等部门并没有准确地落实监督责任。

2. 财政监督部门人员紧缺、监督方式单一

目前承德市政府采购财政监督部门是下设在承德市财政局的政府采购管理办公室，该机构共有行政人员 5 名，负责全市政府采购计划审批、专家抽取、供应商管理、评审专家库建设及管理、代理机构管理、政府采购监督管理等事项，工作量大、人手紧缺，并且监督管理手段单一、监管形式单调，进而导致监督面狭

窄、出现问题责任追究不力等问题时有发生。

3. 缺乏对协议供应商和定点供应商的有效监督

承德市政府采购监督管理部门注重协议供货和定点采购供应商招标确定环节的监督管理，但由于监督力量薄弱，对协议供应商和定点供应商的后续管理工作相对薄弱，对于各中标供应商是否严格执行中标时的优惠价格、是否及时供货、售后服务是否严格按照招标时规定的标准执行等均缺乏有力监管和有效的反馈、评价机制。

（二）河北省承德市采购工作专家评审机制不健全

1. 评审专家库人员专业结构不合理

截至 2015 年 8 月，承德市政府采购评审专家库共有各个方面的专业人员 600 多名。虽然评审专家库人员数量在逐年增长，但在评审具体项目时，时常会出现无法找到与采购项目内容完全符合的评审专家人员。例如，网络设备、办公设备等通用设备类方面专家很多，但冷门专业如道路清扫设备、装饰材料、农林牧渔产品等专业专家缺乏，服务类采购项目中涉及的图纸审查、测绘等方面的专家也相对较少。

2. 评审专家库人员业务水平参差不齐

一是在承德市政府采购活动开展过程中，不同的评审专家之间的专业知识水平相差很大，有的专家对评审项目的市场情况、价格变动非常了解，能对投标方所投品牌设备及价格有较准确的评判，但也有些专家知识老化，对新设备、新技术不了解，跟不上形势，从而导致评审结果无法达到最佳性价比。二是评审专家对政府采购政策了解不深入。在采购项目评审时发现有部分专家对一些最基本的政府采购常识都不了解，对采购文件的商务条款和供应商资格要求了解不深入，从而造成对供应商的资格性审查把握不准确，进而影响采购质量。《实施条例》对采购程序及评审专家要求有了进一步细化，需要评审专家不仅懂得所研究专业内容，同时需掌握政府采购政策、评审程序及评审标准。现在承德市政府采购评审专家库中的专家基本都是专业型、技术型专家。

3. 评审专家库人员违规成本低

《实施条例》第七十五条虽规定了评审专家违法行为的处罚办法，包括警告、罚款、追究刑事责任等。但承德市政府采购并没有出台相关规定细化具体哪些行为属于违法行为，同时对评审专家的不规范行为也没有相应的处罚规定。因此在目前的制度体系下，评审专家的违规成本很低，这使得处罚办法一方面不能对专家评审起到很好的约束作用，另一方面也不能激励专家充分提升专业水准。对广州市政府采购制度建设的研究发现，广州市早于 2013 年出台了《广州市政府采购评审专家管理办法（试行）》，文件规定对评审专家实行动态管理，建立评审专家考核评价制度，文件细化了评审专家违规行为的情形及对应处罚措施，强化了评审专家管理制度约束，具有很强的指导性和可操作性。

（三）河北省承德市采购工作代理机制不完善

根据国家有关文件，自2014年8月31日起，取消政府采购代理机构资格认定行政许可事项。这意味着采购代理机构管理实现从"审批进入管理"向"宽进严管"的转变。此项政策出台后财政部发文件明确规定，"自2015年1月1日起，凡有意从事政府采购业务的代理机构可以在中国政府采购网（www.ccgp.gov.cn）或其工商注册所在地省级分网站进行网上登记"。这样的转变降低了采购代理机构的准入门槛，更有利于在代理机构间形成充分竞争，促进代理机构专业化发展，但同时也对代理机构的监管提出了新的要求。

1. 缺少细化的采购代理机构管理制度

政府采购制度法律法规中并没有细化规定采购代理机构的具体监督管理办法，缺乏具体的惩处机制和退出机制，加之承德市政府采购管理办公室人员少、监管手段单一，这些问题直接加大了监管部门的监管难度。2015 年 11 月广州市财政局通报七家政府采购代理机构六大问题，但类似的通报在承德市政府采购领域从未出现过。

2. 采购代理机构专业人员管理不到位

一是政府采购从业人员准入及执业资格制度缺失，导致各采购代理机构人员专业水平参差不齐；二是对采购代理机构人员培训管理不到位。后者主要体现在两个方面：一方面对采购代理机构人员培训次数少；另一方面培训内容片面注重理论和法律学习，而忽视了业务操作和具体管理。因此很多经过培训的人员仍不具备从事政府采购代理工作的综合素质和基本能力，难以胜任政府采购工作。

3. 河北省承德市各采购代理机构业务量不均

截至2015年12月底，在承德市信息登记的代理机构共有28家，承德市政府采购项目除集中目录内必须由集中采购机构负责，其他项目均可由采购代理机构负责，但采购代理机构业务量不均现象十分明显。通过统计承德市政府采购网发布的 2015 年 4~12 月采购公告数量及各采购机构代理的采购项目数量，可以清晰地分析出两点内容：一是承德市政府采购项目近一半业务量由承德市政府采购中心组织开展；二是社会采购代理机构开展的采购活动主要集中在四五家资深的代理机构，而其他代理机构及一些新成立的代理机构采购量非常小。

（四）河北省承德市采购信息化平台建设程度低

1. 采购信息化程度低

目前承德市政府采购信息化平台是链接在河北省政府采购网下的一个简单的信息发布网站——承德市政府采购网。

河北省内各市均使用河北省财政厅统一研发的河北省政府采购网平台，网站的研发、功能模块的设置、网站的维护均由河北省财政厅政府采购管理处统一负责。承德市政府采购网既不具备政府采购业务管理功能，也未能建立政府电子化采购平台。

2. 采购信息化平台内容匮乏

承德市政府采购网共含有"新闻中心、采购公告、采购信息、重要通知、政策法规、理论实践、办事指南和监督检查"八个模块。在这八个模块中，"采购公告"模块的内容是最丰富的，尤其是在《实施条例》实行后，明确规定了要对采购信息、中标结果、采购合同等进行公开，承德市政府采购也严格按照法律法规做到了各项采购信息的公开透明。相比之下，其他七个模块的使用率就明显偏低。截至 2015 年 12 月，各模块发布信息情况统计如表 1.4 所示。

表 1.4　2015 年承德市政府采购网各功能模块信息发布情况统计表

序号	模块名称	模块内信息发布情况
1	新闻中心	有0条新闻内容
2	采购公告	信息内容丰富
3	采购信息	有0条新闻内容
4	重要通知	有1条新闻内容
5	政策法规	有3条政府采购政策法规
6	理论实践	有0条理论实践内容
7	办事指南	仅有采购人和代理机构的相关办事指南内容，没有供应商和评审专家的相关操作指南
8	监督检查	有0条监督检查内容

3. 采购尚未开展电子化采购模式

承德市政府采购工作仍基于传统的采购模式，尚未开启电子化采购活动。承德市政府采购活动中各项程序的履行主要依据纸质文件在审批、传递。承德市政府采购采用这种传统采购方式的弊端主要体现在：一是在采购计划申报和审批过程中，采购人需打印一式四份立项审批表，同时需要采购人单位、承德市财政局分管采购单位的资金业务科室和承德市政府采购管理办公室加盖公章，工作量大、效率低下、成本高；二是在组织采购评审过程中，代理机构需要花费大量人力，使用大量纸张打印采购文件、评审报告等相关资料；三是供应商为了参与投标，需编制一正三副或一正五副投标书，奔走各个城市进行投标，需花费大量资金和时间成本。

总体来看，承德市政府采购市场逐步走向规范，但实际操作中仍存在着一些突出问题，这些问题的解决既需要制度机制的完善也需要能力素质的提升。

三、完善河北省承德市政府采购制度的建议

（一）完善河北省承德市政府采购制度建设

注重加强政府采购制度建设，用制度规范政府采购行为，在《中华人民共和国政府采购法》和《实施条例》的框架下，结合承德市政府采购工作实际，着力研究解决制度规定方面不明确、未细化的问题，构建全方位、多层次、立体式的制度体系，拉紧政府采购制度的"高压线"和"警戒线"，营造公平竞争、公开透明、诚实信用的政府采购大环境。

1. 完善供应商管理制度

一方面需要建立供应商资格审查管理制度。目前，在承德市的政府采购活动中，对供应商的要求是"投标供应商需符合《中华人民共和国政府采购法》对供应商的规定"。这种方式符合法律规定，一把尺子量大家，但同时也造成了在实际评标过程中浪费了评审专家大量的时间在对供应商资质的审查上，而专家评审工作量大，难免在审查过程中出现疏忽遗漏，这给不合格供应商提供了浑水摸鱼的机会。所以，应建立供应商准入资格审查、备案管理制度，形成合格供应商库。这样在采购项目评审过程中，评审专家不必花费大量时间对各供应商一一进行资格审查，同时各供应商也不必每次投标都重复准备资格证明材料，进而节省评审时间，节约投标成本，同时也强化了对供应商的管理，彻底打消了不合格供应商钻空子、找漏洞的想法。另一方面是建立供应商信用信息管理制度。做好供

应商投标情况记录，合同履行情况记录，服务态度、经营业绩及不良行为等情况的记录，并定期将记录情况进行整理，通过承德市政府采购网向社会公布。同时对于投标过程中为谋求中标，提供虚假资料、围标串标或向有关当事人行贿的供应商，应加大打击力度，进行严厉处罚。对于列入"黑名单"的供应商，应及时进行公开曝光，限制其参与承德市政府采购活动。

2. 建立内控管理制度

采购代理机构应严格按照《实施条例》规定建立完善的政府采购内部监督管理制度。一是岗位分离制，在代理机构内部领导班子成员负责项目分配；项目审核人员负责对采购需求及采购文件的合规、合法性审核；采购项目负责人负责采购活动前、中、后期一条龙工作的组织；财务人员负责投标保证金的收支管理。各个岗位相互配合、相互制约、相互监督，可有效地防范"权力寻租"和腐败现象的发生。二是利用信息技术、固化流程。加强信息化建设，完成内部自动化管理系统建设。将采购活动开展的全过程在计算机系统中进行流程再造。细化、优化、固化各个岗位和各个环节操作流程，任何操作人员通过此系统只能行使本岗位权限，且只能按流程进行操作，既能防范"权力寻租"又能提升采购效率。三是岗位责任制。全面推行岗位责任制、服务承诺制、责任追究制，签订《岗位目标责任书》，将业务流程责任、指标逐层分解到每个人，确保人人有指标、人人有责任，事事有落实、有监督，共同防范采购过程中的风险。

3. 建立履约验收制度

验收是对采购项目的总结，政府采购效果如何与履约验收环节的把关程度有着密不可分的关系。建立履约验收制度，规范采购项目验收人员的组成，明确验收人员应承担的责任，用制度规范政府采购履约验收。对大额或重要的采购项目必须要邀请质量管理部门、行业专家参与验收，避免采购单位与供应商相互串通，防范以次充好、降低配置、降低服务等行为的发生。

4. 健全政府采购全过程信息公开制度

一是细化信息公开内容。《实施条例》要求公开的信息内容必须在河北省政府采购网和承德市政府采购网上公告，具体包括采购项目预算、采购文件、详细的中标与成交结果及采购合同。二是强化公开信息的无差别性。严格执行同一采购项目信息对任何供应商提供的无差别，保障供应商在信息公开的基础上进行公平竞争。三是严格落实《实施条例》规定的公开投诉处理决定及验收结果。根据《实施条例》，财政部门对投诉事项做出的处理决定应当在省级以上人民政府财政部门指定的媒体上公告；政府向社会公众提供的公共服务项目，验收结果也应当向社会公告，接受社会公众的监督。

（二）健全河北省承德市政府采购监督管理机制

健全的监督管理机制是维护政府采购正常秩序的重要保障。通过有效的监督管理，可以及早发现政府采购活动存在的问题，及时纠正，从而减少不必要的损失和资源浪费，保证政府采购的高效益。

1. 坚持一个原则

坚持职权法定原则。承德市政府采购管理部门应严格按照《中华人民共和国政府采购法》规定，结合承德市实际制定细化的监督管理制度及监管举措、惩处制度等，严格依法履行财政部门对政府采购活动的监督管理职能，不得逾越法律规定，同时在监督管理执行的过程中，也不得违反法律法规的规定，各项程序操作均需做到法无授权不可为。

2. 强化两项工作

一是强化政府采购预算监督管理工作。首先加强政府采购预算编制管理。按照承德市政府采购目录及采购限额标准确定编制范围，应将所有需进行政府采购的项目都纳入预算管理，实现应编尽编。其次强化预算审批执行管理。坚决执行"无预算不采购、超预算不采购"，严格按照预算编制执行，强化预算约束力。最后加强预算资金支出管理。完善政府采购系统与财政国库集中支付的衔接，政府采购项目资金支付必须通过财政国库集中支付统一支出管理，确保采购预算的规范执行。二是强化采购项目履约验收监督管理工作。经过承德市政府采购近20年的实践发现，政府采购更加重视强调充分的市场竞争、公平公正采购环境的营造和采购程序的规范性要求，导致"重采购轻验收""重采购轻管理"的现象时有发生，既影响了采购成效又破坏了政府的公信力。2015年《实施条例》的出台，强化了履约验收管理的相关规定，明确了在履约验收环节政府采购当事人及相关人员的责任，加强了对验收人员的制度约束，增加了违规违法成本，进而确保了政府采购的物有所值。

3. 实现三个转变

一是转变管理模式，实现从管理型向服务型转变。根据建设服务型政府的要求，政府采购监管者必须改变以往居高临下的监管姿态，与采购人、采购代理机构及供应商多沟通，通过法规政策宣传、从业人员培训、质疑投诉、调节处理等实现服务型监管模式的转变。

二是转变管理过程，实现从事前、事中监管转变为事前、事中、事后全过程监督管理，包括采购预算监督、采购程序监督、采购履约监督、采购效益监督四个方面的内容，尤其是应加强对协议供应商和定点供应商履约情况的监督。

三是转变管理形式，实现从定期定时监管向常态化监管的转变。主要涉及两个方面：一方面建立对协议供应商和定点供应商的常态化监管机制，另一方面建立对采购代理机构的常态化监管机制。通过常态化的监管，发现问题及时解决，不断提升各供应商和采购代理机构规范操作的意识，不断提高采购代理机构的职业水准。

（三）改进河北省承德市政府采购专家评审机制

1. 加大评审专家征集力度

加大评审专家征集力度，扩充评审专家数量和专业范围。一方面通过有关媒体刊登专家征集公告，另一方面通过各行业主管部门推荐本单位符合要求的人员进入专家库。在扩充专家数量的同时应加强专家质量把关，采取一定的措施对专家的道德和专业水准进行审查把关，确保真正有评审能力的专业人士进入专家库。

2. 加强评审专家动态管理

每一采购项目评审结束后，均需采购人和采购代理机构对专家的评审能力、工作态度、职业道德等几个方面进行打分评价，并将评价结果反馈至政府采购管理办公室。政府采购管理办公室制定评审专家动态考评办法及奖惩办法，对于评价得分较低的、专业知识老化不能满足评审需求的、年龄较大的、收受贿赂未能公正评审的专家，要建立评审专家退出机制。

3. 强化评审专家综合培训机制

强化评审专家综合培训机制，提升综合素质。一方面应定期组织评审专家培训，培训的方式可通过组织培训会议也可通过免费发放培训教材，或通过网络讲座等多种培训方式组合应用能更好地满足评审专家的需求。另一方面应分专业、分类别地组织评审专家召开业务研讨会，结合评审专家参加的政府采购项目实例，组织专家就本专业内采购项目评审、专业技术、市场行情等情况进行研讨，经验共享、取长补短，进而提升评审专家的业务素质水平。

4. 细化评审专家惩处责任机制

细化惩罚机制，强化责任意识。严格执行回避制度，与采购项目有利害关系的专家必须申请回避。严格遵守评审工作纪律，建议建立专家单独评标间，将专家与采购人代表分隔开，减少评审专家受采购人倾向性意见的干预影响。细化专家违法违规行为的惩处措施，提升违规成本，降低违规评审风险。

（四）健全河北省承德市政府采购代理机构管理机制

1. 加强代理机构软硬件配置管理

从代理机构办公场所、开评标场地、档案室、监控设备等是否配备和完善等硬件要求，到企业规章制度、培训制度、内控制度和执行流程等是否健全，人员是否具备从业资格（如文化程度、专业、上岗技能）等软件配置程度，都能体现代理机构的管理规范度和工作开展实力。监管部门应加强对代理机构的软硬件管理要求，对条件太低、配置太差的代理机构应责令整改。完善的制度建设和完备的软硬件配置才能确保政府采购工作的高效率、高质量。

2. 开展定期或不定期抽查管理

要通过组织定期或不定期的抽取检查，使监管及时、有效。抽查各代理机构执行项目的情况（可以采取到现场、抽查项目档案及调取视频监控录像或者远程监控等手段），以便监管部门能及时了解和掌握各采购代理机构真实的执业情况，检查其是否严格按照法律、法规及规章的执行流程和要求来操作。对日常工作或检查中发现的违法违规行为要加大惩处力度，对违反政府采购管理规定的代理机构不能姑息，做到违规必惩，违法必究。由此，用制度准绳统一行业标准，慢慢规范各代理机构的执业行为。检查结束后，还应及时地在承德市政府采购网公布检查结果，让社会公众及时了解各代理机构的执行情况和专业水平，促使采购代理机构在良好的市场环境中凭实力去竞争。

3. 采用监督与指导相结合的管理

在开展好监管工作的同时尽可能地给予代理机构一些法律制度和业务上的支持，对法律、法规、规章的内容和要求进行宣传和解读，并出台承德市具体实施细则，确定统一的执行标准和执行时间，以提高代理机构的政策执行能力。同时应加强业务指导工作，通过定期或不定期地组织业务知识讲座或操作实务研讨会，对一定时期内政府采购过程中遇到的案例进行分析，相互分享彼此的工作经验，促进各代理机构业务能力的进一步提升。

4. 建立代理机构诚信考核机制

建立代理机构诚信考核机制，对代理机构实行等级评定制度。建立代理机构档案库，将各代理机构的基本情况、人员信息、每次检查情况及违法违规行为进行建库备案，采用以一百分作为起点分值的优加差减的方法对代理机构进行计分评级，当扣减到一定分值时对代理机构进行相应的处罚，情节严重者应责其停业整改，进而确保业务水平低、法律意识淡薄、职业道德差的代理机构自然淘汰，确保优秀的代理机构健康发展，促使代理行业进入一个规范、高效、专业的发展时代。

（五）推进河北省承德市政府采购信息化平台建设

强化政府采购标准化、精细化管理，是承德市政府采购工作的基础，也是不断深化政府采购制度改革的必然要求。伴随着我国经济水平的发展和科技的进步，信息化、网络化已在各行各业得到了广泛应用。同时，通过对各国各地先进做法的研究，发现充分利用网络、科技的发展成果，推进政府采购信息化平台建设，是提高政府采购标准化精细化管理水平的有效途径。

1. 采购信息化平台建设目标需明确

信息化平台的建设应按照"管理功能完善、交易公开透明、操作规范统一、网络安全可靠"的要求，为政府采购当事人提供"标准统一、资源共享、规范透明、安全高效"的平台系统，实现政府采购全流程操作电子化、全过程监控网络化、全方位协作信息化、全覆盖上下一体化，提高政府采购管理水平和工作效率，促进政府采购规范化、标准化和精细化管理。

2. 采购信息化平台功能应齐全、内容应丰富

一方面，建议承德市政府采购信息化平台的研发部门在原有网站功能模块的基础上，综合电子化采购，完善平台功能。增设供应商管理系统、电子化采购平台、数据统计管理系统等功能模块。同时建议进一步完善供应商信息和评审专家信息及共享机制，逐渐实现省市各级财政部门的互联互通、互享互用，共同建设全省政府采购大市场，实现信息资源全方位共享。

另一方面，承德市政府采购管理部门应充分发挥现有信息化平台功能，完善网站内容。承德市政府采购网是承德市政府采购信息发布唯一权威性的网站，应充分发挥政策指导、信息公开、业务指导和监督管理职能，及时发布各项采购信息，保证供应商的充分参与；及时更新网站内容，分享国内其他地方政府采购的先进理论研究和有益做法，为采购当事人提供学习的平台；加强曝光度，对于有不良行为的供应商，应进行网站曝光，让其接受社会公众的监督。

3. 积极开展河北省承德市政府采购电子化工作

一方面制定统一的电子采购文件模板，推进政府采购工作标准化建设。重点

研究制作招标文件、投标文件、合同文本、信息公告、评审报告等标准文本的电子模板，规范文本格式和要求。同时应统一部分通用货物和服务的招标要素及评分标准，统一评审电子模板，实现政府采购业务的全流程标准化、电子化操作，并加强电子档案的归档管理。

另一方面积极探索符合承德市实际的电子化采购方式。一是制定网上竞价采购模式，将传统的协议供货与电子化采购相结合，在协议供货的基础上引入供应商网上竞价模式，既能提高政府采购透明度，又能在协议供货的基础上增强供应商的竞争，从而进一步降低采购成本。二是通过加大与天猫、京东等电商企业的洽谈，引入电子商城采购新模式，通过开辟承德市政府采购电子商城，采购人可以直接在网上下单采购，进一步提升政府采购透明度和采购人满意度，实现阳光采购和物有所值的最终目标。

（本节原载于《财政监督》2016 年第 14 期 51-57 页）

第四节　国库集中支付制度运行评价及完善对策

2000 年，我国开始进行国库管理体制改革，由分散支付方式向国库集中支付方式转变。我国的国库集中支付制度改革成效显著，执行透明度显著提高，财政监督的有效性得以加强。但通过多次调研发现，国库管理仍然存在着体制、机制、配套工作等方面的问题，尤其是公务卡推广和预算编制不科学等矛盾突出。本节在继续完善国库单一账户体系、建立内部控制机制、规范运行机制、继续完善信息网络管理系统、推进支付电子化管理改革等方面提出了深化国库集中支付改革的建议，并从预算编制、收支预测系统、动态监控系统、法律层次等角度提出完善的配套措施。

一、中国国库集中支付制度取得的成效

（一）提高了预算执行的服务效率

国库集中支付制度提高了预算执行的透明度。国库集中支付制度改革后，财政部门能够运用信息网络系统获得每一笔财政资金的去向、支付时间等信息，改变了传统支付模式下先拨后支的弊端，大大提高了预算执行信息的完整性、准确性、及时性。政府部门通过对财政资金的运行状况的分析和预测，可以即时、准确地掌握财政资金的运作状况及库款余额的变动情况，为财政政策和货币政策的

合理制定，科学调控宏观经济提供准确的依据。

财政国库集中支付制度通过"支出直达"，使财政资金在最终支付到商品供应商或劳务供应者之前，均保留在国库单一账户中。该制度稳定了国库资金余额，是开展国库现金管理和国债管理的基础，为降低财政筹资成本、提高资金运行效益提供了必要条件。通过国库单一账户的开设，明确了资金流量及资金供求状况，从而减少了商业银行的操作对中央银行货币政策的冲击，促进财政政策与货币政策的协调一致，从而为实现统一的宏观经济管理目标做出贡献。

（二）预算编制、执行、监督三权职责更加明确

国库集中支付制度是实现财政预算执行科学、规范管理的制度要求，资金运作过程透明度高、制约机制完善，是从源头上防治腐败的根本举措。国库集中支付制度改革后，突破了以往的预算执行事后监督控制机制，形成了事前、事中和事后相结合的监督机制，有效地发挥了动态监控的威慑作用。通过信息网络系统，财政部门可以全过程、实时监控预算单位的每一笔支付交易，及时发现违规和不规范操作等问题，并运用多种核查方式，加强对违规行为的审查，确保财政资金运行和使用的安全，基本实现了财政资金运行全过程的透明化。同时，国库集中支付制度简化了支付的中间环节，有效遏制了财政支出的"权力寻租"现象，使预算执行更加公开、透明。

（三）预算执行流程更加科学规范

国库集中支付制度建立了规范的请款制度和用款计划。该制度规定，预算单位的资金支出需求，必须按月或按季报送详细的用款计划，财政批复用款计划后预算单位才能申请用款，加强了预算执行的规范性，资金使用的计划性、科学性得到加强，提高了预算单位的财务管理水平。国库集中支付制度以现代科学、完善的信息网络系统作为技术支撑，预算单位的用款计划、申请的上报、财政部门的批复、预算指标的管理、总预算会计的记账、支付额度的下达及银行间资金的清算、支付报表的生成、预算执行信息的监控等，均通过信息网络系统进行，预算执行手段的创新，极大地提高了工作效率。

另外，在国库集中支付制度下，财政资金在实际支付给商品供应商或劳务供应者之前，全部留在国库单一账户，避免了分散支付模式和财政集中支付模式下资金在中间环节的滞留，有利于财政部门加强对库款的调度和管理，同时简化了资金支付的中间环节，单位对财政资金的使用更加便利，改善了财政资金的使用效益和运行效率，方便了预算单位会计核算，有效避免了财政预算、支付中心、国库及各预算单位、代理银行之间频繁、低效的资金划拨、结算和

对账等问题。

（四）强化了财政资金的使用监管

实行国库集中支付制度，从源头上切断了单位部门挤占、挪用、截留财政资金的途径，强化了财政资金的使用监管，特别是加强了专项资金的专款专用程度，使资金切实用在规定的用途上，可以有效地改变过去单位账户上随意使用的混乱局面。国库集中支付改革后，对专项资金实行直接支付，资金无须再通过主管预算部门和单位的过渡账户，而是由国库直接支付到商品和劳务供应者或用款人账户，实现了资金的使用与管理的分离，保证了项目建设资金及时足额到位，促进了项目建设的顺利开展。

二、国库集中支付制度改革存在的问题

（一）国库单一账户体系不健全

1. 实拨资金账户依然存在

在国库支付制度的实际运行中，一般除了保留预算单位在集中支付中心的原有账户外，财政部门还在商业银行为预算单位开设授权支付零余额账户。这样，预算单位账户就无法真正做到单一，与改革集中账户的初衷有所差异，不仅加大了预算单位核算和对账的工作量，也为国库支付的不规范运作提供了空间。财政部门为了完成支出进度，可能不会按照规范的直接支付或授权支付方式，而采取实拨资金方式将资金划拨到预算单位的集中支付中心账户；预算单位为了用款方便，授权支付额度一收到，就提取现金或转拨到支付中心账户，因而不能真实反映单位的实际支出信息。有些地方允许预算单位在授权支付零余额账户下核算此类资金，使得账户零余额名不符实。

2. 财政部门专户繁多

目前，财政资金专户管理仍然存在管理分散、专户过多、重复设置等问题，迫切需要进一步加强规范与管理。财政专户资金在由国库单一账户划拨到商品和劳务的供应者或用款单位（人）时，需要经过财政专户这一中间环节，财政资金从国库账户到财政专户后，财政总预算会计列预算支出，财政专户、商品和劳务的供应者或用款单位（人）是由专户会计进行核算的，这部分资金只能走实拨资金的渠道，资金支付游离于国库集中支付的范围之外。财政专户资金大量滞留在各商业银行的专户，既不符合国库集中支付改革的目标，又不利于财政资金的统

一调度和运作。

（二）国库集中支付制度运行机制不规范

1. 公务卡推广受限

按照规范的国库集中支付制度要求，财政直接支付、现金支出及财政授权支付业务应全部纳入财政动态监控范围，但是，现金提取和不规范使用仍然是现金管理的一个突出问题。造成这一问题的原因有两个：一方面由于环境限制，公务卡在实际使用中刷卡范围仍然较小，有的地方甚至没有刷卡条件；另一方面有些单位存在对公务卡结算不重视、用卡积极性不高、尚未建立公务卡强制结算目录制度等问题。

2. 资金归垫现象严重

一方面，零余额账户资金既不能在零余额账户之间划转，也不能在本单位、上下级或平级间的实有资金账户划转，而编制预算和签订采购合同时并未考虑上述规定，导致集中采购付款困难；另一方面，资金归垫行为是由用款单位垫付资金在先，批准用款在后，导致了动用资金时脱离财政部门的监督，等发现问题时木已成舟。同时，由于国库集中支付采取先支后拨的原则，由商业代理银行先行垫付资金，日终清算，在一定程度上会挤占商业银行自有资金，有违商业银行的经营原则。

3. 支付、清算流程复杂

现行的国库集中支付流程过于复杂，预算单位用款计划的上报、审批阶段不包括在内，支付还需预算单位、一级预算单位、财政支付中心、财政国库处、中国人民银行国库、代理银行多达 6 个主体的参与，财政授权支付一般流经 8 道环节，财政直接支付则更为复杂，一般流经 10 道环节。不仅支付参与主体众多、程序繁杂，许多环节还需要手工、电子同时传递单据，财政国库需每天与中国人民银行、代理行、财政支付中心对账，与改革前相比，相对加大了工作量。

（三）国库支付信息化系统建设相对滞后

为保证国库资金支付的安全、快捷高效，增强财政资金使用的透明度，国库集中支付制度必须借助完善的财政管理信息系统，依靠银行资金即时清算系统和国库管理操作系统，实现信息管理现代化。然而，我国目前尚未完全实现财、税、库、银之间网络的一体化，联网程度不高，无法实现部门间国库支付数据信息的网络共享，降低了预算单位、银行、财政部门等各方面对账的工作效率；有些经济或技术相对落后的地方，即使是财政部门内部也未能完全实现信息共享，在实际运行中极易产生脱节。因此，为保证国库集中支付制度改革的顺利进行，必须加快推进国库支付系统的信息化建设。

（四）基层代理银行人员业务素质较低

基层代理银行的工作人员因多种原因经常出现问题。例如，额度到账未能及时告知，不会办理科目更正和资金退回业务，不能提供分科目明细对账单，下午三点半停止办理支付业务，服务态度差等，给预算单位日常业务办理带来很多不便，既影响工作效率又影响对资金使用状况的掌握。

（五）网络软件缺乏有效的衔接

国库集中支付制度必须以现代化的财政管理信息系统、国库支付操作系统和银行资金清算系统为支撑，才能实现国库资金支付的高效和快捷。然而，我国目前实行中央国库集中支付软件全国统一运行，省级国库则根据自身业务需要，自行研发配套软件与中央国库支付系统进行衔接，这一做法虽然发挥了操作的灵活性，但也存在着诸多问题：第一，由于各省软件操作程序不统一引发的不规范，给监管带来了一定难度；第二，各省国库支付系统软件是由软件开发公司开发的单个软件体系，经常出现系统运行不稳定，甚至死机的现象，影响工作效率；第三，由于后台由软件公司操作，在一定程度上存在安全隐患；第四，软件系统设计还存在缺乏人性化、与会计核算软件数据接口衔接等问题。

三、完善国库集中支付制度的基本对策

（一）深化国库集中支付制度

1. 进一步完善国库单一账户体系

（1）取消预算单位实拨资金账户。取消预算单位在支付中心开设的原基本存款账户，重新选择代理银行开设授权支付零余额账户。建议由支付中心统一设置一个总账户，将预算单位改革前的历年结余资金、往来结算资金及其他收入等实有资金按单位分别核算。

（2）规范财政资金划拨渠道。避免上级主管部门直接拨付财政资金给下级对口部门，所有财政资金均应由上级财政部门纳入国库单一账户体系，统一管理，层层下达到下级财政部门。

（3）整合各类财政资金专户。由同级财政国库部门对各类财政资金专户进行统一管理，各级财政部门应加强对专户进一步清理、归并的工作，合并属于同一性质或相似性质的资金专户。

2. 建立国库集中支付内部控制机制

我国推行国库集中支付制度改革以来，财政收支活动的透明度得到较大提高。但是，随着国库动态监控的不断深入，财政资金支付过程中的违规操作问题也不断显露，反映出整个预算执行过程中的内部控制相对薄弱。为此，需要建立健全系统内部控制制度：第一，规范岗位职责分工，形成部门内部相互制衡，测评各环节的功能，反馈预算执行效果，保证财政资金安全；第二，将政府采购订单合同管理作为支付管理的前端，逐步形成采购、承诺、审核、支付、监控一体的监督控制体系；第三，在财务部门内部设立稽核岗位，建立财务部门与办理国库集中支付日常业务的工作岗位相互制衡的资金申请支付管理制度；第四，建立审核、支付、会计、信息管理、监督各岗位相互制衡的内部监控管理制度，及时发现、识别和控制支付风险；第五，建立健全国库集中支付内控技术保障体系，通过加强国库集中支付的信息化管理强化内控管理，以国库集中收付系统为基础，以完善国库动态监控系统内控功能为切入点，充分运用资金信息的勾稽关系，实现预算指标控制用款计划、用款计划控制拨款，实时监控资金交易信息。

3. 规范国库集中支付制度运行机制

（1）进行业务整合，减少支付环节。一方面，在预算执行环节，将所有基层预算单位视为一级预算单位管理，不再通过主管预算部门向财政部门上报用款计划和支付申请，由其直接向财政部门报送用款计划和支付申请，财政部门直接对其批复；另一方面，进行财政部门内部业务整合，国库集中支付业务由国库科负责，不再通过财政集中支付中心，资金支付中减少了财政集中支付中心这一环节，同时也就减少了国库科与财政集中支付中心、预算单位与财政集中支付中心、银行与财政集中支付中心的信息传递和对账。

（2）改善支付环境，全面推行公务卡结算。公务卡管理，可以有效遏制单位大量提取现金规避监管的现象。使用公务卡后，既可以避免财务人员到银行提取和保管现金，也无须单位提前借款给工作人员，财政财务部门还可以有效监控支付的真实性和规范性，方便快捷、安全简单、透明度高，有效克服了传统现金支用下存在的问题。为有效推广公务卡的使用，一方面，通过政府财力支持安装配置公务卡刷卡系统；另一方面，银行调低或免收公务卡交易手续费，形成用卡的激励机制，共同推进公务卡的推广普及。

（3）继续完善国库集中支付信息管理系统。加快实现财政国库支付系统与各类财政管理系统（非税收入、政府采购、综合治税、会计管理等）的信息互联互通，打通"信息孤岛"，加快信息系统一体化整合。借助财税库银横向联网、集中支付电子化管理系统的优势，开展数据信息的搜集、整理、分析、运用，为财政管理决策提供辅助支撑。构建财政、税务、国库、代理银行之间的横向联合信息网络，实现收支信息的数据共享和支付的实时清算，使得业务流程更加简化，充分发挥国库集中支付制度的优势。另外，还要加快"金财工程"，即"政府财政管理信息系统"（government finance management information system，GFMIS）的建立，实现信息资源共享及信息传递的电子化，实现预算单位网上申报用款计划和支付申请、财政网上批复及支付、监督部门网上审核。针对地方信息化水平不高的情况，各级政府应该以国家实施"金财工程"为契机，从软硬件两个方面为国库集中支付制度提供技术保障。

在信息系统开发过程中，要对系统构架进行重新论证和完善，提高系统的稳定性，优化系统的可操作性。例如，开发完善"以收控支"、"综合查询"、单位现金结报和事务提醒等功能，增加报表查询的准确性和可操作性，完善与其他业务系统的接口程序。

（4）继续推进国库集中支付电子化。实现支付电子化管理需要统筹规划、分步推进，需要从技术层面实现现行业务的电子化管理，之后再对业务管理进行优化与扩展。具体而言，就是要把制度建设、标准规范、支撑控件运行和自助柜面服务研发作为支付电子化管理的四项基本任务。

第一，强化制度建设。在制度建设方面，分为业务调整制度建设和电子化保障制度建设两部分，其中业务调整相关制度的建设可以视业务改革的进度有序推进，时间弹性比较大。

第二，加强标准规范。根据财政部及中国人民银行发布文件的相关指示，地方实施支付电子化标准规范的主要工作是对当前业务系统的数据编码、口径等进行相应调整。

第三，以电子凭证安全系统为支撑。电子凭证安全支撑控件的安装运行工作比较简单，各地只需对现行支付系统做适当改造，改造可易可繁，如若按照最简目标，只需将支撑控件和支付系统进行有效衔接，而无须过分调整现行的业务流程。

第四，优化自助柜面业务系统。自助柜面业务系统一般由各家代理银行承担主要的开发工作，财政部门则负责组织预算单位推广应用。考虑到财政部门、中国人民银行、代理银行之间运行已经比较完善，自成体系的信息系统以及中国人民银行和代理银行实行"上下一条线"全国集中部署的网络系统的客观情况，支付电子化改革只能从"结合部"入手，对薄弱环节进行嵌入式优化管理，同时对数字签名、电子印章、安全传输等程序进行封装后供各类业务系统调用，从而在降低改造成本的同时，实现提升业务系统的目的。

（二）完善国库集中支付管理的配套措施

1. 加强预算编制的科学性

长期以来，我国预算存在的编制时间过短、编制粗糙、审议力量薄弱、审议时间安排不科学、违规处罚不严等问题，始终未能得到妥善的解决。实施国库集中支付制度以后，尽管预算单位开始编制用款计划，但各单位编制的还只是月份用款计划，用款计划编制中不科学、不准确的问题十分突出。同时，基层预算单位根据实际执行情况补编预算的现象严重。因此，为了提高国库管理的效率，需要在预算编制环节采取以下措施：首先，需要营造积极的预算法制环境，加强预算监督，增强预算法制观念，严肃预算编制、审核与执行；其次，将预算编制时间提前，为预算论证提供充分的时间；最后，须继续细化预算单位用款计划编制内容，不仅要提高编制分月的用款计划的准确性，还要增加日用款计划的编制，这就需要加快我国的预算编制改革及提高预算单位的财务管理水平。

2. 建立科学、准确的财政收支预测系统

科学预测国库现金收支流量，是进行现金余额有效管理的重要内容。近年来，中央财政在国库资金收支管理上有所发展，也进行了现金流量预测的有益尝试，但是，总体上看，我国财政收支预测体系建设与国际先进做法仍存在较大差距。因此，今后一段时间内，需要在各层级预算单位构建财政收支预测系统，基本工作包括以下几个部分：首先，搜集、整理历年的财政收支数据，通过数理及模型分析等，预测财政收支以及库款余额变动的短期及长期趋势，并从中发现现金余额变动的基本规律；其次，根据各部门预算及实际用款需求，测算保证部门日均正常用款需求的最佳库款余额。关于预测期限的确定，不要急于求成，开始时，可以先预测一个月后的用款需求和库款余额，以后逐步延长预测期限，经验成熟后再进行半年期甚至一年期预测，不断提高库款余额预测的准确性。

3. 探索完善财政国库动态监控系统

（1）建立预算执行监控体系。通过建立更具灵活性和多样性的预算执行监控体系，以强化国库集中支付手段的预防性、检查性、纠正性、指导性、补偿性功能。同时，进一步提升国库集中支付的内控管理水平，研究及实施内控制度、内控机制、内控手段等，以确保财政资金使用上的安全、规范和有效。

（2）建立预算执行监控报告体系。通过建立预算执行监控报告体系，进一步增强监控信息分析水平，从体制、机制、制度层面发现问题，提出解决方案，

提高动态报告和分析报告的质量水平，为编制部门预算及进行决算分析提供参考，使动态监控更具有效性和规范性。同时，应该建立财政信息披露制度，向系统内部及社会全面公开财政信息，提高动态监控国库支付的透明度和威慑力。此外，通过建立预算执行报告制度，及时了解中央和地方的预算支出绩效。

（3）完善系统数据分析功能。首先，在健全财政国库动态监控系统的基础上，实行财政信息化管理，对账户信息系统、预算指标等数据源实行即时更新，与国库收付信息进行综合考核，以提升系统的数据分析水平和信息加工处理能力；其次，通过开发专项资金、专题分析系统监控等功能模块，构建一个稳定、先进、安全的动态监控平台；最后，进一步做好地方预算单位会计系统与财政部门间的数据接口衔接工作。

（4）成立信息动态监控部门。在财政国库成立信息动态监控部门，建立多层次、高水平的财政国库信息动态监控制度，制定部际互动机制，强化部内相关司和中央有关部门的管理工作，提高管理的绩效水平。

4. 提高国库管理的法律效力

一国的经济成就离不开政治经济制度的作用，而法律是一国经济发展的制度性基础。同理，提高财政监督管理水平离不开完善的财政法律体系，可以为依法行政、依法理财奠定制度性基础。

我国自财政管理体制改革以来，财政法规建设得到长足发展，取得了不小的成就，但在国库管理制度上，与发达国家相比仍有一定的差距，主要表现为国库法律制度不够完善，法律层次比较低。目前，除 2018 年《中华人民共和国预算法》和《中华人民共和国国家金库条例》外，大部分国库管理方面的规定都是以《支付管理办法》《会计核算办法》《银行清算管理办法》等部门规章文件形式颁布的，法律效力不高，约束力不足，稳定性不强，导致国库预算执行监督力不够。因此，应大力推进国库制度的法律建设，适时推进《中华人民共和国国家金库条例》修改，加快研究制定《国库法》《财政资金支付管理条例》等一系列相关法律法规和管理办法，将成熟的办法上升到法律层次，以法律权威性保证财政支付的公开性和透明性，为建立国库监控机制提供法律依据，为建立现代化的国库管理体系提供制度保障。

（本节原载于《经济研究参考》2016 年第 40 期 15-19 页）

第二章 财政政策的实践与借鉴

第一节 财政支持高新技术产业发展的对策

高新技术产业发展已成为企业或国家竞争力的主要源泉。高新技术研发与推广过程中存在着投资高、风险大、收益低等特征，而其成果可以被全社会分享，因而，高新技术产品具备了准公共产品的特征，需要财政政策进行支持。基于 1993~2011 年我国政府财政科技支出与高新技术成果产出的现实，本节采用协整分析、格兰杰因果检验、脉冲响应等方法，分析我国政府财政科技支出与高新成果产出的关系与效应，找出存在的问题，并从建立财政扶持政策、税收优惠政策、产业瞄准机制、完善政府采购制度及发挥国有资本作用等方面提出了对策和建议。

一、财政支持高新技术产业发展现状

科学技术已成为第一生产力，科技创新与高新技术产业的发展也具备了公共产品的特征，可以同时供很多人消费和使用，但消费具有非竞争性，而高新技术产品在研发与创新的过程中还存在投资高、风险大等特征，完全由市场提供会出现市场失灵现象，因而需要政府介入来弥补市场供给的缺陷。公共财政促进高新技术产业的发展就是公共财政通过加大投入力度、采取合理补贴方式及完善税收优惠政策等手段，力求在高新技术产业的创新与发展中发挥积极的引导作用，促进经济发展与技术进步。财政支持高新技术产业发展的政策一方面体现了政府努力推动产业科技进步的责任，另一方面对政府实现推动社会经济发展、加速产业结构升级与转型目标具有重要的作用。近年来，各国高新技术产业都得到了迅猛发展，极大地推动了社会各项事业的进步。当前，一国综合国力的竞争也越来越演变为高新技术创新能力的竞争，我国作为一个发展中国家，更需要紧紧抓住未

来科技发展所带来的新机遇。从当前来看，我国自主创新能力还比较低，相对于创新型国家来说，对外技术依存度较高，我国只有加快高新技术产业的发展速度，及时升级产业结构，积极推进科技创新，才能在全球化的新格局中处于不败之地。目前，我国生产力发展水平地区之间还存在不平衡，产业结构也亟待完善，这也对财政支持高新技术产业发展与科技创新提出了新要求。因此，研究公共财政对高新技术产业发展及科技创新的作用，目的就是通过探讨政府如何利用公共财政的政策手段，创造有利于高新技术产业创新的环境，充分发挥公共财政提供公共产品、完善市场经济环境的职能，加速高新技术产业的培育及创新成果的转化，实现经济的跨越式发展。因此，研究政府采用何种投入或补贴手段促进高新技术产业的发展，以及在产业壮大之后财政如何退出市场，如何动用公共资源更好地依赖高新技术产业的科技进步来促进社会经济增长等问题，将成为具有时代意义的重大课题。

近年来，国内外学者对于财政支持高新技术产业发展进行了一些卓有成效的研究。国内外学者在长期的研究中不仅分析了财政支持高新技术产业发展的必要性及主要政策措施，还利用数理统计的方法针对财政支持高新技术产业发展问题进行了实证研究，主要有：20 世纪 50 年代里斯针对高新技术产业发展建立了结构方程，结果表明，政府 R&D 经费投入强度在促进高新技术产业发展方面的弹性估计为，政府资助每增加 10.74 美元将使得高新技术企业发展 R&D 支出增加 0.74 美元。钟清流（2010）认为，当今社会需要不断培育高新技术产业主体的科技创新以及技术转化的能力，这就需要政府通过加强宏观调控力度，不断完善高新技术产业发展的外部环境，确定政府的作用和高新技术产业发展中的角色定位，为高新技术产业发展服务。时杰（2010）认为高新技术产业的发展可以分为技术创新、产业增长、产品成熟三个阶段。而在高新技术产业发展的技术创新阶段，政府必须加强对高新技术产业的扶持力度，为产业发展确定法律、财税政策等配套的政策体系支撑，加大对高新技术产业技术创新支持体系的投入力度；在高新技术产业的产业增长阶段，政府需要激励市场中的生产要素向高新技术产业倾斜；在高新技术产业的产品成熟阶段，政府需要利用各种财政、税收等政策手段，进一步推动和引导高新技术产业和技术创新的不断发展。由此可见，国内外学者针对财政支持高新技术产业发展问题进行了较为系统的研究，但纵观这些研究成果，国内的研究侧重于财政支持政策的研究，还需要采用科学的方法进行深入分析。从现实政策来看，公共财政支持高新技术产业发展的手段主要有财政补贴、税收优惠、金融支持、政府采购等，各种措施均对高新产业发展发挥了巨大作用。近年来很多学者关注了该问题的研究，取得了比较多的成果，但主要集中于税收优惠及财政补贴两种政策工具的实施效果等理论层面的探讨，对财政支持政策的实施效果等方面还缺少更多的实证研究。本节主要采用协整分析等方法，对我国公共财政支持高新技术发展的作用进行分析，力求找到财政支持高新技术的效果与存在的问题，以期为该问题的研究提供参考。

二、财政支持高新技术产业发展的实证分析

（一）数据来源

由于数据的局限性，本节用我国各年度专利授权数表示高新技术产业科技创新与发展水平，用各年度的政府财政科技支出表示财政对高新技术产业发展的支持程度，研究中使用 1993~2011 年的数据，采用 ADF 检验、协整分析、格兰杰因果检验、脉冲响应、方差分析等方法，对我国高新技术发展与财政投入做实证分析。本节数据来源于各年度《中国统计年鉴》，由于统计口径的变化，政府财政科技支出数据仅包括科技三项费用和科学事业费支出。根据历年数据可以看出：近年来我国专利授权数量逐年递增，政府财政科技支出也呈增长趋势，如图 2.1、图 2.2 所示。

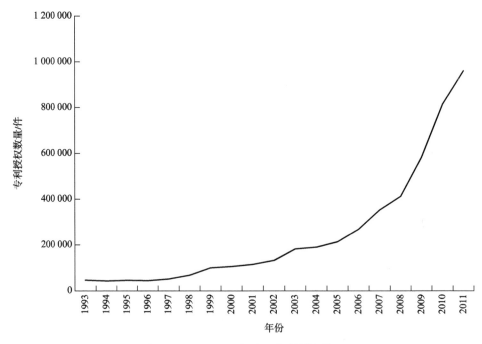

图 2.1　1993~2011 年我国专利授权数量

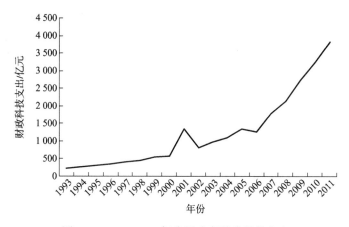

图 2.2 1993~2011 年我国政府财政科技支出

（二）中国专利授权数量和政府财政科技支出的平稳性检验与协整分析

本书选用 EViews 5.0 计量软件进行计算，为了避免分析过程中伪回归的出现，在运用时间序列数据进行回归之前，需要对时间序列数据进行平稳性检验和协整分析。利用图 2.1 与图 2.2 中的数据，用 X 表示我国历年专利授权数量，用 Y 表示政府财政科技支出资金数量，为了减少变量的波动，对各个变量均取自然对数。对于变量的平稳性检验，本节采用 ADF 检验法，在对专利授权数量和政府财政科技支出两个指标进行平稳性检验时，根据数据的图形来选择检验类型，同时根据 AIS 和 SC 信息最小的准则最终确定最优滞后期数（表 2.1）。

表 2.1 ADF 检验结果

变量	ADF检验			检验结果
	检验类型	ADF值	临界值	
LNX	$(c, t, 1)$	−2.111 705	−3.296 4（10%）	不平稳
LNY	$(c, t, 1)$	−2.532 969	−3.296 4（10%）	不平稳
ΔLNX	$(0, 0, 0)$	−2.067 675	−1.962 7（5%）	平稳
ΔLNX	$(0, 0, 1)$	−4.636 942	−2.715 8（1%）	平稳

注：检验类型中的 (c, t, n) 分别表示在 ADF 检验中是否有常数项、时间趋势、滞后阶数。其中，滞后阶数根据 AIC、SC 准则确定

根据近年来的统计数据可知，专利授权数量和政府财政科技支出均是 I（1）的，因此需要对这两个变量进行协整检验。本节采用 EG 两步法进行检验，由于残差 ε 的 Engle-Granger ADF Test Statistic 为−3.740 535 小于在 1%水平下的临界值

-2.727 5, 说明在 1%水平下残差 ε 是平稳的, 这表明我国专利授权数量和政府财政科技支出资金数量两个变量是协整的。

(三) 格兰杰因果检验

因果关系是指变量之间的依赖性, 作为结果的变量是由作为原因的变量所决定的, 原因变量的变化引起结果变量的变化。一般而言, 协整关系只能够反映变量间的长期关系, 从一个回归关系式中我们无法确定变量之间是否具有因果关系, 需要对各变量做因果关系检验。

从表 2.2 的结果可以看出: DLNX 不是 DLNY 的格兰杰原因的接受概率为 10%, 但仍有 90%的拒绝的可能, 说明 DLNX 是 DLNY 的格兰杰原因的概率为 90%, 也就是说, 专利授权数量即高新技术产业增长不是政府财政科技支出的格兰杰原因的概率为 10%, 专利授权数量即高新技术产业增长是政府财政科技支出的格兰杰原因的概率为 90%。DLNY 不是 DLNX 的格兰杰原因的接受概率为 14%, 但仍有 86%的拒绝的可能, 可以看出政府财政科技支出在很大概率上是专利授权数量即高新技术产业增长的格兰杰原因, 说明两者存在着一定的双项因果关系, 证明了政府财政科技支出对高新技术产业增长发挥着重要的作用, 同时高新技术产业发展对政府财政科技支出也发挥着一定的作用, 但作用不如后者明显, 主要是因为高新技术产业的发展会促进财政收入增加, 但财政支出的领域广泛, 当前对科技的支出力度还没有那么大, 企业科技创新还来源于自有资金等其他资金, 财政支持资金只是其中的一部分。

表 2.2　格兰杰因果检验结果

零假设Null Hypothesis	观测点 Obs	滞后期 Lags	F值	P值
DLNX does not Granger Cause DLNY	16	2	2.798 79	0.104 09
DLNY does not Granger Cause DLNX			2.412 96	0.135 25

(四) 脉冲响应分析

脉冲响应用于衡量来自随机干扰项的一个标准差大小的冲击对内生变量当前值和未来值的影响, 从而揭示模型中各内生变量相互作用的动态过程。图 2.3 给出了各变量对来自其他内生变量冲击的响应, 横轴代表追踪期数, 这里为 10, 纵轴表示因变量对各个变量的响应大小, 实线表示响应函数曲线, 两条虚线代表两倍标准差的置信带。

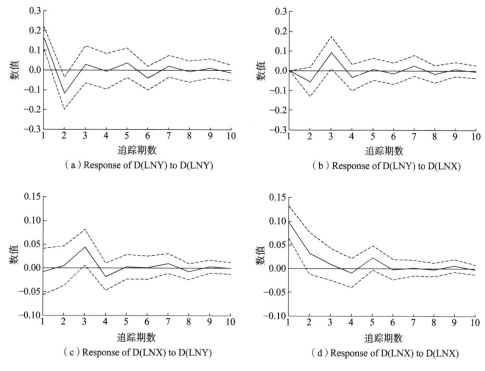

图 2.3　脉冲响应图

　　首先，我们先考察政府财政科技支出对专利授权数量的响应情况和响应途径。从图 2.3 中我们可以知道政府财政科技支出对专利授权数量新息的一个标准差扰动的响应，政府财政科技支出对专利授权数量一开始呈现很明显的正向波动，随着时间的延长，呈现出稳定正向响应收敛迹象，这说明了政府财政科技支出与专利授权数量之间存在着联系，专利授权数量的增加，会提高政府财政科技支出，并且这种联系具有长期稳定性。这说明高新技术的发展对财政支出的数量起着较大的作用。

　　其次，进一步考察我国专利授予数量对政府财政科技支出的响应情况和响应路径。从图 2.3 中可以看到我国专利授权数量对政府财政科技支出新息的一个标准差扰动的响应，我国专利授权数量对政府财政科技支出总体上呈现出稳定的正向响应收敛迹象，这说明了政府财政科技支出的增加，激发了高新技术企业的创新性，专利申请与授权数量增加，企业创新水平提高，带动了高新技术产业的发展。

　　总之，从以上两方面来看，高新技术产业发展和政府财政科技支出起着互相促进的作用。

（五）方差分析

在向量自回归模型中，方差分解方法是研究模型的动态特征的。方差分解不仅是样本期间以外的因果关系检验，还将每个变量的单位增量分解为一定比例自身原因和其他变量的贡献（方差分解结果见表 2.3、表 2.4），以此进一步判断高新技术的发展和政府财政支出的关系。

表 2.3　DLNX 预测方差分解表

期数	S.E.	DLNX	DLNY
1	0.097 853	100.000 0	0.000 000
2	0.103 017	99.537 41	0.462 590
3	0.112 262	84.018 20	15.981 80
4	0.114 233	81.621 79	18.378 21
5	0.116 436	82.186 47	17.813 53
6	0.116 461	82.193 92	17.806 08
7	0.116 828	81.678 91	18.321 09
8	0.117 131	81.291 49	18.708 51
9	0.117 313	81.262 19	18.737 81
10	0.117 347	81.266 44	18.733 56

表 2.4　DLNY 预测方差分解表

期数	S.E.	DLNX	DLNY
1	0.162 325	0.681 531	99.318 47
2	0.208 389	5.408 525	94.591 47
3	0.229 650	19.623 67	80.376 33
4	0.232 266	21.273 87	78.726 13
5	0.235 310	20.767 59	79.232 41
6	0.239 185	20.317 58	79.682 42
7	0.241 365	20.920 39	79.079 61
8	0.242 059	21.248 08	78.751 92
9	0.242 364	21.256 72	78.743 28
10	0.242 742	21.218 98	78.781 02

预测方差分解结果如下：从表 2.3 可以看出，政府财政科技支出对专利授权数量的发展的第二期影响一开始为 0.46%，随着滞后期的变长，影响变大，为19%左右。这说明在专利授权数量的增长及高新技术产业的发展中，政府财政科技支出起到的支持作用较大，反映了政府财政科技支出对专利授权数量的影响水

平。当然，高新技术产业的发展还受其他因素的影响，如产业政策、创新意识、国内外形势、技术支撑等。

从表 2.4 可以看出，专利授权数量对政府财政科技支出的影响为 21%左右，比较稳定，这说明专利授权数量的增长及高新技术的发展，也对政府财政科技支出有一定的影响。高新技术产业发展越快，长期来看，会引导政府财政科技支出的支持力度越大，对经济发展水平的影响也越大。

三、财政支持高新技术产业发展存在的问题

根据以上实证分析的结论，高新技术产业发展与政府财政科技支出存在较密切的关系。近年来，我国已经充分认识到高新技术产业发展在国民经济增长中的重要作用，根据高新技术产业发展的需要，我国也相继出台了一系列财政补贴与税收激励措施来促进高新技术产业的发展，这些激励措施在推动高新技术产业发展方面发挥了重要的作用，并取得了许多成效。当然，随着高新技术产业的快速发展，以及各项财政税收支持政策的实施，在此过程中也暴露出一系列问题，需要进一步调整与完善。

第一，以上实证分析仅基于政府财政科技支出与科技产出的关系进行分析，得出政府财政科技支出长期对专利授权数量的影响在 19%左右，这一影响程度有待进一步提高。同时这也说明政府财政科技支出与专利授权数量即科技产出之间存在关系，但仍旧存在政府财政科技支出水平较低以及增长缓慢等问题。根据图 2.2 中的数据，以 2011 年为例，我国财政科技支出为 3 828.02 亿元，约占财政总支出的 3.5%，虽然近年来政府财政科技支出的数量不断增长，但是政府财政科技支出的增长变化不大，与 2010 年的 3.62%的水平相比有所下降，这一水平甚至低于 2006 年，即"十一五"初期 4.18%的水平。由此可见，政府财政科技支出水平仍有待进一步提高，需要使其进一步发挥对高新技术成果产出的促进作用。

第二，专利技术授权数量即高新技术成果产出对政府财政科技支出也产生影响，高新技术成果产出增加，经济成果与规模才会增加，从而促进财政收入的增长，以及政府财政科技支出的增长。从实证分析的结论来看，专利授权数量对政府财政科技支出的影响在 21%左右，仍有进一步提高的可能。由于这些专利技术大多数是由大中型企业创造的，可能存在政府财政科技支出更多的是偏重于大中型企业的科技创新，对中小型科技企业的支持力度不够的问题。政府财政科技支出大多用于国家重点发展的战略性新兴产业，而更加需要研发资金的中小型科技企业却由于自身起步较晚，实力较弱，授予专利技术有限，可能无法获得更多的财政支持。

第三，除了实证分析发现的问题之外，在实际运行中，财政支持高新技术产

业发展还存在一些其他方面的问题。例如，各地区对高新技术的财政支持仅在成果完成之后进行，一般而言，经过研究开发期、成果转化期、市场成熟期之后，一项新技术才能转化为现实的生产力。而高新技术研发期往往是风险大、成本最高的时期，也是最需要各项支持的时期，但是，在实际政策的执行过程中，现行的财政政策往往只是关注成果转化的技术，对那些处于研究开发期的高新技术企业支持还不够。

第四，本节虽然没有对税收优惠政策的效果进行实证分析，但分析了高新技术产业发展的财政政策离不开税收政策的作用。自从 2011 年税收政策调整以来，针对高新技术企业，政府虽然改变了原有的以直接形式为主的税收政策，但仍旧存在需要改进的方面。例如，从营业税优惠政策方面来看，自 2011 年 11 月1 日起，营业税按期纳税的起征点为月营业额 2 万元，这一规定并没有区分高新技术领域个人技术转让等方面与传统领域技术转让等方面营业税的起征点，这对于高新技术领域中个人的技术转让、技术咨询等，以及高新技术产业获得先进技术将产生不利影响。由于高新技术产业发展具有高风险、高投入的特点，目前关于营业税纳税人起征点水平的规定，可能不能满足高新技术产业获得先进技术成果与科技创新的需要。从增值税优惠政策来看，目前对于高新技术企业的优惠政策只涵盖资源综合利用、再生资源、鼓励节能减排等行业及集成电路和软件行业，而其他高新技术行业没有税收优惠政策规定，因而未能发挥增值税优惠政策对整个高新技术产业的支持作用。从企业所得税的规定来看，现行高新技术企业减按15%征收企业所得税，但对于高新技术企业的认定较为严格，企业需要拥有核心自主知识产权，并同时符合产品范围、研发投入比例、科技人员比重等条件。对于大中型企业，该项政策有一定的效果，但对于处于成长期的中小型科技企业而言，它们大部分享受不到该项优惠政策。另外，企业所得税优惠政策是对高新技术产品销售环节而言的，但对研发环节失败或成果转化失败的高新技术，由于不能在销售环节实现其收入，那么也无法享受优惠政策。这些规定会进一步削弱企业的研发积极性。

四、完善高新技术产业发展的财政支持政策

第一，继续加大财政资金的投入及利用各项财政支持政策，降低高新技术产业的投资风险。当前进一步提高政府财政科技支出水平，提高政府财政科技支出增长率是必要的。今后需要根据高新技术产业发展的实际，进一步提高政府财政科技支出在财政预算中的比重，政府财政科技支出的增长速度应超过财政支出的增长速度，以此加大高新技术产业中 R&D 经费的投入强度。

另外，财政支持政策还需要根据高新技术产业发展的阶段进行调整。目前高

新技术产业发展所需要的资金，除了政府财政支持之外，企业市场融资渠道也是非常重要的方式，但是完全依赖高新技术企业自身融资还是不够的，因为高新技术产品是一种具有正外部性特征的产品，如果研发成功且被推广和应用，就会在全社会范围内产生广泛的社会效益和经济效益，其研究成果也可以为其他企业所采用、分享和发展。而且，高新技术产品往往要通过长时间的前期应用及开发性研究才能获得进展，且研发风险较高、成本较大。这些使得财政在研发期就要予以支持，补偿高新技术研发的成本，即针对高新技术发展阶段的不同特点，财政资金投入及各项财政支持政策在设计时，应该考虑到这一点，并设计出与企业不同发展阶段相适应的政策工具，测算出企业不同发展阶段的财政支出水平，从而使企业及时得到资金与政策的支持，更好地实现财政政策目标。需要注意的是，根据高新技术产业发展的不同阶段，制定合理的补贴制度和政策，以更大发挥促进高新技术产业发展的作用，还需要考虑财政的支持何时退出的问题。财政的支持不是无休止的，当高新技术产业发展到一定规模，盈利达到一定水平时，需要考虑建立财政补贴及各项优惠政策的退出机制，以免增加不必要的财政支出而使企业产生资金依赖，减缓企业的创新动力。

第二，规范财政对高新技术产业科技创新的投入，制定政府财政科技支出和管理的具体措施。结合中央和地方财政收入增长水平及高新技术产业发展的不同阶段，政府财政科技支出的主要内容应包括：政府财政科技支出的年均增速与本级财政经常性收入的增长速度相匹配，科技三项费用占财政支出的比例要确保科技经费逐年增长，达到预算要求；规范财政科技经费的预算和支付方式，提高高新技术产业发展与财政支出预算的科学性、合理性；要进一步强化对科研计划专项经费的管理，并建立较严格的奖惩制度，确保专款专用；进一步拓宽财政支持的范围，建立中小型科技企业的评价机制，对符合条件且有发展潜力的中小型科技企业进行支持，提高其科技创新与成果转化能力。另外，还需要加强对财政高新技术产业投入效果的评价，不断调整投入金额，在高新技术产业发展的不同阶段采用不同的投入方式进行支持，提升政府财政资金投入的使用效果。

第三，进一步完善税收优惠激励的利益机制。首先，探讨提高高新技术产业方面营业税纳税人的起征点水平。可以进一步研究并向国家建议提高高新技术领域个人技术转让等方面营业税纳税人的起征点，以区别于在传统领域个人技术转让等方面营业税的起征点水平。例如，对于不同类型的高新技术转让，可以规定3万~5万元的起征点，从而进一步发挥营业税优惠政策对高新技术产业获得先进技术成果与科技创新的促进作用，以便增强高新技术产业发展中新技术成果的可获性。其次，拓宽增值税优惠范围，不仅仅局限在资源综合利用、再生资源、鼓励节能减排等行业及集成电路和软件行业，税收优惠政策将逐步扩大到所有的高新技术产业领域。另外，高新技术企业往往研发投入较大，无形资产耗费较多，若允许增值税抵扣其外购的专利权及非专利技术，高新技术企业的税负将会减轻，这也是需要考虑的一个方向。再次，从所得税优惠政策来看，今后需要将所得税优惠政策扩大到所有的高新技术企业。其实广大中小型科技企业更需要所得税税收优惠，来提高它们的研发与创新的积极性。另外，税收优惠政策前置是一个可行的措施，也就是说，将所得税税收优惠重点转向风险最高、资金需求最大的研发环节，并对中间试验阶段给予一定的政策优惠，增强高新技术企业的创新能力与创新积极性。

第四，从其他方面来说，完善政府的高新技术产品采购制度，也是高新技术产业发展中重要的财政支持政策。推动高新技术产业发展，坚持政府采购首购制度是一项重要的政府采购措施，这将有利于高新技术产业发展，并引导高新技术产品技术升级方向。鼓励各地对符合国家或地区中长期科技发展战略、具有自主创新性质的产品，实施政府采购首购制度，在技术、服务条件相同的情况下，优先购买，支持高新技术产业科技创新。实施政府订购管理制度，鼓励高新技术企业研发。对于符合订购管理条件的产品或服务，各级财政通过高新技术产业专项扶持资金等，以订购的方式向高新技术产业企业或研发机构订购，鼓励高新技术产业科技创新。另外，为了促进我国及各地区的高新技术产业赶超世界先进水平，需要进一步加大政府采购支持高新技术产业自主创新产品力度，各级采购人、采购代理机构在采购活动中应将支持高新技术产业自主创新作为评审标准或优先选择购买的依据，进一步发挥政府采购对高新技术产业发展与科技创新的支持力度。

第五，探讨发挥国有资本支持高新技术产业发展与科技创新的作用，缓解单纯依靠财政支持与税收优惠政策的压力。国有企业需要发挥科技创新及产业进步的重要作用，加大新产品研发、新技术推广、新工艺创新等方面的力度，以自主创新为主导，立足于长远发展战略，以技术改革为核心，不断调整产业发展结构，实现高新技术的升级换代，从而在根本上提升自身在国内、国际市场上的竞争力。另外，还需要进一步优化国有资本的投资方式，提供企业创新发展的担保基金，或者利用国有资本建立创投平台，以解决科技创新企业资金缺乏的问题。进一步加强与完善国有资本经营预算，构建高新技术产业发展基金，实现以产业发展带动当地经济增长的目标。产业发展基金可以作为高新技术产业发展的资金，避免由于企业自身资金缺乏及财政支持力度不足而失去企业科技创新机遇。产业发展基金的投向需要有所侧重，根据当地经济发展目标或者支柱产业，对于一些具有创新意识和技术研发支出的企业，进行重点扶持。

（本节原载于《河北大学学报（哲学社会科学版）》2013年第6期63-67页）

第二节　促进文化创意产业发展的财税政策

随着十八届三中全会的召开,京津冀一体化进程逐渐加快。面对当前严重的环境问题,化解产能过剩成为河北省的重要任务。这意味着河北省经济的增长不能单纯依靠能源产业,必须转变产业结构,而文化创意产业作为新兴朝阳产业,是京津冀一体化过程中河北省承接北京非首都功能的重要一环。在发展文化创意产业的过程中,河北省在财税政策方面还存在一些制约因素。针对当前河北省文化创意产业发展现状,本节分析了财税政策存在的问题,并提出了促进河北省文化创意产业发展的财税对策。

一、河北省文化创意产业发展现状

当前河北省文化创意产业不断受到重视,其发展速度也不断加快。但与京津和长三角、珠三角地区相比,还存在一定差距。

(一)文化创意产业已初步形成体系,产业扶持政策不断充实

近几年河北省文化创意产业一体化的发展进程不断得到政府的大力支持,仅2014年就有《河北省文化人才专项资金管理暂行办法》《河北省人民政府关于推进文化创意和设计服务与相关产业融合发展的实施意见》《河北省文艺精品扶持奖励专项资金使用管理办法(试行)》《河北省省级文化产业发展引导资金使用管理办法》等多项政策出台,体现了河北省对文化创意产业的重视。从政策的内容可以看出,从文化创意产品的研发、融资,到资金使用等环节,河北省都有具体的管理办法,这为文化创意产业的健康发展提供了保证。

(二)文化创意产业发展速度不断提高

近年来河北省虽然颁布了若干支持文化创意产业发展的政策,但政策本身缺乏明确的针对性,使得其发展的可操作性不强。也就是说,政策性的框架有了,文化创意产业的发展步伐加快了,且成为河北省经济发展的重要推动,但具体的支持方案还没有落实。

从图2.4中可以看出,文化产业除了在2010年增速骤降以外,其他年份一直保持着较高的增长率,自2011年开始,增速一直保持在30%以上。这说明近年

来河北省文化创意产业处于快速发展时期，作为朝阳产业，其发展必然带动相关产业的发展，进而推动河北省整体经济的发展。

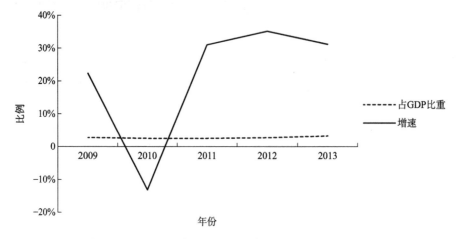

图 2.4　2009~2013 年河北省文化产业增速及占 GDP 比重

　　文化创意产业总体发展落后，与经济资金的缺乏和财政补助重心偏向大型企业的现状有关。一直以来河北省以发展第一、二产业为重点，而北京与天津更注重发展第三产业，长期的理念影响造成河北省文化创意产业的生产发展水平与京津地区形成巨大差距，这使得河北省不能满足北京与天津的配套需求，且河北省文化创意产业核心层比重较低，这种"产业悬崖"阻碍着京津冀一体化的发展进程，在文化创意产业核心层方面与长三角、珠三角地区的协调发展还存在较大差距。另外，从图 2.4 中可以看出，虽然河北省文化产业增速一直很高，但总体上占国内生产总值（GDP）的比重依然较低，而且其比重的增速也一直很缓慢，保持在 2%~3%，说明文化创意产业的发展还有很大的上升空间。

二、河北省文化创意产业发展现行财税政策存在的问题

（一）财政政策指向性不强，地方财政补助不足

　　目前河北省已提出支持文化创意产业发展，但政策性的框架有了，具体的支持方案还未落实。上述财政政策指向性的缺乏不仅仅是顶层设计的欠缺，其背后隐含着资金统筹安排的问题。河北省是税收大省，但其中的相当一部分要上交中央，剩下少部分由财政支配。实际上，财政资金并不能保证文化创意产业的蓬勃发展。文化创意产业的水平较低，需要大量财政资金的投入。另外，财政资金和财政补助重心偏向大型企业的现状并不能满足作为主体的中小型文化创意企业的

发展需要。二者的失衡状态又制约了河北省文化创意产业的发展和河北省产业结构的转型。虽然河北省于 2014 年设立了文艺精品扶持奖励专项资金，但资金补助有限，且补助范围较窄，并不能满足文化创意产业发展的需要。

在中央转移支付的过程中，大部分为专项转移支付，且当前中央并没有设立支持文化创意产业发展的专项资金，相比其他设立专项资金的产业，文化创意产业的发展受到了制约；对于中央用于发展文化创意产业的资金，河北省在资金利用方面也缺乏科学管理，对于资金的统筹安排、补助到位情况、效果评估等方面并没有进行有效监管。同时，中央和地方文化创意产业的资金投入各自为政，缺乏衔接和系统性，导致资金利用率不高。

（二）文化创意产业规模较小，融资困难

就文化创意产业本身而言，大部分企业经营规模较小，有些甚至达不到一般纳税人标准，即当前河北省文化创意产业大部分为中小企业，相比京津地区来说，河北省文化创意产业尚处于初级阶段，产业结构相对不完善，缺乏健全的会计核算。因此，在规模化的进程中，融资问题成为制约其发展的瓶颈。一些朝阳行业本来前景很好，但由于文化产业本身的特点，无形产品较多，而可用于抵押的有形资产较少，大多数银行和信贷机构并不愿为其提供贷款，而将贷款更多地放给了大型企业，由此造成文化创意产业资金缺口日益加大。实际上，向银行贷款是文化创意企业的主要融资方式，融资方式的单一必然导致融资的风险加大，这种传统的融资模式在某种程度上也促使了中小企业对银行的依赖，导致了高额的融资成本。再加上企业资金利用率较低，难以筹集足够的社会资本，加剧了融资难度。

在市场拓展方面，由于本身规模的限制，文化创意产业想要将个人才能与市场相连，且形成规模效应，困难重重。即使国家近年来出台了若干扶持小微企业的财税政策，但实际执行力度不够，文化创意产业融资依然成为阻碍其发展的重要原因之一。

（三）税收优惠政策缺乏针对性，整体税负较重

虽然近年来我国加大了对小微企业的税收优惠力度，但针对文化创意小微企业的财税政策非常有限，且对于文化创意产业各分支行业缺乏差别性的支持政策。这种"一刀切"的支持政策并不能很好地促进文化创意产业的健康发展。

文化创意产业作为一个系统的产业，其内部是由不同的部分组成的，各部分都有不同的分工与功能，在整个产业发展的过程中，产业内部存在着不同程度的分化，不同环节的发展程度也各不相同。只是一味地将文化创意产业作为一个整

体实施税收优惠政策，依然不能解决产业内部结构的分化现象，从某种程度上来说，税收优惠政策在促进产业内部整体发展的过程中，会导致发展程度高的部门加速发展，而发展程度相对较低的部门发展相对缓慢，于是部门间差距逐渐拉大，导致产业结构失衡，影响文化创意产业的发展。

文化创意产业属于第三产业，其服务业的性质决定了其所得税、增值税等税负相对较重。而国外一般对文化产品实行较低税率。增值税的征收存在人力资本等无形资产在开发和交换过程中纳税时不能抵扣的情况，造成重复征税，扭曲了税收政策的效应。

三、加快推进河北省文化创意产业发展的财税政策建议

（一）注重增加文化创意产业中央专项转移支付与河北省地方专项财政补助

针对河北省公共财政对文化产业投入不足的情况，要逐步提高文化支出占财政支出的比例，根据省情设立符合河北省发展的文化创意产业专项资金，构成促进文化产业发展的多层次财政支持体系，并采取多种方式吸引社会资金，政府通过规划和整合，设立创意产业园区，重点扶持一批基础较好、规模较大的创意产业园区，完善基础设施、美化周边环境，以此发挥辐射与带动作用。同时，还应该积极开展一系列有亮点、极富吸引力的以创意产业为切入点的活动，从而调动各方资源，以此推动创意园区的发展。这样既提高了资金的使用效率，又促进了河北省文化创意产业的快速发展。

同时，中央应弥补河北省财政专项资金不足的劣势，应统筹设立中央和地方两个层面的文化创意产业。考虑到中央层面的示范、带动和全局性作用，在充分调研评估的基础上，统筹河北省与京津地区的文化创意产业扶持力度，形成配套资金，通过转移支付保证河北省有充足的资金发展文化创意产业，以适应文化创意产业发展的需要，并视情况建立增减机制。在增加转移支付的同时，更应注重对资金使用的监管，保证财政资金真正用于产业的发展，使财政资金发挥出最大效益。

（二）建立财政信用担保体系，通过财政投融资的方式保障文化创意产业的发展

针对文化创意中小企业融资困难的问题，就政府层面来说，应增加对其的担保力度，通过政府信誉，建立起政府信用担保体系，包括设立担保机构和担保基

金，更好地提高文化创意中小企业的信誉，分散和降低风险，有利于吸引金融投资机构的资金注入。此外，担保基金可以以较少的保证资金带动更多的股权融资，有效发挥担保资金的杠杆优势。通过股权融资、债务融资、文化创意产业投资基金等多样化形式政策鼓励其融资，保持体系的健康良好运行，并通过财税政策和金融政策加大对其的支持。另外，为更好地降低文化创意中小企业的融资风险，政策性中小企业银行的建立，配合以优惠财税政策，能更好地帮助文化创意中小企业解决融资问题。

对于发展较为成熟的上市文化创意企业，政府应保持对其的持股比例，保证企业运营的稳定性和连贯性，面对当前经济下行的形势，政府应予以重点保护。作为规模企业，这些企业对于今后文化创意产业的发展起到了至关重要的作用，能带动并完善文化产业链条，因此，政府对这些企业应保持一定的持股比例，避免减持企业股份，并增持运营困难的企业股份，保障企业平稳运行，同时也能维护证券市场的稳定性，而证券市场的稳定又能反作用于上市文化创意产业，促进其健康发展。

（三）完善文化创意产业相关税收优惠政策

当前河北省文化创意产业整体规模较小，为鼓励新建文化创意产业，应在其用地方面给予相应的税收优惠。例如，对创业园区给予不定期的房产税、土地使用税、增值税等多税种减免，鼓励企业扩大规模，形成规模效应，提高生产效益，带动相关文化产业的发展。

针对文化创意中小企业的行业特点，根据企业不同的发展阶段，通过直接税、间接税的形式，给予不同程度的税收优惠政策。例如，在直接税方面，对于拥有核心创意技术和发展相对成熟的文化创意行业给予最低税率的所得税优惠，对于相对处于创意外缘的行业给予相对优惠的税率，而对于流通和消费环节的行业给予相对较低或不给予优惠税率。这种梯度差异更能有重点地鼓励核心创意的发展；在间接税方面，为鼓励文化创意产业"走出去"，在关税方面实行出口退税等优惠政策，提高企业研发相关费用的扣除比例和额度。此外，还应通过税收递延、税收退回等措施，从研发、生产等环节鼓励文化创意产业的发展。

对于文化创意产业的工作人员，应对其个人所得税在税率上给予相应的优惠，尤其是对于从事创意研发工作的人员，应免征或以最低税率征个人所得税。当然，在税收优惠的过程中，对于税收优惠条件的符合程度要严格监管，防止偷逃税现象的发生。文化创意产业是京津冀一体化过程中不可或缺的组成部分，其发展直接影响着京津冀一体化的进程。河北省作为一体化的重要一环，需要提供必要的财税政策支持。在政策设计的过程中，应根据省情制定适当的财政投入和税收优惠政策，这样才能提高河北省文化创意产业的层次，促进河北省经济腾飞，带动京津冀地区的协调发展。

（本节原载于《经济研究参考》2015 年第 63 期 17-21 页）

第三节　化解产能过剩与河北省财政增收问题探讨

当前，面对"三期叠加"的严峻形势和河北省化解产能过剩、治理环境污染、调整经济结构的特殊任务，河北省经济下行压力前所未有，财政增收难度空前加大。通过分析化解产能过剩对河北省财政增收的影响，从转换经济增长动力、利用京津冀协同发展红利、积极融入"一带一路"等角度，本节提出了对化解产能过剩背景下河北省财政增收问题的再认识，对于促进河北省经济、财政工作的良性运行具有重要现实意义。

一、化解产能过剩对河北省财政增收的逻辑与实证分析

（一）化解产能过剩对河北省财政增收的逻辑分析

从理论上分析，经济发展是财政的源泉，财政是经济发展的保障。河北省作为全国唯一的钢铁、煤炭去产能"双先行"省份，同时也是去产能行业最多的省份，在化解产能过剩方面做出巨大努力。河北省去产能涉及钢铁、煤炭、火电、焦化、水泥、平板玻璃六大行业，2013~2018 年全省累计压减炼钢产能 8 223 万吨、煤炭产能 5 801 万吨、水泥产能 7 370 万吨、平板玻璃 7 983 万重量箱。产能的压减致使企业销售收入减少，税源萎缩，从而不仅减少以销售收入为税基的流转税规模，还会通过影响企业营利能力导致企业所得税减收，给地方财政增收带来压力。进一步讲，化解产能过剩导致传统行业增收乏力，而新兴行业的支撑作用尚未显现，将会增大经济下行的压力，最终影响财源的建设和持续。

（二）化解产能过剩对河北省财政增收的实证分析

如图 2.5 所示，受到国内外经济形势与河北省化解产能过剩的影响，2008~2017 年河北省经济增长速度从 2008 年的 17.70%下降到 2017 年的 7.44%，下降了 10.26 个百分点。财政收入增长与经济增长基本呈现同步变化的趋势，但在 2013 年与 2014 年财政收入增速低于经济增速，可见化解产能过剩对财政增

收的影响较大。2015~2017 年财政收入增长稳步攀升，财政状况呈现缓中向好的趋势。

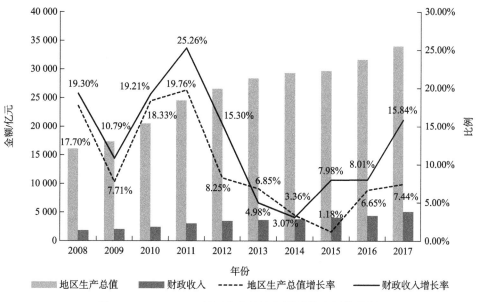

图 2.5 2008 ~ 2017 年河北省经济与财政收入增长状况
资料来源：《河北省经济年鉴（2018）》

二、化解过剩产能背景下对河北省财政增收问题的再认识

（一）必须澄清化解产能过剩的理解误区

化解产能过剩并不简单等同于压缩产能。化解即溶化消解，既包括溶化之手段，又隐含解决之目标。然而由于河北省化解产能过剩的任务较为艰巨，因此更多地将注意力放在淘汰和压减上，在认识上存在一定程度的误区。例如，2014年河北省淘汰了 1 500 万吨炼铁、1 500 万吨炼钢、3 918 万吨水泥、2 533 万吨重量箱平板玻璃，超额完成淘汰任务。实际上，化解过剩产能是在为传统产业找出路，是多行并举的政策。第一，化解过剩产能，化无效为有效。充分利用京津冀交通一体化、新型城镇化建设、人口流动等因素为河北省基础设施建设和房地产行业带来新的消费增长点，化解过剩产能，最大限度减少损失。第二，淘汰过剩产能，化传统为新兴。通过财政、金融等支持政策引导被淘汰的资本积极投资新兴产业，加快产业结构转型，建立现代产业体系，培植新的财源。第三，整合过剩产能，化分散为整合。鼓励企业重组，提升产品技术含量，培育高端产品，提

高市场竞争力，由过剩产能转化为行业发展的排头兵，稳定现有财源。第四，转移过剩产业，化过剩为有效。通过"走出去"的战略，鼓励过剩产能向境外转移和投资，加强与境外的资本技术合作，发挥外向型经济的拉动作用，保持对财政收入贡献的有效性。

（二）客观认识化解产能过剩对河北省的财政影响

短期看，化解产能过剩必然会加剧经济下行压力，给河北省财政增收带来挑战，而且可能在未来一段时间内财政收入仍会持续低速增长甚至负增长，使财政收支不平衡的风险增加。为此，河北省应积极主动地向中央争取支持政策和财政转移支付资金以弥补主动降速的割舍和牺牲。长远看，化解产能过剩会带来新的经济增长点。2018年上半年，河北省三大产业增加值比重为6.9∶45.4∶47.7，产业结构由原来的"二三一"调整至"三二一"，第三产业成为促进经济增长的主要动力。因此，化解产能过剩与产业结构优化并行推进为创造新的经济增长点创造了机会，为财政增收提供了财源。

（三）积极应对化解产能过剩的财政增收

1. 主动转换经济增长动力，培育持续的财源

第一，在化解产能过剩的过程中，坚定不移地推进经济转型升级。优化战略性新兴产业、现代服务业的发展环境和政策机制，推行绿色信贷，转换经济增长的支撑力量，确保财源持续。第二，充分发挥产业集群效应。以产业园区（聚集区）为载体，以龙头企业、重点项目为支撑，培育和发展一批主业突出、特色鲜明、体系完整、环境优良、市场竞争力强的产业集群，形成新的经济发展拉动力量。第三，探索省以下财政转移支付制度的完善思路。通过设置财政奖励、增量返还等方式鼓励地方政府减少化解产能的抵触情绪，大力发展特色县域经济，做大财政收入的"蛋糕"。

2. 利用京津冀协同发展红利，推动财政的增收

京津冀协同发展将为河北省经济"触底反弹"释放更多红利。第一，做好产业承接，促进财政增收。充分利用京津冀协同发展契机，积极承接先进制造业转移，借力发展战略性新兴产业，加快建设大型现代物流聚集区，推动经济发展和财政增收。需要注意的是，化解产能过剩不能完全依赖于产业承接，更重要的是自身优化，因此产业承接必须坚持经济结构优化的核心原则。第二，落实税收共享，确保财政增收。虽然《京津冀协同发展产业转移对接企业税收收入分享办

法》明确了财政分成、利益共享的办法，但是，长期以来，受到京津总部经济"虹吸效应"的影响，河北省税源与税收背离严重，税源向京津横向转移明显。因此，可以利用京津冀协同发展的契机尝试建立起区域间税收协调机制，有效解决税收转移问题，确保河北省的财政收入。

3. 积极融入"一带一路"，降低化解产能过剩的财政影响

借力国家"一带一路"倡议，创造河北省开放型经济的新优势。通过建立对外投资项目信息库、组织过剩产能企业与外贸龙头企业合作、加大对外投资政策支持力度等措施，为推动钢铁、水泥、玻璃等产业转移搭建良好的政策平台，鼓励企业加大矿产资源境外投资开发力度，这些产业仍然能够对财政增收发挥作用。

（四）避免化解产能过剩压力下的财政虚收

化解产能过剩导致的经济下行与财政计划导致的增收压力的共同存在往往倒逼地方政府财政虚收。因此，在财政增收形势严峻的背景下，各级领导应该尽可能摆脱政绩考核的约束，从实际出发，科学制定和调整财税收入增长的目标计划，坚持税收法定主义原则，用制度之手组织财政收入，挤出财政收入的水分，严格控制"税收空转"和"非税收入空转"等财政虚收虚增现象，确保经济发展与财政收入数据的真实性和增长的一致性。化解产能过剩是在尊重现有产业格局的基础上对未来产业结构的长远谋划，是确保经济可持续发展的一场自我革命，是创造新的经济增长源和持续财源的一次远景布局。因此，我们必须坚定化解产能过剩的决心和信心，全面认识其对财政增收的影响，咬紧牙关转过弯道，逐步建立起科学长效的财政增收机制。

（本节原载于《经济研究参考》2015 年第 63 期 4-7 页，文章内容有改动）

第四节　国外促进就业的财政政策措施及借鉴

一、鼓励社会创造更多的工作岗位

（一）利用财政补贴，鼓励中小企业吸纳更多的失业者，缓解就业压力

为鼓励中小企业吸纳失业人员，各国在实践中主要采取两种补贴方式：一是

对吸纳就业人员的企业进行补贴，用于补偿上岗培训等相关费用。法国政府规定中小企业每年扩大招工一名，可从政府得到 4 000 法郎的津贴。英国也规定对雇用 25 岁以上的长期失业青年 6 个月以上（其间每周工作 30 个小时以上）的雇主，给予每周 750 英镑的培训补贴费。二是对自主创业的失业者进行补贴，为其正常运转提供一定的资金。例如，英国政府为帮助失业者自谋职业，规定对自主创业的失业者，每周补贴 40 英镑。德国政府也对失业人员自谋职业给予鼓励，规定失业人员创立企业的可以得到 2 万马克的资助。

（二）优化财政支出结构

西方国家在财政支出结构优化的过程中，通过加大环保、绿化、社区服务、文物修缮、基础设施维修维护等公共项目投资，增加就业岗位，重点解决缺乏技能、文化偏低或年龄偏大的失业者的就业问题；对于曾参加公共设施建设的失业人员，可由政府发放一定数额的失业津贴。在市场经济结构调整过程中，失业人数大量增加，仅仅依靠失业保险基金和单纯的失业救济已经不能满足需要，于是，各国政府纷纷扩大社会保险预算，加大了对失业保险基金的财政补助。

（三）制定和实行以促进就业为优先发展目标的税收制度

对企业而言，宏观税负会影响企业的利润，从而对企业消费和投资的决策产生影响，最终会影响经济增长和就业。就个人而言，税收负担影响个人对闲暇、工作、投资、储蓄和消费的选择，进而影响经济增长和就业。因此，20 世纪 80 年代以来，许多发达国家实施了减税政策，以较低的宏观税负确保经济稳定增长和促进就业，充分发挥税收对促进就业的调节作用。从个人所得税来看，1999 年德国将最低税率从 23.9%降至 22.9%，2000 年降为 19.9%，2003 年降为 17%，2003 年最高边际税率降为 47%。从公司所得税看，1998 年日本将中央公司税税率由 34.5%降至 30%；德国从 2001 年起将公司所得税税率降至 25%。与传统大企业相比，中小企业在解决就业方面有其独特的优势。西方国家虽然发展程度不同，但为鼓励创办中小企业、增加就业岗位，各国都安排专项资金扶持，并提供多项优惠政策，鼓励其吸纳劳动力。德国对在落后地区成立的中小企业免征 5 年营业税，而且对新建的中小企业所耗完的动产投资，免征 50%的所得税。对中小企业使用内部留存资金进行投资的部分免征财产税。加拿大主要通过降低税率、减免和返还税收、延长税收宽限期等对中小企业提供支持。芬兰为鼓励中小企业多雇用失业人员，对其实行减税 4%的优惠政策。此外，实行创业税收优惠政策。韩国政府对创业企业给予税收方面的优惠，规定创业未满 6 年的风险企业，减免所得税和法人税各 50%，同时免交地方税和印花税。政府还直接增加对企业的资金支持，2002~2003 年，政府提供了 4 500 亿韩元用于支持风险企业的发展。

（四）推广多种就业模式，实现就业机会的分享

许多国家的非全日制就业占总就业量的比例已经超过 20%。例如，德国实行了就业市场"弹性化"，减少工作时间，设置部分时间工作岗位，并且倡导"工作分享"，即职工减少工时 20%，工资仅减少 10%，政府再给企业适当补贴。法国对实施半日工增加就业岗位的企业，给予免缴半日工 30%医疗保险费的奖励。

二、增强劳动者的劳动能力

西方国家政府在失业者就业培训方面也投入大量资金，以提高劳动者技能。美国总统布什提出的 2003 年度预算计划中，政府用于就业和再就业培训方面的款项达到90 多亿美元，比上一年度增长了1/3 左右，大大加强了对就业培训的政府财政支持。

近年来，各国纷纷利用网络技术不断完善就业培训计划和就业服务系统。在瑞典，政府支持在全国各地设立职业介绍所，免费向所有求职者提供各种就业信息和咨询等方面的服务，为雇工单位提供选择员工的个人资料，并安排单位面试预备录用人员等服务。新加坡在劳动部门的主持下，联合政府有关部门、社会培训机构和相关社会团体建立了"全国职业开发协作网"，将职业培训和就业服务紧密结合起来，为失业人员提供信息帮助和技术支持。这类服务机构的建立和互联网技术的应用加大了再就业培训的针对性和信息的对称程度，提高了培训后的就业率。

三、借鉴与启示

调整财政支出结构，为促进就业提供必要的资金支持。从国外各国的做法分析，财政支出对促进就业的支持具体表现在两个方面：一方面，财政加大对公共项目的投入，刺激经济需求，带动社会投资，起到间接促进就业的作用；另一方面，财政直接增加对再就业的支出，提高财政对再就业支出占 GDP 的比重。世界发达国家财政促进就业支出占 GDP 的 1%左右，我国虽是发展中国家，但失业问题已较为突出，也应提高财政促进就业支出占 GDP 的比重，合理增加再就业资金，并列入各级财政年度预算。

促进中小企业发展，吸纳富余劳动力就业，拓宽劳动者的就业渠道。在我国，中小企业已成为市场经济发展的一个重要力量。目前在全国工商行政部门注册登记的各类工业企业已超过 1 000 万家，其中大型工业不到 2 万家，其余均为中小型工业企业。中小型工业企业占用的国有资产虽只有 17%，就业人数却占 75%，因此，中小企业的发展对解决劳动力供给问题至关重要。积极鼓励支持中小企业的发展及失业人员创办中小企业，通过再创业实现就业已成为一项重要举措。在税收政策方面，应对中小企业给予税收优惠，适当减免某些税种，并提供一定的税收宽限期；对中小企业安置下岗职工和失业人员，根据条件给予安置补助费和社会保险补助费，对主要为中小企业服务的各类社会中介组织，提供一定的税收支持和财政补贴。

以市场为导向确定就业政策，逐步培育完善的劳动力市场。当前我国社会保障等各方面制度还不够健全，激励机制不足，许多失业人员存在不主动找工作、消极等待政府救济的倾向，不利于再就业。因此，在制定我国再就业和社会保障政策时，要坚持以市场为导向的就业政策，合理确定"三条保障线"的保障标准，由单纯保障基本生活向促使就业转变，将对下岗失业人员的生活补助与其寻找工作的努力程度挂钩，对有劳动能力但不主动就业的下岗失业人员，应适当降低生活补助标准。

对下岗失业人员的培训提供经费支持，建立健全完善的就业服务体系。在增加工作岗位促进就业的同时，很多国家财政部门也积极致力于公共就业服务制度的建立。我国在公共就业服务制度建立的过程中，应为失业人员提供免费的职业介绍和再就业培训。可以引入西方发达国家政府购买培训成果的做法，将各级财政用于职业培训和就业的实用资金按实际就业人数核拨给就业服务机构，以切实达到促进下岗失业人员再就业的目的。还应建立完善的就业信息服务系统，加快推进区域内、区域间乃至全国性统一信息网络建设，通过网络技术尽快、尽早并尽可能多地传递劳动力供求信息与职业指导、职业介绍和职业培训系列服务，协调由于企业和劳动者之间信息不对称而导致的失业问题。

（本节原载于《中国财政》2006 年第 6 期 79-80 页）

第三章 财政与社保基金的运营管理

第一节 中国养老保险基金缺口分析

人口老龄化是指总人口中老年人口所占比例不断增长的一种趋势。国际上通用的标准是将 65 岁及以上老年人口占总人口的比重大于 7%或 60 岁及以上老年人口占总人口的比重大于 10%作为进入老龄社会的标准。中国已于 1999 年进入老龄化社会，且是世界上老年人口最多、增速最快的国家。由此反映出中国应对人口老龄化的任务十分艰巨。伴随着人口老龄化必然会出现养老金支付在社会保障总支出中所占比重上升的趋势，占 GDP 的比重也呈上升趋势。转轨后的中国基本养老保险制度未来是否具有充足的偿付能力，直接关系到社会保障制度的稳定性及持续性，必须对其予以高度重视，采取有效措施减轻养老金支付负担。

一、中国人口老龄化的现状、发展趋势及主要特点

（一）中国人口老龄化的现状、发展趋势

中国正处于"快速老龄化"阶段。据 2005 年全国 1%人口抽样调查统计数据，中国 60 岁及以上的人口为 14 408 万人，占总人口的 11.03%（其中，65 岁及以上的人口为 10 045 万人，占总人口的 7.69%）。与第五次全国人口普查相比，60 岁及以上人口的比重上升了 0.76 个百分点。2006 年全国老龄工作委员会办公室公布的《中国人口老龄化发展趋势预测研究报告》表示，"21 世纪的中国将是一个不可逆转的老龄社会"，头 20 年为"快速老龄化"阶段，随后的 30 年为"加速老龄化"阶段，其后的 50 年则达到"稳定的重度老龄化"阶段。2051年，中国老年人口规模将达到峰值——4.37 亿人，即每 10 个人中就有 3 个人是60 岁及以上的老年人。

第一阶段，我国平均每年将增加 596 万名老年人，年均增长速度达到 3.28%，大大超过总人口年均 0.66%的增长速度。到 2020 年，老年人口将达到 2.48 亿人，老龄化水平将达到 17.17%。第二阶段，平均每年增加 620 万人。到 2050 年，老年人口总量将超过 4 亿人，老龄化水平推进到 30%以上。第三阶段，老年人口规模将稳定在 3 亿~4 亿人，老龄化水平基本稳定在 31%左右，进入一个高度老龄化的平台期。

（二）中国人口老龄化的主要特点

1. 老龄人口规模大，增速快

目前我国 60 岁及以上老年人口约 1.6 亿人，是全世界老年人口最多的国家。我国实现从人口成年型向人口老年型转化只用了短短的 18 年时间（1981~1999 年），而发达国家一般持续了几十年，甚至上百年的时间，由此可见我国老龄化发展来势之凶猛。联合国预测，21 世纪上半叶，我国将会一直是世界上老年人口最多的国家，老年人口占世界老年人口总量的 1/4，下半叶，我国将仅次于印度位居第二老年人口大国。65 岁及以上老年人占总人口的比例从 7%提升到 14%，发达国家大多用了 45 年以上的时间，而我国只用了 27 年，并且在今后一个很长的时期内都将保持着很高的递增速度，属于老龄化速度最快国家之列。

2. 老龄人口的城乡二元化

我国人口老龄化地区差距明显，经济发达地区的老龄化程度高于经济欠发达地区，具有明显的由东向西的区域梯次特征。与发达国家人口老龄化水平城镇高于农村的发展历程不同，我国农村老龄化水平超过城镇，农村老龄化问题的压力更为突出，西部和贫困地区尤为严峻。2010 年第六次全国人口普查数据显示，中国农村 60 岁以上老年人口数量为 9 928 万，是城镇 60 岁以上老年人口数量的 1.3 倍，在农村人口中所占比重为 15.0%，比城镇高出 3.3 个百分点。

3. 老龄化先于现代化，未富先老

发达国家的人口老龄化是在工业化进程和经济高度发达的情况下发生的，属于先富后老或富老同步；而中国是在经济实力比较薄弱的大背景下迎来了人口老龄化，因此属于典型的"未富先老"型国家。另外，发达国家进入老龄社会时人均 GDP 一般都在 5 000~10 000 美元，而中国目前人均 GDP 才刚刚超过 1 000 美元，属于中等偏低收入国家之列，从此不难看出，中国的经济发展水平在应对人口老龄化问题时面临着相当大的压力。

二、人口老龄化对养老金支付能力的影响

人口老龄化给一个国家养老保险制度带来的影响，是对一个国家整个社会保障制度最大的挑战，主要原因就在于养老保险已成为整个社会保障制度中最为庞大的开支项目。

我国从 20 世纪 80 年代开始对城镇职工养老金制度进行改革试点，到 1997 年国务院正式推动全国城镇职工基本养老保险制度从现收现付制向部分积累制转变，目前已形成统账结合的基本养老保险制度。随着我国社会养老保险体系的不断完善，参保人员逐年增加，领取养老金的人员也逐年增加，养老金缺口问题也日益严峻。《中国人口老龄化发展趋势预测研究报告》表明，2004 年我国基本养老保险的支出总额达到 3 502 亿元，比 2000 年增加了 65.5%。离休、退休、退职费用也呈现连年猛增的趋势。

2002 年以来，我国养老金当期缺口（当期养老金支出与养老金收入的差额）每年一直徘徊在 500 亿~600 亿元。据测算，全国基本养老金收入的15%~20%要依靠国家财政补贴。1998~2018 年中央财政对企业职工基本养老保险基金的补助已经达到 3.5 万亿元。中国社会科学院世界社保研究中心于 2019 年 4 月 10 日发布的《中国养老金精算报告 2019~2050》中的测算结果显示，在企业缴费率为 16% 的基准情境下，全国城镇企业职工基本养老保险基金将在 2028 年出现当期赤字，并于 2035 年出现累计结余耗尽的情况，在 2035~2040 年达到高峰，每年将产生 1 000 亿元的"社会统筹养老金赤字"，高峰时将累计达到 8 000 亿~10 000 亿元，2050 年回落至 4 000 亿元。而据亚洲开发银行统计资料，到 2033 年，中国养老金的资金缺口将升至 533 亿美元。

三、积极推进养老保险制度改革，有效应对人口老龄化

（一）调整公共财政支出结构，加大公共财政投入力度

我国社会保障资金主要来自财政预算拨款。从社会保障基金的支付情况来看，近年来随着我国政府对"民生状况"重视和关注程度的提高，以及我国财政收入的逐年增加，社会保障经费的支出也在逐步扩大。2003~2008 年，国家财政在社会保障领域的支出平均年增幅近 15%，但与教育和医疗卫生支出相比，增幅仍然较小。如果要保障退休职工的基本生活水平，仅仅依靠基本养老保险体系自身的财务运行机制是很难实现的，必须依靠公共财政的大力支持。政府的财政补贴是确保基本养老保险基金可持续运行的重要保障，因此，应当逐步调整和优化

未来我国财政支出方向，使其朝养老保险进行适当倾斜，以弥补基本养老金的巨大缺口。

（二）构建多支柱养老保险体系

尽管近年来中国一直在进行养老保险制度的改革，"社会统筹和个人账户相结合"的多支柱养老保险模式已经形成，然而相对于基本养老保险计划而言，第二层次的企业补充养老保险计划和第三层次的个人储蓄计划的发展明显滞后。由于这两个支柱过于薄弱，大大限制了它们在养老保险体系中发挥应有的功能，从而进一步加重了基本养老保险的负担。因此，构建多层次、多支柱的养老保险体系，尤其是加快推动第二、三层次的养老保险计划，是实现养老保险体系可持续发展的有效措施。

（三）确保养老金保值增值

目前，我国采取的是现收现付制基础上的特殊的部分积累筹资模式，即社会统筹与个人账户相结合模式。这客观上就要求对养老保险基金进行有偿运营，以化解通货膨胀对养老基金造成的贬值和基金支出负担增加的风险。因此，必须对养老保险基金进行较为广泛的投资，提高养老保险基金的收益率，实现基金的保值增值。但由于目前我国正处于经济转型时期，资本市场不完善，金融风险较大，在选择投资产品时必须把安全性原则放在首位，注意防范各种风险。

（四）逐步提高退休年龄，严把提前退休关

在现行的养老保险制度中，多数学者对退休年龄偏低及其造成的养老基金压力已达成共识。延迟退休已经成为世界各国应对老龄化挑战的重要举措，在多数国家实行并且取得了不错的效果。虽然我国在经济结构转型尚未完成的情况下，每年新增就业机会有限，短期内大幅度地提高退休年龄确实会带来就业压力，但从长远角度看，提高退休年龄势在必行。延迟退休年龄既可增加养老基金的积累年限，又可相对减少领取养老金的时间，有利于养老保险基金的平衡。

严禁提前退休。提前退休可对养老保险基金造成严重侵蚀，是当前我国基本养老保险基金出现财务危机的主要根源之一，应严把提前退休关。同时可以适当推行弹性退休制，在一定年限范围内，允许员工在退休或继续工作两者间进行选择，采取灵活多样的做法，逐步提高退休年龄，以期实现既减轻养老金的支付压力，又能均衡劳动力市场的双重目标。

（五）加快制定并颁布全国统一的《养老保险法》

养老保险是中国社会保障体系中最重要的项目，制定并颁布适应社会主义市场经济体制的《养老保险法》关系到养老保障改革的顺利实现，只有通过法律手段规范养老保险基金筹集、养老金支付、养老金运营和监管，做到有法可依，养老保险制度才不至于滑出正常轨道，才能确保养老保障制度规范有序运行，为养老保障制度创造和谐稳定的外部环境，建立起长效机制。

总之，随着中国人口老龄化程度的加重，养老金的收支缺口必然呈加大的趋势，这迫切要求我们加快建立健全社会养老保险体系。近年来，中国从未停止养老保险制度改革的步伐，而改革过程中遇到的最大难题就是资金不足，逐年扩大的资金缺口已使现行养老保险制度面临严重的财务危机。鉴于此，我们必须结合本国国情，借鉴发达国家的经验，采取切实有效的措施，实现养老基金的预先积累，建立起与社会发展水平相适应，资金来源多渠道，保障多层次，权利与义务相结合，管理规范化，可持续运行的养老保障制度。

（本节原载于《山东纺织经济》2010 年第 10 期 29-30 页，78 页）

第二节　养老保险个人账户空账问题探讨

1997 年，国务院发布了《国务院关于建立统一的企业职工基本养老保险制度的决定》，标志着我国社会统筹和个人账户的企业职工养老保险模式初步得以确立。但由于"混账"管理的财务制度和政府在转制成本方面的责任缺失等原因，出现了社会统筹账户透支个人账户，导致企业职工养老保险个人账户空账问题。为做实个人账户，我国自 2001 年开始先后在 13 个省开展了试点。然而，做实账户的效果很不理想，不仅加重了中央政府，尤其是地方政府的财政负担，还由此引发了一系列其他的问题。2014 年《中国养老金发展报告》显示，截至2013 年底，全国只做实了 4 154 亿元，仅占到 35 109 亿元应做实资产的 11.8%；同时，空账不仅依然存在，还在持续扩大：即使将 28 269 亿元全部结余用来做实，空账仍有 6 840 亿元，与 2012 年比又增加了 1 238 亿元。事实表明，一边账户做实、一边空账扩大的现状使得开展做实试点的省份积极性不高，新的省份也不愿加入进来，试点难以继续开展，目前已经陷入停滞的状态。因而国家主要用"堵"的思路来解决基本养老保险个人账户空账问题的方式并不可行。

做实企业职工基本养老保险个人账户的理由是否充分？做实个人账户有无弊端？有没有一种新的思路来解决个人账户的空账问题，以优化企业职工基本养老保险个人账户制度？本节从养老金制度的本质分析出发，解析了做实基本养老保险个人账户的理由，探讨了做实个人账户的弊端，并提出了解决个人账户空账问题应"变堵为疏"的思路。

一、养老金制度的本质

养老金经济学认为，从个人的角度分析，养老金制度的重要作用之一是在时间上重新分配消费。在理论上，有两种且仅有两种在时间上转移消费的方法，一是存储现在的产品；二是获得未来产品的要求权。第一种方法虽具有可能性，但由于低效率、不确定性、人力资本衍生的服务不可存储等原因而缺乏可行性；第二种方法具体可以采取基金制和现收现付制两种机制展开实施，具有现实应用性。从根本上讲，养老金制度的作用在于在当期劳动者和养老金领取者之间分配总产出。养老金领取者关注的并不是金钱，而是诸如衣食、医疗服务类的产品，只有存在可供养老金领取者购买的产品，金钱才能发挥作用。

根据养老金经济学，可将养老金制度的本质概括为无论是现收现付制，还是基金制，抑或名义账户制、部分积累制，以及其他已经存在或将来可能出现的养老金制度模式，无论是在金融危机或经济危机背景下，还是在经济稳定发展时期，养老金制度本质上是通过当期老年人消费同期劳动者生产的一部分产品来保障老年人权益的一种机制。因此，保障退休者的养老权益，经济发展是根本，养老金机制是基础，二者缺一不可。所以，维护经济稳定，努力促进经济发展，做大国民经济的"蛋糕"，完善养老金制度，适时适度地提高老年人分享经济成果的比例，是养老金制度能够健康发展，老年人养老权益能够得到切实维护的必由之路。

二、做实企业职工基本养老保险个人账户的两大理由解析

（一）做实基本养老保险个人账户是否是应对人口老龄化的重要举措

《国务院关于完善企业职工基本养老保险制度的决定》第四条规定，做实个人账户，积累基本养老保险基金，是应对人口老龄化的重要举措，也是实现企业职工基本养老保险制度可持续发展的重要保证。国内很多学者也以做实个人账户能够应对人口老龄化的冲击为理由，提倡国家采取有力措施，推进企业职工基本养老保险个人账户的做实。做实个人账户是否真的有利于缓解日益严重的人口老

龄化压力呢？本节第一部分已经指出，养老金制度本质上是通过当期老年人消费同期劳动者生产的一部分产品来保障老年人权益的一种机制。福利国家经济学认为，现收现付制和基金制仅仅是在当期劳动者和养老金领取者之间分配当期产品的两种方法，面对人口老龄化的冲击，二者的运行效果不会有太大的差别。因此，认为做实个人账户比不做实更加有利于缓解人口老龄化的压力的观点是难以成立的，以做实个人账户，积累基本养老保险基金作为应对人口老龄化重要举措的做法是有待商榷的。

（二）做实基本养老保险个人账户是否真的有利于储蓄增加和经济发展

国内很多学者认为，与现收现付制相比，做实基本养老保险个人账户，实行实账积累能够带来更多的储蓄，并促进经济的发展。这种观点是否能成立呢？在积累阶段，养老保险制度参保者很可能会由于养老金制度的强制储蓄而减少自愿性储蓄，这种自愿性储蓄和强制性储蓄之间存在的替代关系导致做实个人账户未必使总储蓄增加。从长期来看，一定时期内，通过向养老保险个人账户缴费所增加的储蓄会被当期养老金领取者所领取的养老金抵减或抵消，净储蓄并非肯定大于 0。从这个角度看，做实个人账户未必能够增加储蓄。在做实个人账户的情况下，即使储蓄有所增加，总量也不一定会提高。增加的储蓄是否能对经济具有拉动作用取决于较高的储蓄能否有效转化为投资、投资能否拉动经济增长。总储蓄所增加的部分可能被用于消费奢侈品，资本市场的不完善及养老金投资管理者的水平可能无法将资源引导至最高生产率的投资使用上。

从上述分析可以看出，做实个人账户并不一定增加储蓄，但对个人账户资金进行投资运营必然增加管理成本。我国社会主义市场经济机制尚不完善，个人账户资金投资运营也很可能会因为经济传导机制的阻塞而无法发挥对经济的促进作用。因此，以有利于储蓄增加和经济发展作为做实个人账户的理由并不充分。

三、做实企业职工基本养老保险个人账户的两大瓶颈解读

（一）资金瓶颈

做实个人账户试点的 13 个省区市的做实规模起点不尽相同，辽宁做实个人账户的起点为 8%，吉林和黑龙江为 5%。根据《关于进一步扩大做实企业职工

基本养老保险个人账户试点工作有关问题的通知》，天津、山西、上海等 11 个省区市 2006 年从 3% 起步做实个人账户，以后逐步提高做实比例。按照国务院要求，江苏、浙江、广东等经济发达省份可根据本地的实际情况，依靠自身能力开展做实个人账户试点。大部分省市的做实规模起点较低的主要原因在于做实个人账户需要大量的资金，因此采取了循序渐进的办法。原劳动和社会保障部副部长刘永富曾透露，截至 2004 年底，中国养老保险个人账户空账规模达 7 400 亿元，且每年还会以 1 000 亿元的速度增加。按照这种速度推算，截至 2008 年底，个人账户的空账规模大约为 1.14 万亿元。据相关专家了解，截至 2008 年底，个人账户空账运行的规模已经达到 1.4 万亿元，比 2004 年底的空账规模大约增加了 1 倍。尽管上述两个反映个人账户空账规模的数字有所差异，但并不妨碍得出做实个人账户的工作任重而道远的结论。当前，政府尚未公布在全国范围内做实个人账户的明确时间表，这也表明了此项工作的长期性和艰难性。

当前做实个人账户的资金支持主要有以下方式：一是提供资金补贴弥补当期养老金支付的缺口；二是直接向个人账户提供资金支持。资金来源主要有中央财政补贴和地方财政补贴。由国家来承担个人账户空账的主要财政责任，一方面，体现了国家对应该负担的养老保险转制成本的财政投入；另一方面，巨额的资金需求无疑增加了国家的财政负担。一定时期内一个国家的财政收入是一定的，因此，必须考虑现在以及将来用于做实个人账户国家财政资金的机会成本。根据政府工作报告，2008 年我国财政收入为 6.13 万亿元。按 1.14 万亿元的空账规模计算，要完全做实个人账户，大约需要 2008 年财政收入的 18.60%；按 1.4 万亿元的空账规模计算，要完全做实个人账户，大约需要 2008 年财政收入的 22.84%。综合考虑财政资金的机会成本，做实基本养老保险个人账户的财政负担巨大，遭遇了不易突破的资金瓶颈。

（二）资本市场瓶颈

2009 年 10 月，人力资源和社会保障部新闻发言人尹成基在三季度的新闻发布会上表示，人力资源和社会保障部已进行一系列的研究和论证，目前已形成初步的基金投资办法的文件。在投资工具选择方面，根据审慎投资、安全至上、控制风险、提高收益的投资理念，个人账户资金既要投资于银行存款、债券等低风险低收益的项目，更要投资于资本市场，以确保相对于通货膨胀率较高的收益率。当前，我国资本市场尚不健全，有利于个人账户资金投资运行的国内资本市场的建立还需要经历很长的时间。金融危机背景下的海外投资充满风险，即使在经济正常发展时期，个人账户资金投资海外资本市场依然存在较大的风险。

根据国家规定，做实个人账户中央财政补助部分可由省级政府委托全国社会保障基金理事会投资运营，并承诺一定的收益率。2007~2009 年，全国社会保障基金理事会为 9 个省区市政府管理了企业职工基本养老保险个人账户资金 346 亿元，仅占已做实个人账户资金的 31%左右。尽管近几年这部分资金取得了较高的收益率，但是并不代表个人账户基金能够长期保持较高的增值率。例如，同样由全国社会保障基金理事会管理的全国社会保障基金在 2008 年的投资收益率为－6.79%，出现负的收益率的主要原因在于资本市场的动荡。

除了委托全国社会保障基金理事会投资运营个人账户基金外，剩余个人账户资金记账利率暂由各省、自治区、直辖市人民政府确定，多数地区主要参考银行同期存款利率，也有一些省份适当考虑了工资增长率等其他因素。从现实情况看，各省、自治区、直辖市的记账利率比较低，无法有效实现个人账户资金保值增值的目标。例如，2008~2010 年，上海市的个人账户年记账利率分别为4.14%、2.25%、2.25%。各地管理的个人账户基金之所以采取记账利率而非大规模投资于资本市场的方法，是因为当前我国资本市场不健全，不利于基金有效保值增值。可以看出，做实企业职工基本养老保险个人账户有着短期内不易打破的资本市场瓶颈。

四、一个"变堵为疏"的新思路

根据上述分析可以看出，与现收现付制相比，即使做实个人账户也难以有效应对人口老龄化的冲击，结合我国社会主义市场经济发展实际，个人账户实账很可能无法增加储蓄和促进经济发展。然而，如果国家继续采取强力措施做实个人账户，会面临难以突破的资金瓶颈和资本市场瓶颈，这必然引起制度成本的上升。因此，改革当前企业职工基本养老保险的个人账户机制是十分必要的。

（一）中国空账个人账户机制的实质

当前，我国企业职工基本养老保险的个人账户部分发生了异化。制度建立的意图是实行实账积累的个人账户制，但是种种原因使得个人账户空账运行，违背了初衷。目前，个人账户制的运行机制既不完全符合基金制个人账户的特点，也不同于典型的名义账户制。严格来说，中国企业职工基本养老保险的个人账户养老金运行机制本质上是一种缴费确定型的现收现付计划，其账户资金收益率却根据基金制个人账户的投资收益机制而非名义账户制下的内部收益率机制来确定。这种异化的个人账户制不仅不利于养老保险制度的可持续运行，还给参保者的养老带来了风险，甚至会对社会经济的健康发展带来负面影响。在此，我们提出"变堵为疏"的思路，建议改革个人账户资金收益率的确定机制为名义账户制的内部收益率机制，建立个人账户与全国社会保障基金的协调机制。需要指出的是，"变堵为疏"的路径并非系统改革，而是参数改革，制度改革成本较低。一旦改革成功，将不会受到资金瓶颈和资本市场瓶颈的制约。

（二）简明的个人账户制改革方案

1. 停止目前正在推行的做实个人账户试点

总体来看，我国做实个人账户的试点工作尚未全面推开。相对于个人账户空账规模而言，已做实的个人账户规模还很小。因此，停止做实个人账户的试点工作还为时不晚。停止做实个人账户的试点工作，能解决资金瓶颈问题。

2. 新型个人账户制采取现收现付的财务模式

已经积累的个人账户资金可以通过以下两条途径消化：第一，用于当期养老金的支付，即新的个人账户制要实行现收现付制的财务模式。第二，纳入全国社会保障基金。新型个人账户制的账户资产是虚拟的，实际上并没有资产积累，因此，并不存在将账户资金投资于金融市场获取收益的情况，不会遭遇资本市场瓶颈问题。在新型个人账户制下，个人账户资产是按照一定水平的内部回报率来实现账户增值的，而内部回报率的大小则取决于平均工资增长率、就业人数增长率等因素的综合作用。由于没有资金积累，在一定时期，新型个人账户制养老金计划支付给退休者的资金来源于该时期工作者的缴费，遵循的是现收现付的原则。新型个人账户制采取缴费确定型的待遇给付模式，这与原来的个人账户制是相同的，无须进行改革。

3. 建立新型个人账户与全国社会保障基金的协调机制

按照上述制度设计，新型个人账户制能够实现自动平衡，但是面对日益严峻的人口老龄化问题，个人账户所提供的养老金很可能难以达到其自身应该达到的目标替代率。因此，需要建立个人账户与全国社会保障基金的协调机制，以备将来之需。全国社会保障基金是国家重要的战略储备，主要用于弥补今后人口老龄化高峰时期的社会保障需要。2008 年，全国社会保障基金资产总额达5 623.70 亿元，拥有了一定的储备，能够为新型个人账户的可持续运行提供支持。因此，建立个人账户与全国社会保障基金的协调机制既有必要，也有政策依据，又有可行性。

（本节原载于《经济论坛》2010 年第 4 期 88-91 页，文章内容有改动）

第三节　全国社保基金资产配置优化研究

一、全国社保基金资产配置研究现状

2000 年 8 月，在对我国老龄化发展趋势开展深入研究之后，国务院决定设立全国社保基金作为基本养老保险基金的后备基金。自建立之初，全国社保基金的保值增值问题一直是全社会关注的焦点。近年来，国内针对全国社保基金投资管理的研究越来越多。其中，有关基金资产配置的实证研究主要如下：赵飞、王红梅、孙健运用均值-方差模型实证分析了全国社会保障基金投资传统金融工具中银行存款、国债、企业债和股票的最优配置比例；李西（2013）运用均值-方差模型实证分析了全国社会保障基金在不同投资约束下对银行存款、债券、直接股权投资及股票四种资产的最优配置比例；周寻（2010）运用均值-方差模型实证分析了全国社会保障基金在传统金融工具中加入基础设施投资后的最优配置比例；黄熙（2005）、龙菊（2006）、李珍和孙钱勇（2006）运用资本资产定价模型（capital asset pricing model，CAPM）建立了全国社会保障基金投资股票、国债和 1 年期银行存款的资本市场线方程。除了上述实证研究之外，有关基金开展多元化资产配置的研究也很多。其中，有关拓展基金投资资产种类的研究包括：熊军（2009）指出，进行商品期货的投资能够提高基金的收益水平；田学辉（2009）建议基金在市场环境允许的条件下开展实业投资；王争亚和袁媛（2011）建议基金增加指数型基金和基础设施领域的投资；丁庆华（2012）建议基金增加基础设施领域和股权投资、基金投资。有关扩大基金资产投资地区的研究包括：郑秉文（2004）建议基金完全实行海外投资；李晓红和穆军（2009）建议基金加大海外市场资产的投资比重以分散国内市场系统性风险；陈澄（2011）建议放宽基金对海外市场及资产种类的投资约束；杨君（2011）建议基金增加对海外发达市场的证券投资比重。本节在借鉴上述研究的基础上，在投资组合理论的指导下，参考我国近十年的金融市场数据，运用均值-方差模型对全国社保基金的资产配置进行实证研究，以得到全国社保基金的有效投资边界，为全国社保基金最优资产组合的选择提供客观的数据参考。

二、全国社保基金资产配置实证研究

（一）马科维茨的均值-方差模型

马科维茨均值-方差模型是资产配置中最经典的定量分析模型，该模型由马科维茨于 1952 年正式提出，并于 1959 年出版的《投资组合选择》中得到进一步细化。他研究的是如何在不确定的金融市场中找到在既定投资风险下收益率最高的有效资产组合。研究结论是构造一条有效投资边界，使得在这条边界上的所有资产组合都是有效资产组合。模型的核心问题是求解资产的预期收益率、标准差及资产间的相关系数。模型成立的假设条件主要包括：第一，有效市场理论是成立的；第二，投资者仅考虑资产的收益和风险特性，忽略资产的流动性和可交易性等特征；第三，资产的收益率曲线呈正态分布，不存在偏度和峰度，资产的风险用预期收益率的方差（或标准差）表示；第四，每一个投资者都是理性的，都具有厌恶风险和收益不满足的双重特性；第五，投资者的投资期限完全一致；第六，市场交易信息是灵活的，不存在交易成本，同时不考虑税收政策等因素对投资的潜在影响。在以上假设条件成立的基础上，模型中任意资产组合的投资收益率和方差可以表示为

$$E\left(r_p\right) = \sum_{i=1}^{n} x_i E\left(r_i\right) \tag{3.1}$$

$$\sigma_p^2 = \sum_{i=1}^{n}\sum_{j=1}^{n} x_i x_j \mathrm{Cov}\left(r_i, r_j\right) \tag{3.2}$$

$$\sum_{i=1}^{n} x_i = 1 \tag{3.3}$$

式中，$E\left(r_p\right)$ 是任意资产组合的预期收益率；$E\left(r_i\right)$ 是第 i 个资产的预期收益率；σ_p^2 是任意资产组合的方差；x_i 是第 i 个资产的投资比例；x_j 是第 j 个资产的投资比例；$\mathrm{Cov}\left(r_i, r_j\right)$ 是第 i 个资产收益率与第 j 个资产收益率的协方差［当 $i=j$ 时，$\mathrm{Cov}\left(r_i, r_j\right)$ 是资产 i 的方差］；n 代表资产种类数量。通过以上公式计算得到的是市场中所有可能的资产组合，而模型寻找的资产组合需要能够同时满足在相同投资风险下收益率最大且在相同投资收益率下风险最小两个条件，这些资产组合的集合即投资者有效投资边界。因此，确定有效投资边界的前提是找到在相同投资收益率下风险最小的资产组合集合（最小方差组合集）和在相同投资风险下收益率最大的资产组合集合（最大收益率组合集）。

1. 最小方差组合集

最小方差组合集是指在任意一个既定投资收益率下具有最小方差的资产组合的集合。其求解方法为

$$\text{Min}\,\sigma_p^2 = \sum_{i=1}^{n}\sum_{j=1}^{n} x_i x_j \text{Cov}\left(r_i, r_j\right) \tag{3.4}$$

$$\text{s.t.}\,E\left(r_p\right) = \sum_{i=1}^{n} x_i E\left(r_i\right)\,(\text{s.t.表示限制}) \tag{3.5}$$

$$\sum_{i=1}^{n} x_i = 1 \tag{3.6}$$

2. 最大收益率组合集

最大收益率组合集是指在任意一个既定方差下具有最大收益率的资产组合的集合。其求解方法为

$$\text{Max}E\left(r_p\right) = \sum_{i=1}^{n} x_i E\left(r_i\right) \tag{3.7}$$

$$\text{s.t.}\,\sigma_p^2 = \sum_{i=1}^{n}\sum_{j=1}^{n} x_i x_j \text{Cov}\left(r_i, r_j\right)\,(\text{s.t.表示限制}) \tag{3.8}$$

$$\sum_{i=1}^{n} x_i = 1 \tag{3.9}$$

在实际求解中，应将投资者的不同要求及法律法规的投资限制条件加入以上公式中。

3. 有效投资边界

在求得最小方差组合集和最大收益率组合集的基础上，找到两个资产组合集合的交集，即投资者有效投资边界。具体来说，如图 3.1 所示，ANB 曲线表示的是最小方差组合集，$NB+PH$ 曲线表示的是最大收益率组合集，同时满足两个条件的资产组合集合的交集是 NB，即 NB 就是投资者有效投资边界。也就是找到在所有组合中方差最小的组合和收益率最大的组合，然后求出最小方差组合的收益率，在最小方差组合收益率和最大收益率之间任意选取 N 个不同的收益率并求出在不同收益率下的最小方差，最后将求得的不同组合的方差和收益率连接起来所形成的曲线就是有效投资边界。从图 3.1 中可以看出，有效投资边界曲线向右上方倾斜，这体现了投资组合理论中表示的风险和收益的正相关性，即若想获取较高的投资收益率就必须承担较大的投资风险。

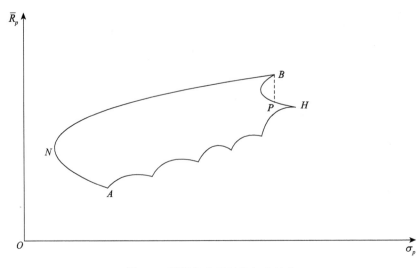

图 3.1　投资组合可行集与有效集

4. 最优投资组合

投资者有效投资边界代表的仅是投资者可选择的最佳投资机会的集合，真正对投资者最优资产分配比例起决定作用的是投资者的效用函数（无差异曲线）。投资者的最优投资组合是位于有效投资边界和无差异曲线切点处的风险资产组合。在均值–方差模型中默认的投资者效用函数是有关预期收益率和标准差的二次函数，表达式为 $U = E(r) - 0.5k\sigma^2$（k 代表投资者相对风险厌恶系数）。

（二）实证研究

目前，全国社保基金主要投资于国内金融市场，因此，在本部分的资产配置实证研究中，选择了国内金融市场上不同风险级别的五种资产：高风险的股票、中风险的金融债和企业债、低风险的国债和现金资产。

1. 数据来源与统计

为了得到相对全面的五类资产的收益率和方差数据，本节在中证指数有限公司官网上选取了 2002 年 12 月 31 日~2012 年 12 月 31 日的四种债券指数：国债指数、金融债指数、企业债指数及短债指数。其中，国债指数、金融债指数、企业债指数的样本分别是指在银行间和交易所上市交易的剩余期限在 1 年以上的国债、金融债和企业债；短债指数的样本是指在银行间和交易所上市交易的 1 年期以下的国债、金融债、企业债、央票及短期融资券，相当于货币市场工具指数，因此本节将其视作现金资产。股票指数取自上海证券交易所的上证综指和深圳证券交易所的深证成指的加权平均指数，加权计算是为了使收益率更接近我国股票市场的整体实际价格走势。根据以上统计数据计算五种资产的收益率方法如下：股票的日收益率 =（上证综指当天收盘价×50%+深证成指当天收盘价×50%）/（前一天上证综指当天收盘价×50%+前一天深证成指收盘价×50%）-1；债券的日收益率 = 当天收盘全价/前一天收盘全价-1。由于统计样本的时间区间较短，本节采用的是五种资产的日收益率数据，这样可以较全面地反映各类资产的历史变动信息。利用 Excel 统计函数计算得到的各种资产的收益率、标准差、协方差、相关系数见表 3.1~表 3.3。

表 3.1 五种资产日收益率及标准差

资产类型	股票	国债	金融债	企业债	现金资产
日均收益率	0.051 14%	0.014 66%	0.014 87%	0.017 97%	0.011 40%
标准差	1.752 20%	0.135 89%	0.238 25%	0.285 72%	0.029 07%

资料来源：Excel 统计函数

表 3.2 五种资产收益率的协方差

资产类型	股票	国债	金融债	企业债	现金资产
股票	0.030 702 048 4%	−0.000 053 783 8%	−0.000 006 498 2%	−0.000 002 084 2%	0.000 008 788 5%
国债	−0.000 053 783 8%	0.000 184 660 9%	0.000 074 194 5%	0.000 087 366 1%	0.000 006 046 0%
金融债	−0.000 006 498 2%	0.000 074 194 5%	0.000 567 630 6%	0.000 054 824 4%	0.000 007 492 9%
企业债	−0.000 002 084 2%	0.000 087 366 1%	0.000 054 824 4%	0.000 816 359 2%	0.000 008 273 0%
现金资产	0.000 008 788 5%	0.000 006 046 0%	0.000 007 492 9%	0.000 008 273 0%	0.000 008 450 9%

资料来源：根据计算结果自行整理所得

表 3.3 五种资产的相关系数

资产类型	股票	国债	金融债	企业债	现金资产
股票	1.000 000	−0.022 588	−0.001 557	−0.000 416	0.017 254
国债	−0.022 588	1.000 000	0.229 167	0.225 017	0.153 052
金融债	−0.001 557	0.229 167	1.000 000	0.080 538	0.108 187
企业债	−0.000 416	0.225 017	0.080 538	1.000 000	0.099 605
现金资产	0.017 254	0.153 052	0.108 187	0.099 605	1.000 000

资料来源：根据计算结果自行整理所得

从以上统计数据可以看出，五种资产中，股票的日均收益率和波动性都远远高于其他四种资产。三种长期债券资产中，收益率最高的是企业债，其次是金融债，最低的是国债。相应地，波动性最大的是企业债，其次是金融债，最小的是国债。为了准确地衡量不同资产的风险收益大小，可以通过计算各种资产的夏普比率，它表示的是资产每单位投资风险获得的补偿收益，比率越大，单位投资风险的补偿收益越大，资产的投资价值就越大；比率越小，单位投资风险的补偿收益越小，资产的投资价值就越小。计算得出，股票、国债、金融债、企业债的夏普比率分别为 0.022 7、0.024 0、0.014 6 和 0.023 0。由此得出，中长期投资下，我国国债市场的投资价值最高，其次是企业债市场，再次是股票市场，投资价值最低的是金融债市场。值得注意的是，我国股票市场在长期投资下的波动风险没有出现明显的下降趋势。此外，通过对比不同资产间的相关系数可以得出，股票资产、债券资产与现金资产之间的相关性很小，可以通过对三种资产的分散投资降低整个投资组合的非系统性风险。但同时可以看出，国内股票市场、债券市场和货币市场等不同层次的金融市场发展存在割裂现象，整个金融市场的系统性风险较高。

2. 有效投资边界的确定

在以上投资统计数据的基础上，根据法规对不同资产的投资比例约束条件求出全国社保基金的有效投资边界曲线。具体来讲，《全国社会保障基金投资管理暂行办法》对划入社保基金的货币资产的投资按成本计算应符合投资比例的规定如下：银行存款和国债投资的比例不得低于 50%，银行存款的比例不得低于10%，在一家银行的存款不得高于社保基金银行存款总额的 50%；企业债、金融债投资的比例不得高于 10%；证券投资基金、股票投资的比例不得高于 40%。本节假设股票、国债、金融债、企业债及现金资产的配置比例分别为 ω_1、ω_2、ω_3、ω_4、ω_5，因此有

$$\sum \omega_1 \leqslant 40\%$$
$$\sum \omega_2 + \sum \omega_5 \geqslant 50\%$$
$$\sum \omega_3 + \sum \omega_4 \leqslant 10\%$$
$$\sum \omega_5 \geqslant 10\%$$
$$\sum_{i=1}^{n} \omega_i = 1$$

将五种资产的收益率、方差和协方差统计数据以及上述投资比例约束条件纳入均值-方差模型中，运用 Matlab 软件计算得到的有效投资边界曲线如图 3.2 所示：A 线表示不受法规约束（不允许卖空且资产投资权重和为 1）的有效投资边界；B 线表示受到法规约束的有效投资边界。从两条曲线的对比中可以明显看出全国社保基金最佳投资组合机会的变化情况。

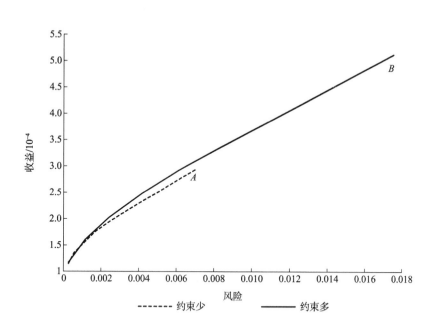

图 3.2　有效投资边界曲线

　　表3.4、表3.5分别表示全国社保基金在不受限和受限两种条件下不同的投资组合机会。虽然模型本身稳定性缺陷造成了某些资产的投资比例出现极端值，但从数据对比中可以看出，法规的投资约束对基金有效投资边界的确定产生了较大的影响。在不受限条件下，基金为了追求高额的投资收益，主要将资产投资于高风险的股票和中风险的企业债，几乎放弃了对安全性较高的现金资产和国债的投资。其中，对企业债的投资占比先上升后下降，对股票的投资占比不断增加至将全部资产投资于股票，此时获得最大投资收益率 0.5114×10^{-3}，投资风险为 0.0175。在受限条件下，为了满足法规对不同资产的投资比例约束，基金对现金资产的投资占比保持最低要求的 10%，对国债的投资占比维持在 50%左右。同时，为了实现较好的投资收益，基金对企业债的投资占比维持在最高的 10%，对股票的投资占比小幅增加至最大值 40%，此时的资产组合获得最大收益率 0.2926×10^{-3}，投资风险大幅下降至 0.0070。由此看出，受限条件下的最大收益率和风险相对于不受限条件的最大收益率和风险出现明显的下降。此外，从上文计算得到的夏普比率可知，国内金融债的风险和收益最差，因此，两种条件下的金融债投资占比均很小。以上得到的有效投资边界只是根据国内金融市场客观数据得到的基金最佳投资机会的集合，全国社保基金需要根据自身的投资目标在有效投资边界上合理地选择不同的最优投资配置。

表 3.4 不受限投资组合

投资组合	股票	国债	金融债	企业债	现金资产	收益率/10^{-3}	标准差
组合一	0.000 0	0.013 3	0.000 1	0.000 0	0.986 7	0.114 4	0.000 3
组合二	0.037 9	0.413 7	0.112 6	0.184 3	0.251 5	0.158 5	0.001 2
组合三	0.112 1	0.310 4	0.127 2	0.450 3	0.000 0	0.202 7	0.002 5
组合四	0.207 1	0.000 0	0.052 8	0.740 1	0.000 0	0.246 8	0.004 2
组合五	0.335 1	0.000 0	0.000 0	0.664 9	0.000 0	0.290 9	0.006 2
组合六	0.468 1	0.000 0	0.000 0	0.531 9	0.000 0	0.335 0	0.008 3
组合七	0.601 1	0.000 0	0.000 0	0.398 9	0.000 0	0.379 1	0.010 6
组合八	0.734 1	0.000 0	0.000 0	0.265 9	0.000 0	0.423 2	0.012 9
组合九	0.867 0	0.000 0	0.000 0	0.133 0	0.000 0	0.467 3	0.015 2
组合十	1.000 0	0.000 0	0.000 0	0.000 0	0.000 0	0.511 4	0.017 5

资料来源：Matlab

表 3.5 受限投资组合

投资组合	股票	国债	金融债	企业债	现金资产	收益率/10^{-3}	标准差
组合一	0.000 0	0.013 3	0.000 1	0.000 0	0.986 7	0.114 4	0.000 3
组合二	0.018 3	0.224 0	0.029 1	0.070 9	0.657 7	0.134 2	0.000 6
组合三	0.040 6	0.531 5	0.000 0	0.100 0	0.327 9	0.154 0	0.001 1
组合四	0.074 5	0.725 5	0.000 0	0.100 0	0.100 0	0.173 8	0.001 7
组合五	0.128 7	0.671 3	0.000 0	0.100 0	0.100 0	0.193 6	0.002 5
组合六	0.183 0	0.617 0	0.000 0	0.100 0	0.100 0	0.213 4	0.003 3
组合七	0.237 2	0.562 8	0.000 0	0.100 0	0.100 0	0.233 2	0.004 2
组合八	0.291 5	0.508 5	0.000 0	0.100 0	0.100 0	0.253 0	0.005 2
组合九	0.345 7	0.454 3	0.000 0	0.100 0	0.100 0	0.272 8	0.006 1
组合十	0.400 0	0.400 0	0.000 0	0.100 0	0.100 0	0.292 6	0.007 0

资料来源：Matlab

3. 最优投资配置

从理论可知，在确定了有效投资边界之后，只需确定全国社保基金的效用函数（无差异曲线），然后找到两条曲线的切点组合，即模型确定的最优投资配置。由于全国社保基金收益目标和风险目标未知，文本无法完整确定基金的最优投资配置，但从 2011 年底基金的资产配置情况（固定收益占 50.66%，股票资产占 32.39%，实业投资占 16.31%，现金及等价物占 0.64%）与有效投资边界的数据对比推测，基金在国内股票市场的投资占比偏高，现金资产的投资占比较小。

三、全国社保基金资产配置优化建议

通过上文的实证研究可以得到：第一，我国金融市场发育不完善，存在较高的系统性投资风险，尤其是股票市场，并没有体现出长期投资下的风险回报优势。第二，全国社保基金投资的主要问题是对国内股票市场的投资占比较高，这对于具有较高安全性要求的全国社保基金是不合理的投资选择。因此，在借鉴未来基金资产配置经验的基础上，笔者建议全国社保基金逐渐摆脱国内资产投资依赖，将更多的资产进行海外投资，尤其是对欧美等发达国家市场的投资，这样不仅可以避免大规模的基金对国内市场造成较大的冲击，还可以在降低投资风险的情况下分享发达国家经济发展带来的投资收益。不建议全国社保基金投资新兴市场国家，虽然这些国家近年来经济发展较快，投资机遇较多，但这些国家的政治经济发展不稳定、存在较多的外资投资限制和资本管制，相较于发达国家而言，存在更多可能造成巨大投资损失的不确定风险因素。

全国社保基金在进行海外投资的时候要特别注意面临的海外特有投资风险，这主要包括汇率风险、国家风险、交易风险、托管风险、监管风险及信息风险等。其中，汇率风险是指由于两国货币兑换价值的变化所导致的投资收益不确定性的风险；国家风险包括政局不稳定风险和政府政策变动风险；交易风险和托管风险是指由于一些国家对非本国居民的外汇管制政策所造成的投资风险；监管风险是指由于一些国家法律体系不健全或监管机构职能缺位所造成的投资风险；信息风险是指由于对海外市场投资信息的了解不足或信息披露不完善所造成的投资风险。

在加大海外投资的同时，全国社保基金可以借鉴未来基金投资房地产和林业资源的经验，尝试参与另类资产投资。具体来讲，另类资产主要包括不动产、私募股权、森林资源、大宗商品及以对冲基金为代表的投资策略等。其中，不动产和私募股权是较为传统的另类资产。不动产投资包括债务类投资（抵押贷款投资和抵押贷款证券化）、股权投资及混合债务或权益投资。它的特点是流动性差、交易成本大及信息透明度不高，但能够在一定程度上抵御通货膨胀损失。私募股权投资主要包括参与新成立的或高成长型公司的股权融资（风险投资）及通过私募基金的形式参与公司收购（杠杆收购）。它的投资风险在于流动性差、投资企业信息搜集困难及退出方式的选择。其中，最值得注意的是退出方式的选择，这直接关系到资金的流动性和再投资项目选择。风险投资的退出方式包括公开上市、内部股权收购、兼并与收购及破产清算；杠杆收购的退出方式包括公开上市、出售并购公司或资本重组。上述两种另类资产投资中，不动产投资除了可以起到抵御通货膨胀风险之外，由于其与传统资产之间的异质性，还能够起到分散投资组合风险的目的。相对来说，由于私募股权投资与股票资产之间相关性的影响，私募股权投资分散风险的能力不强，投资私募股权的目的主要是获得高额的长期回报。

除了不动产和私募股权两种传统的另类资产之外，期货投资、森林资源投资及对冲基金投资也逐渐加入养老基金的资产选择中。其中，期货投资不仅可以通过反向操作达到规避风险实现套期保值的目的，还能够通过较低的保证金交易实现预期的资产配置计划，但其杠杆交易风险较大。森林资源投资回报主要来自自然生长林木的价值及林地的剩余价值。对冲基金由于其高杠杆性带来的高风险，适合风险承担能力较强的养老基金投资。全国社保基金应根据自身规模大小及负债约束适当参与另类资产投资，投资比重不宜太大，并在投资前做好完备的资产配置计划，控制投资组合的风险敞口，确保投资收益的稳定性。

总之，根据全国社保基金的发展现状及未来基金的资产配置经验，基金应逐渐摆脱国内资产投资依赖，扩大海外发达市场的投资比重。并在保证股票和债券投资为主的基础上，尝试另类资产等多元化投资以寻求投资风险的进一步分散和较为丰厚的投资回报。

（本节原载于《河北经贸大学学报（综合版）》2014 年第 2 期 70-71 页，被人大复印资料《社会保障制度》2014 年第 11 期转载）

第四节　开征社会保障税的理性思考

社会保障税作为社会保障基金筹集模式之一，早在 1996 年的《中华人民共和国国民经济和社会发展"九五"计划和 2010 年远景目标纲要》中被首次提出。2010 年 4 月 1 日，财政部部长谢旭人在 2010 年第 7 期《求是》杂志上发表署名文章《坚定不移深化财税体制改革》一文中提出："完善社会保障筹资形式与提高统筹级次相结合，研究开征社会保障税。"至此，社会保障税再次由官方提到了公众面前。不可否认，社会保障税的开征具有完善社会保障制度、规范社会保障基金的筹集、保证社会保障基金安全、可调节经济良好运行、可有效应对社会保障基金匮乏等一系列的优越性，但是任何一个税种的开征都需要具备可确保其正常运行的基本条件，社会保障税亦是如此。

一、开征社会保障税的基本条件

任何一个税种的开征，都要以健全的法律体系为基石，成熟的税制环境为支撑，完备的社会条件为依托。

（一）健全的法律体系

尽管《中华人民共和国社会保险法》（以下简称《社会保险法》）已于2010年10月28日下午高票通过，其出台对于构建有中国特色社会保障体系具有里程碑式的重要意义，但该社会保险法仅仅是确立了社会保障法律的基本框架，在许多存在争议的细节和关键问题上，如养老保险金双轨制的现状、社会保险征收主体的明确及社会保险基金的统筹问题上没有给出确定的解决办法，而是通过授权条款，为未来的解决留有空间。因此，我们并不能乐观地认为健全的社会保障法律体系在我国已经成功构建。

（二）成熟的税制环境

任何一个成熟的税种的课征制度，总是由一些基本要素构成的，这些基本要素一般包括纳税人、课税对象、税率和纳税期限等，除此以外，由于课税技术上的需要，还规定了税目、纳税环节等一些较为次要的因素。其中就社会保障税的开征而言，笔者认为，最主要的因素为纳税人范畴的界定和合理税率的确定。此外，在实际操作层面上，关于税的管理权限即归属问题也存在较大的障碍。

1. 纳税人范畴界定不明确

纳税人也称为纳税主体，《中华人民共和国税收征收管理法》（以下简称《税收征收管理法》）第四条对纳税人的界定如下："法律、行政法规规定负有纳税义务的单位和个人为扣缴纳税人。"由此可见，纳税人是纳税义务的法律承担者，是税制的基本要素之一。要开征社会保障税，首先要明确纳税主体。关于对纳税人范畴的界定，在我国有两大难题亟须解决：一是城乡经济二元化导致我国的社会保障制度走的是城乡分治的道路；二是养老保险双轨制凸显出权利的不平等和财富分配的不公平。

2. 税率设置的合理性不易确定

税率是对课税对象的征收比例或征收额度。它作为税收制度的核心和中心环节，其高低不仅是决定国家税收收入多寡的重要因素，也是决定纳税人税收负担轻重的重要因素。因此，它既反映了征税的深度也体现了国家的税收政策。如何在税率设计上使其既能保证国家税收对社会保障资金的支持，又不会使纳税人感觉税负过重是一个关键问题。

3. 税收管理权限不明晰

在当代税收管理方式下，一个税种的税收管理权限总是与一定级别的政府相挂钩，从而出现了税收管理权限上的差异。根据这种管理权限上的差异，一般可以将全部税种划分为中央税、地方税和中央与地方共享税三类。社会保障税开征后，是归中央还是归地方，这必然会导致部门利益格局的变化，中央与地方存在着博弈，如何均衡两者的利益也是一个棘手的问题。

（三）完备的社会条件

社会保障税的开征要适应我国当前经济社会发展的水平，不能超越历史发展阶段。就我国目前的情况来看，还不具备开征的社会条件。

1. 政府社会保障责任定位不明确

我国长期以来政府在基本养老保险制度改革中未能准确定位自身的责任，导致了制度内群体间的待遇差距拉大、代际缴费负担失衡；制度转型后历史债务不清和混账管理带来的"个人空账"问题及社保费基金保值增值等关键问题目前都未能得到有效的解决。在我国政府未能合理的准确定位自身责任的前提下，盲目开征社会保障税会直接造成我国目前的社会保障制度运营的灵活性降低，带来一系列其他社会保障改革问题，从而为我国政府带来更多的压力和挑战，并不利于我国社会保障制度改革的稳定。因此，明晰合理的政府责任是进行社会保障税费改革的重要前提条件。

2. 地区经济发展不平衡，统筹层次低

由于我国经济发展不平衡，收入水平地区间存在差异，东中西部居民的收入存在一定差距，各地社会保障费的征收管理制度存在一定差异，缴费水平高低不一，征收与发放的标准也不一样，此时开征社会保障税，用全国统一的标准来征收税款和发放保障资金，必然会有一定的阻力。我国是一个劳动力高度流动的社会，而社保体系与劳动力流动没有有效对接。在这种情况下，广大流动劳动力无法通过参与社会保障为自己的未来编织安全网。如果要开征社会保障税，就应该提高社会保障统筹层次。

二、积极创造条件加快社会保障税开征进程

随着市场经济的不断发展，开征社会保障税是我国形势发展的需要。尽管通过对社会保障税开征的基本条件进行分析发现，我国还不具备开征条件，但是，我们现在需要做的就是积极创造条件、完善制度体系，加快社会保障税的开征进程。

（一）修订并完善《社会保险法》

尽管我国已出台《社会保险法》，但是关于养老保险双轨制、征收主体的界定和统筹层次等关键性问题没有明确的法律条文规定，应尽快对其予以修订，在改变双轨制的现状下，明确征收主体，提高统筹层次上赋予法律的权威性。社会保险法律体制的建设是整个社会保障制度建设的核心。《社会保险法》的出台，意味着我国社会保障制度建设取得了突破性的进展，但是关于社会保障在单个项目的立法上还有待探索。在条件具备的情况下尽快制定相关的单行法律，如《失业保障法》《养老保障法》等，使我国的社会保障制度建立在法律基础上，使社会保障制度的实际运行有法可依，体现社会保障的强制性。

（二）营造良好的税制环境

1. 明确界定纳税人范畴

根据社会保障的公平和责任分担原则，我国境内所有的企事业单位及个人都应该纳入社会保障税纳税人范畴。其中，用人单位应涵盖国有企业、城镇集体企业、股份制企业、私营企业、三资企业和其他企业在内的各类性质的企业单位；个人应包括与上述单位拥有劳动关系的职工（三资企业中应仅为中方职工）、城乡个体户和依法成立的个人独资企业业主、各类进城的务工人员和自由职业者。对于行政、事业单位工作人员而言，一方面，随着人事制度的改革与深化，他们不再拥有铁饭碗，也会面临养老、医疗和失业问题，同时他们作为社会保障的受益者也应该纳入社会保障税的范围。

此外，关于是否将农民纳入征税范围，也是颇有争议和人们普遍关注的问题。随着经济社会的不断发展，农民收入水平有了很大提高，但是农村经济发展地区不平衡的现状依然存在，与城镇居民相比，农民收入水平也有一定差距。因此，可以在经济发展水平较高的地区进行试点工作，积累经验；一般地区，先从养老保险和医疗保险入手，创造条件，逐步展开；对于经济落后的贫困地区，扶

持贫困户参加社会保险，提高脱贫致富能力。保障项目由少到多，既适应当地经济发展水平和群众心理上、物质上的承受能力，又使农民能够得到社会保障制度的庇护，为城乡税制的统一奠定基础。

2. 合理设置税率

社会保障税率是指社会保障单位在一定时期计算和收取保障税的比率。我国要开征社会保障税，税率的合理确定需要我们慎重考虑。税率定得过低，收入不能抵补支出，保障经营难以维持，最终损害被保障人应得利益；税率定得过高，加重被保障人经济负担，打击其积极性，不利于保障事业发展。社会保障税税率需要根据大量的统计资料和周密的计算测定出来。因此，在通常情况下，不宜频繁改动，应保持一定时期的相对稳定性。如果经常变动税率，会使人们对社会保障资金的运营产生不信任感。当然这种稳定并非绝对的。随着经济形式和社会保障内部诸因素的不断发展变化，原来正确合理的社会保障税率，在面对新情况时，就可能变得不合理了，这就要求国家对原有税率进行调整，使之更适应保障事业的发展。此外，由于社会保障的刚性需求及我国正处于社会主义初级阶段的基本国情，我国的社会保障税初始税率不宜定得过高。

3. 税收管理权限的归属

在税种归属的问题上，中央与地方存在着博弈，那么对于如何均衡两者的利益，笔者认为可以尝试如下办法：社会统筹部分的社会保障税归中央政府管理，中央政府在全国范围内，对社会保障资源进行合理配置，平衡各地差异，进而实行全国统一的保障待遇水平；个人账户部分的社会保障税归地方政府管理，地方政府在管辖范围内因地制宜，以实现社会保障资源的高效率。

（三）明确政府社会保障责任

社会保障为国家义务和公共物品，政府应发挥主导作用。当前，在我国计划经济向市场经济转轨、分税式国家财政体制下，如何解决我国社会保障中政府责任的"越位"和"缺位"问题，对于推进社会保障税的开征尤为重要。

1. 政府退回责任"越位"

在社会保障领域，我国政府应当尽快理顺中央与地方的社会保障责任，并在分税制基础上，根据事权与财权相统一的原则确定各级政府在社会保障中应该承担的职能与责任，而不是全部由国家大包大揽。合理划分社会保障的历史责任和现实责任，政府承担社会保障的历史责任，支付转制成本，保证社会保障体系的健康运行。

2. 多措并举，改变政府责任"缺位"现象

一是要确保财政供给。稳定、可持续的资金来源是社会保障良性发展的基础。财政供款用以支撑政府对社会保障所承担的所有责任。在社会保障基金无力负担社会保障支出时，政府财政要承担最后的兜底责任。二是要健全监管机制，加大监管力度。强化政府监督管理职能，理顺各相关部门之间的责任，推进行政问责制。建立健全社会保险基金预决算制度，规范社会保障基金的收入、支出与管理。鼓励和推动媒体或民间组织实施舆论监督，提高公民参与程度。三是提高基金运营水平，实现基金保值增值。政府要选择专业水平和思想政治素质比较高的基金运营机构，充分利用国际资本、积极借鉴国际经验，努力拓宽社会保障基金投资渠道。选择适当的工具进行合理分散化投资，严格控制投资风险等级和高风险投资工具的比例，充分优化社保基金投资组合并注重投资的长期性，从而实现相对较低风险下的高收益，推进中国社会保障基金的管理水平。

3. 加快城乡社会保障统筹

积极探索建立统筹城乡的社会保障管理体制，统筹城乡居民社会养老保险和基本医疗保险政策，尽快制定和完善城乡社会保险制度衔接办法，完善各项社会保险关系跨区域转移接续办法，逐步推进城乡居民养老、医疗保险统一经办管理。稳步提高各项社会保险统筹层次，全面落实城镇职工基本养老保险省级统筹，实现基础养老金全国统筹。新农保和城镇居民养老保险实现省级管理。全面实现医疗、失业、工伤、生育保险地市级统筹，进而推进省级乃至全国统筹。

（本节原载于《山东纺织经济》2012年第1期27-29页，文章内容有改动）

第四章 税收制度的发展与改革

第一节 "营改增"背景下消费税"扩围"与"调整"

根据我国《消费税暂行条例》，消费税是对特定的消费品和消费行为征收的一种商品流转税。1994 年分税制改革时，由于经济发展水平、历史原因与技术条件限制，并未对营业税部分课征对象征收消费税。随着"营改增"改革步伐的加快，完全有必要调整完善消费税制度，把部分行业的商品和劳务纳入消费税的征税范围。

一、"营改增"后消费税"扩围"与"调整"的必要性

（一）"营改增"的顺利实施需要消费税"扩围"的跟进

首先，"营改增"之后，原缴纳营业税的纳税人税负将得到减轻，这一方面顺应了我国"结构性减税"的趋势，有利于减轻企业负担，激发企业活力，促进社会生产分工细化、提高资本利用率。另一方面有些行业和企业税负的减轻并不能促进我国经济结构的转型升级，反而对经济结构的优化还有阻碍作用。根据克利特-黑格尔法则，在两种商品的情况下，效率课税要求如下：对于闲暇互替的商品，应当实行低税率；对于闲暇互补的商品，应当课以较高税率，以得到一个"最优"结果——在没有任何超额负担的情况下筹集财政收入。娱乐业显然是闲暇互补的行业，"营改增"之后，娱乐业的整体税负必然呈下降趋势，不符合税收制度设计的克利特-黑格尔法则，从而导致消费者多享受"闲暇"而少提供"劳动"，增加税收的超额负担，影响经济效率的提升。

其次，我国结构性减税的内在含义是"有增有减"的税制结构调整，毫无疑问，"营改增"是"减税"。官方测算，"营改增"全面完成后，全国减税规模

将达到 9 000 亿元。长期来看如此巨大的减税规模势必增加经济活力，国家可以通过涵养税源来弥补财政收入的损失，但是，这只是理论上的一种推测，现实中经济的运行具有极大的不确定性，财政收入的减少意味着国家宏观调控能力的削弱，两者相互作用更加大了经济运行的风险。另外，短期内财政收入得不到弥补也会影响国家机器的正常运行。既然结构性减税是"有增有减"，我们可以通过消费税"扩围"来实现"增税"，以配合"营改增"的推进，弥补国家财力损失。

（二）消费税"扩围"是中国消费税制度自身的一次完善

我国自1994年建立消费税制度以来，消费税已成为我国税收制度的重要组成部分。在组织财政收入方面，1995~2012 年，消费税税收增长了 14 倍，成为国家财政收入的重要来源。然而，消费税其他方面的调节作用并没有有效发挥出来，尤其是在引导国民消费方面。数据显示，2009 年我国成为世界第二大奢侈品消费国，占到全球奢侈品市场份额的 28%，消费总额接近 100 亿美元。且每年保持20%~30%的增长速度。这固然与我国的收入分配不平等、财富占有不均、经济发展不平衡有莫大关系。但不可否认的是，消费税税制的"缺位"与"错位"也是引起上述现象的重要原因，消费税的"缺位"主要表现在很多应征收消费税的消费品和消费行为并未纳入消费税的征税范围方面。这其中包含缴纳增值税的部分商品，如高档滋补品、私人飞机、高档服装皮鞋等商品；也包含缴纳营业税的一些商品和劳务，如总统套房、别墅、音乐茶座、保龄球等娱乐项目。消费税征税范围狭窄不仅起不到引导国民消费方向、调节贫富差距的作用，还会扭曲居民的消费行为，对纳税人造成不必要的税收超额负担。消费税的错位主要表现在没有遵循税制设计的公平原则方面。举例来说，消费高尔夫球、游艇的消费者明显比消费化妆品的消费者更富有，但前者的税率只为10%，后者的税率则达到 30%，税率设计具有明显的累退性。消费税"扩围"是弥补这种缺陷的重要一环，有利于更好地发挥消费税的调节作用。

二、对中国消费税"扩围"与"调整"的几点建议

（一）对部分休闲娱乐业征收消费税

按照我国税法规定，为娱乐活动提供场所和服务业务的娱乐业，其课税对象都是闲暇互补的商品，理应纳入消费税征税范围。在具体操作上，可以把这些消费品或消费行为分为两类：一类为适度消费对身心有益且不属于奢侈品种类的，

如音乐茶座、桌球、卡拉 OK 厅，这类消费可以排除在消费税征税范围之外，在纳入增值税征税范围时可以保持这类消费税负不变或者略微下降，以达到结构性减税的改革要求。但对另一类如高尔夫球场所、舞厅、网吧等属于高档消费或容易引起其他社会问题的消费品，则应该在"营改增"的同时把这些商品或服务纳入消费税征税范围内。发挥消费税的调节与导向作用，维护经济社会的良性、健康发展。

（二）对部分高档服务业征收消费税

服务业的发展不仅会使国民的日常生活更加便利、舒适，也会带来更多的就业岗位，为拉动我国经济提供新的增长点。所以，笔者认为，对于大多数服务行业没有必要征收消费税。但对于小部分服务业，如高档酒店、高档餐饮可以适当征收消费税。首先，对高档服务消费征税有利于引导国民消费方向，限制富人过度奢侈消费的生活方式，进而间接减轻社会中的仇富心理和仇富现象。其次，这种对富人消费征税的行为在一定程度上也可以调节社会收入分配，缩小居民间的贫富差距。

（三）调整现行消费税课征范围与税率

首先，对于中高档的化妆品，照常征收消费税，发挥其引导消费方向与调节收入分配的功能。具体而言，可根据化妆品的不同价格设定不同的税率，以体现税制设计的收益原则与负担能力原则。其次，与护肤护发品类似，消费税税目中的汽车轮胎不再适合征收消费税，消费税本应该对需求弹性较大的商品或劳务征收，而从我国当前汽车轮胎消费需求来看，随着小汽车在普通家庭的普及，汽车轮胎已经成为很多家庭的必需品，其需求弹性已相当小。此外，从驾驶安全的角度来讲，取消对汽车轮胎征收消费税必然会降低轮胎价格，从而鼓励消费者及时更换轮胎，降低交通事故的发生，保障驾驶人的安全。最后，应对高污染、高能耗、高档消费品进行相应"扩围"，并相应课征较高税率。一方面，调高原消费税税目，如高档手表、游艇、高尔夫球及球具、实木地板等税率，加大消费税调节力度；另一方面，将高档实木家具、私人飞机、高档皮具、含磷洗涤剂、碳酸饮料等污染环境或危害身体健康的消费品和一次性不可回收的产品纳入消费税征税范围，促进构建"资源节约型、环境友好型"社会。

（本节原载于《中国财政》2014 年第 5 期 44-45 页）

第二节　完善现行消费税抵扣政策的几点建议

目前，我国的消费税抵扣政策在一定程度上解决了消费税重复征收问题，但无论是抵扣范围、抵扣时间，还是抵扣办法等多方面都还不尽如人意，需要予以改进。

一、现行消费税抵扣政策

消费税的抵扣政策是指对纳税人用外购的或委托加工收回的已税消费品继续生产另一种应税消费品，准许扣除所用已税消费品已纳的消费税税额。在抵扣范围、抵扣时间、抵扣办法上，现行消费税抵扣政策做了明确规定。

在抵扣范围上，第一，必须是购进或委托加工收回的税法规定的已税消费品生产规定的另一种应税消费品才可以抵扣已纳消费税，否则不准扣除。例如，外购已税卷烟生产另一种卷烟，是不可以把外购已税卷烟的消费税扣除的。第二，外购或委托加工收回的已税珠宝玉石生产的金银首饰，不得扣除珠宝玉石已纳的消费税税额。因为金银首饰在零售环节征收消费税，而珠宝玉石在生产或进口、委托加工环节征收，在征税环节上不一致。第三，外购或委托加工收回的已税消费品用于直接销售的，由于不再征收消费税，所以也不准扣除已纳消费税。第四，从商业企业购进应税消费品连续生产应税消费品，符合抵扣条件的，准予扣除外购应税消费品已纳消费税税款。

在抵扣时间上，已税消费品的税额抵扣既不像增值税购进时只要认证通过就可将进项税额抵扣，也不是将已税消费品生产的另一消费品出售时才进行抵扣，而是在已税消费品生产领用的时候才准予抵扣相应的已纳消费税税额，这时，扣除的已税消费品对应的消费税实际上处于生产环节。

在抵扣办法上，既不是采用购进扣税法，也不是采用实耗扣税法，而是采用"领用扣税法"，即准予抵扣的消费税税额应按当期消费品生产领用数量计算，只有实际生产领用的数量才是计提准予抵扣的消费税税额的依据。

当期准予扣除的外购应税消费品的已纳消费税税款的计算公式为

当期准予扣除的外购应税消费品的已纳消费税税款 = 当期准予扣除的外购应税消费品的买价×外购应税消费品适用税率

式中，

当期准予扣除的外购应税消费品的买价 = 期初库存的外购应税消费品的买价 + 当期外购应税消费品的买价 - 期末库存的外购应税消费品的买价

当期准予扣除的委托加工收回的应税消费品已纳的消费税税款的计算公式为

当期准予扣除的委托加工收回的应税消费品已纳的消费税税款 = 期初库存委托加工的应税消费品已纳税款 + 当期委托加工收回的应税消费品已纳税款 − 期末库存的委托加工的应税消费品已纳税款

二、现行消费税政策存在的不足

从上述政策可以看出，无论是抵扣范围、抵扣时间，还是抵扣办法，消费税的抵扣政策远远没有增值税进项税额的抵扣方法成熟、正规，主要问题在于以下几点。

（一）抵扣范围不尽合理

出于限制粮食消耗，将酒及酒精的抵扣规定取消还可以理解，但有些扣除项目是属于正常的、合理的，则不应进行限制。例如，购进已税轮胎生产应税汽车或摩托车，既然存在重复计税因素，就应该允许扣除轮胎已纳消费税。

（二）扣除时限不合理

根据税法规定，既然是在当期应税消费品生产领用时才扣除已税消费品的已纳税额，那么就应该是"随领随结"，就是说，如果企业存在分别按 1 日、3 日、5 日、10 日、15 日预缴消费税的情形，那么预缴期间的领用已税消费品对应的已纳消费税应该相应扣除。但现行办法是采用期末才能根据库存情况计算扣除的办法，这意味着预交期内必须先按当期应税消费品全额计税，期末才能根据全月领用情况计算准予扣除的税额，其结果一是剥夺了纳税人及时抵扣税款的权利，二是有可能出现先征后退、多退少补的现象。

（三）扣除依据太复杂，需要建立台账制

从会计核算的角度看，该抵扣方法不像增值税一样，可以根据增值税专用发票注明的税额进行扣除。从上述计税公式中可以看出，现行消费税的抵扣方法既不是采用购进扣税法，也不是采用实耗扣税法，是一种"领用扣税法"，本身与企业核算存在着严重的脱节，因为从企业生产工序上看，购进的材料不一定领用、领用的不一定完工、完工的不一定销售。该方法处于企业购产销的中间环节，从理论上讲，没有一种核算原则或计算方法可作为依据，它否定了一致性原则、配比性原则等基本会计和税务处理原则。

（四）某些抵扣条件不科学

现行政策规定，从商业企业购进应税消费品连续生产应税消费品，符合抵扣条件的，准予扣除外购应税消费品已纳消费税税款。这里的"符合抵扣条件"基本属于虚设，因为按照现行消费税法律、法规规定，除了卷烟批发环节、金银首饰和钻石及其饰品零售环节缴纳消费税，一般应税消费品不在流通环节课征，而流通环节的销售额往往是在生产环节的基础上加价出售的，那么购进者不可能推出生产环节已纳多少消费税，想达到符合"上个环节征多少，本环节扣多少"的条件则无从谈起。

（五）扣除标准混乱

领用扣除法既不是购进扣除法也不是真正意义上的实耗扣除法，不符合会计上的配比性或一致性原则，给会计处理带来麻烦。如果想通过领用才准予扣除来限制非税行为的消耗，事实上也很难做到，因为这种扣除方法本身就存在重大问题。例如，某化妆品期初库存50万元，本期购进120万元，本期领用70万元，那么期末库存100万元，当期可以扣除项目金额为70万元，可扣除税额为21万元，然而，如果本期领用70万元中有30万元属于非正常毁损，按照税法理解，这部分毁损的原材料没能形成应税消费品，其对应的9万元已纳消费税是不能扣除的，只能扣除12万元，然而，由于准予扣除税额采用的是"倒挤成本法"，即本期准予扣除项目金额为50+120-100=70万元，那么可扣除的税额仍然是21万元（70×30%）。

三、现行消费税抵扣方法的几点改进建议

一是实行以票抵税。既然消费税作为增值税的补充，二者购销环节基本是一致的，完全可以参照增值税扣除办法抵扣消费税。虽然纳税人取得的增值税专用发票上面没有记载已纳消费税税额，但可以该发票记载的销售额为依据，按已税消费品适用税率计算出可抵扣的已纳消费税，不仅能够增强可抵扣消费税的真实性，也可以做到与增值税征管同步，还能做到消费税缴纳与抵扣同步。

二是采用真正意义上的"实耗扣税法"。按照配比原则，通过按销售收入的一定比例扣除，或应税消费品结转的主营业务成本的一定比例扣除。将上述"当期准予扣除的外购应税消费品的买价"的计算公式变更为

当期准予扣除的外购应税消费品的买价＝期初库存应税消费品对应的外购应

税消费品的买价 + 当期生产领用的应税消费品的买价 - 期末库存应税消费品对应的外购应税消费品的买价

同时还应明确：当期生产领用的应税消费品的买价中属于非正常损失的部分，予以转出。例如，假设某化妆品厂原材料、在产品和产成品期初均无库存，本期购进作为原材料的已税化妆品 100 万元，本期生产领用 60 万元，其他材料、人工等项成本合计 20 万元，生产成本共计 80 万元，则已税消费品占全部生产成本的 75%（60/80），如果生产化妆产品 10 万件，本期完工 8 万件，销售 6 万件，取得销售收入 72 万元，可结转主营业务成本 48 万元，那么本期应纳消费税为 21.6 万元（72×30%），对应可抵扣的消费税为 10.8 万元（48×75%×30%）。这样，纳税人无论计税还是核算，都变得大为简单便捷。

（本节原载于《中国财政》2012 年第 10 期 36-37 页）

第三节　分类个人所得税制改革评价与完善对策

我国分类个人所得税制的运行实践表明，这一课征模式在一定时期内满足了政府筹集财政收入和降低税收成本的需要。但是，随着居民收入水平的提高及收入形式的复杂化，分类课征的个人所得税弊端逐渐凸显，并且已经成为影响我国个人所得税功能发挥的重要问题。结合我国现阶段的国情，实行综合与分类相结合的个人所得税模式既有利于降低改革的难度，也能够增强个人所得税的调节功能，实现税负公平。

一、我国分类个人所得税制的特点与成效

（一）中国分类个人所得税制的特点

1. 征税范围采取正列举的形式

2018 年《中华人民共和国个人所得税法》（以下简称新《个人所得税法》）通过列举的形式将工资、薪金所得，劳务报酬所得，稿酬所得，特许权使用费所得，经营所得，利息、股息、红利所得，财产租赁所得，财产转让所得，偶然所得 9 项收入列入个人所得税征税范围。

2. 累进税率与比例税率并用

比例税率计算简单，便于实行源泉扣缴；累进税率可以合理调节收入分配，体现公平。新《个人所得税法》根据各类个人所得的不同性质和特点，将这两种形式的税率综合运用于个人所得税税制中。其中，对综合所得和经营所得，采用累进税率，实行量能负担。对财产转让所得、利息股息红利所得、财产租赁所得等，采用比例税率，实行等比负担。

3. 税收征管以代扣代缴为主要方式

根据新《个人所得税法》，取得综合所得需要办理汇算清缴的，取得应税所得没有扣缴义务人的，扣缴义务人未扣缴个人所得税的，从中国境外取得应税所得的，因移居境外而注销中国户籍的，非居民个人在中国境内从两处或者两处以上取得工资、薪金所得的，由纳税人自行申报。

（二）我国分类个人所得税制的成效

1. 在特定历史时期降低了税收遵从成本

一方面，改革开放之初，居民收入来源较为单一，收入形式相对比较简单，隐性收入较少，此时采取正列举的方式确定征税范围，既能够涵盖居民的主要收入，也可以在一定程度上实现税制简化，方便征纳双方对收入形式予以明确判断并照章纳税，从而降低了税收的征纳成本；另一方面，在居民税收知识缺乏和税收意识较为薄弱时期，代扣代缴个人所得税较之自行申报，不仅降低了纳税人申报纳税的咨询成本、时间成本、交通成本等支出，也大大减轻了税务部门审核纳税申报表的工作量，更有利于提高税收效率。

2. 在一定程度上确保了税收收入的筹集

在居民纳税意识不高和税收征管能力相对较弱的现实条件下，税务机关很难对居民的每一项收入进行准确监控或监控成本较高，此时选择分类征收、代扣代缴的纳税形式，实现源泉控制，纳税人拿到收入即税后收入，在一定程度上实现了对税源的有效监控，防止了税款的"跑冒滴漏"，确保了个人所得税税款的及时征缴。分类制个人所得税模式在筹集财政收入方面发挥了重要作用。根据财政部公布的财政收支情况，2016年我国个人所得税收入10 089.0亿元，首超万亿元（图4.1）。

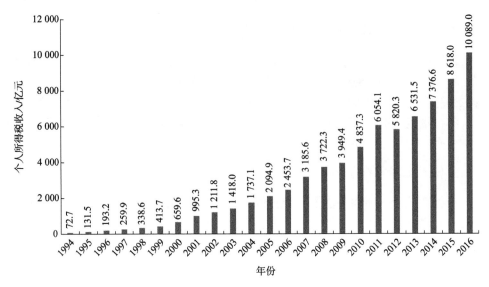

图 4.1　1994~2016 年我国个人所得税收入绝对规模

3. 发挥了一定的税收导向功能

分类个人所得税制在筹集财政收入的同时，也体现了一定的导向作用。首先，通过计税依据的不同规定体现了鼓励劳动的设计意图，如对劳动所得允许一定的税前扣除后缴税，对非劳动所得按全部收入额缴税。其次，通过税率的设计发挥了个人所得税的调节作用，如工资薪金和企事业单位的经营所得等收入适用超额累进税率，纳税能力强的多缴税，纳税能力弱的少缴税，体现对居民收入分配差距的调节，同时通过"自动稳定器"的作用对熨平经济波动发挥了一定作用；而对资本所得，如股息、红利、利息所得采用比例税率，则体现出鼓励投资的税收导向。

不仅如此，分类课征在某种程度上也降低了税收制度调整的难度，在特定历史时期可以对主要收入形式的计征办法进行微调，降低制度大范围调整给纳税人带来的冲击。1994 年分税制改革以来，我国个人所得税历经几次调整与改革，主要着眼于工资薪金所得法定扣除标准的调整，对其他收入形式的个人所得税计征关注较少与该分类个人所得税制不无关系。

因此，可以说分类课征模式的选择对当时的经济社会背景具有一定的适应性，在一定时期内发挥了筹集税收收入和调节收入分配的功能。虽然分类课征模式无法满足收入形式多元化背景下的公平征税问题，但是我们也不能否认其在特定历史阶段发挥的作用。

二、中国分类个人所得税制存在的问题

（一）个人所得税收入与税基增长缺乏协调性

税制结构是指在一国的税收体系中各种税收的布局，它通过各种税收在税收体系中的比重来反映。由于税收制度的设计与经济和社会发展的多种主客观因素相联系，故税制结构没有完全一样的状态。

就个人所得税而言，在以美英德为代表的西方发达国家中，个人所得税在整个国家税收收入中占有较大的比重，有些高福利的欧洲国家，这一比重甚至可以达到40%以上，见表4.1。

表 4.1　发达国家个人所得税在国家税制结构中的比重表

国家	2012年	2013年	2014年	2015年	2016年
美国	38.50	38.87	39.28	40.53	40.20
英国	27.49	27.63	27.30	27.72	27.28
德国	25.76	25.98	26.22	26.55	26.60
芬兰	29.31	29.31	30.57	30.22	29.57
瑞士	31.60	31.18	30.96	31.13	31.23
意大利	26.45	26.31	25.83	26.01	25.82
冰岛	37.43	38.25	34.95	36.70	39.05
丹麦	51.15	54.48	54.10	55.15	53.01

与发达国家相比较，我国这一比重近几年来虽有所提高，但仍一直低于10%，见图4.2。

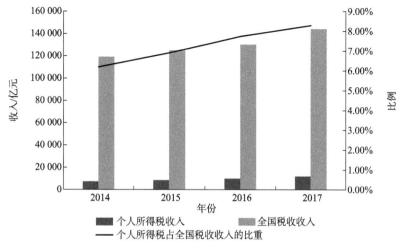

图 4.2　2014~2017 年我国个人所得税收入占全国税收收入比重

按照税收与经济发展的一般关系来说，随着经济的发展，劳动者个人收入也随之增长，这就为个人所得税带来了更加丰厚的税源。个人所得税收入也就会呈现出明显的增长趋势。但是，分析我国 1994~2017 年统一对纳税人征收个人所得税与经济增长的变动关系，我们会发现两者之间并没有显著的正相关关系。见表 4.2。

表 4.2　1994~2017 年个人所得税与 GDP、平均工资的变动关系表

年份	个人所得税/亿元	GDP/亿元	平均工资/元	个人所得税占GDP的比重
1994	72.67	48 548.2	4 538	0.15%
1997	259.55	78 802.9	6 470	0.33%
2000	659.64	100 280.1	9 371	0.66%
2003	1 418.03	137 422.0	14 037	1.03%
2006	2 453.71	219 438.5	21 001	1.12%
2009	3 949.35	349 081.4	32 736	1.13%
2012	5 820.28	540 367.4	47 593	1.08%
2015	8 617.27	689 052.1	61 240	1.25%
2017	11 966	827 121.9	72 094	1.45%

那么，为什么我国的个人所得税在税制结构中占比很低？我们认为，这与我国的收入分配状况和税制设计方式存在密切关系。首先，在收入分配方面，尽管个人所得税的税目涵盖了工资薪金、劳务报酬、稿酬、特许权使用费、经营所得、财产转让、财产租赁、偶然所得及利息、股息、红利所得九项内容，但是，实际成为纳税对象的主要是工资薪金所得，其他所得项目由于信息监控手段的缺乏，能够履行纳税义务的远远小于实际所得。同时，我国的工薪收入者因工作性质和工作岗位不同，收入差别很大。中低收入者收入低于国家规定的费用扣除标准或者持平，而某些经济领域和公司高管人员的月工资远超国家规定的费用扣除标准。一般劳动者很少纳税或者纳税很少，而高收入群体往往又有这样那样的税收递延（如养老保险等）优惠，以及通过税收筹划尽量减少自己的纳税数额。其次，我国的税制设计方式至今仍然是以流转税或间接税为主体。由于这种主体税直接对企业征税，而不是对消费者征税，故征税的隐蔽性更强，税收流失空间更小，征税成本也更低。这样一种税收征收的惯性降低了转向所得税或直接税为主的需求。

（二）个人所得税难以担当促进社会公平的角色

个人所得税是对纳税人收入的直接征税，从财富创造的过程看，它是对结果的一种征税。在这里，通过各种税收要素的设计，最能够体现量能负担的原则，进而促进社会公平的实现。这是直接税优于间接税的一个突出特点。但是，一个国家的个人所得税究竟能否将理论上的个人所得税优势转变为事实上的优势，不仅要看其税制要素设计是否科学合理，还要看对已经设计的税制在实际征收管理过程当中的落实程度。考虑到我国个人所得税制度的发展与现状，我们发现其在促进社会公平方面的职能上还存在明显的不足。

1. 分类课征制度的不足

我国现行的个人所得税实行分类征收模式，即对属于不同类型的收入采取不同的征收办法，既有累进税率，也有比例税率。虽然新《个人所得税法》下将原有的11个项目调整为9个项目，但项目之间基本还是相互独立的，缺乏一定的协调性，容易导致收入调节的不公。例如，同样是月收入5 000元，工资薪金所得就可以不用缴税，而偶然所得则需要缴纳1 000元的税。税法立法的初衷是为了让具有相同收入的纳税人承担相同的税负，然而现实情况却并非如此。这种不公平性还体现在个人所得税来源项目的多少上，即个人所得税来源项目较多、综合收入较高的人的纳税负担较轻，反而是个人所得税来源项目较少、综合收入较低的人的纳税负担较重。之所以会出现这种情况，是因为综合所得较高的人可以通过其他方式将本来应属于按高税率缴纳的收入转移到其他税率较低的项目中，而综合所得较低的人则很难做到这一点。因此，当前我国采用的分类征收个人所得税的模式仍需不断加以改进和完善。

2. 费用扣除标准偏低

工资薪金是个人收入的基本来源，因此，在有些国家直接就把个人所得税称为工薪税。而工资薪金与人们的生活息息相关，工资薪金水平的高低会直接影响到人们的生活水平和生活质量，因而其费用扣除即免征额一直备受人们的关注。近些年来，人们的工资薪金水平虽有了大幅度的提高，与此同时，人们对改善生活水平的要求也不断提高，再加上物价的上涨和通货膨胀的影响，每月3 500元的费用扣除标准显然已经不合适。在新《个人所得税法》中将这一标准提高到了每月5 000元，即一年6万元。新的费用扣除标准在一定程度上确实会减轻低收入者的税负压力，使得人们对自己的收入拥有更多的剩余支配权，但综合我国的实际发展状况来看，这一标准仍显得较低，还有提升的空间。

此外，费用扣除标准的制定也未曾考虑到区域经济发展水平和各城市之间发展规模大小的差异，反而是在全国范围内采取"一刀切"的形式。从我国的实际情况来看，东中西部经济发展水平差异较大，各地区的人们生活水平和消费水平也不一样，东部地区明显高于中西部地区；同样，不同规模城市的发展水平和消费水平也存在很大的差异，如大城市与小城市，但它们的费用扣除标准都是一致的。因此，采取统一的费用扣除标准容易造成不同地区之间、各城市之间的不公平税负。

3. 纳税主体定位仍待完善

纵观世界各国，主流发达国家的个人所得税大多数都是以家庭为单位申报纳税，而我国则主要是以个人为单位申报。在新《个人所得税法》下，虽然增加了专项扣除和专项附加扣除等规定，但仍没有改变我国是以个人为纳税主体的征收模式；在考虑个人的家庭情况方面仍有不足，容易造成相同收入的两个家庭却要承担不同税负的情况，形成税负差异，而这有违税法征收的横向公平原则。例如，在新《个人所得税法》下，两个家庭的两对夫妻，他们的总收入都是 10 000元。如果其中的一个家庭中只有一个人有收入，则每月需要缴纳的税款是 290元；而在另一个家庭中，夫妻双方都有收入，分别是 5 000 元，则按新的规定却不需要纳税。虽然这两个家庭的收入总额是一样的，但前者需要缴税，后者不用缴税。于是在两个家庭之间就产生了税负差异。由此可见，我国现行的个人所得税，在以个人为纳税单位时，如果不考虑家庭总收入来源的影响，便会造成相同收入的家庭却需要承担不同的税负的情况，从而会影响到各自家庭的生活质量和生活水平。

4. 税收征管效果保障机制设计尚需严密

目前我国个人所得税的缴纳办法，有自行申报和代扣代缴纳税两种。对于达到自行申报条件的纳税人需要自己去主动申报纳税。自行申报纳税制度的本意是为了明确纳税人与税务机关各自的责任与义务，培养纳税人的自觉纳税意识，降低征税机关的征税成本和纳税人的纳税成本；同时也是为了减少征纳双方在征纳过程中的不合法行为，在纳税人与征税机关之间构建一个良好的关系。但在实际的操作过程中，取得的效果并不尽如人意。由于我国纳税人的纳税意识普遍偏低，某些征税机关工作人员的服务意识不高，再加上税务机关监督制约机制的不健全，自行申报制度在实际的征收过程中名存实亡。

三、我国分类个人所得税制改革对策

伴随着市场经济进程的不断深入和居民收入的多元化，继续在分类征收制框架下进行调整已经很难满足个人所得税调节居民收入分配、实现税收公平正义的需要。从公平税负、循序渐进和国际经验角度考虑，坚持从分类向综合的改革方向，逐步建立综合和分类相结合的个人所得税制符合我国实际的现实选择。其一方面能够综合衡量纳税负担，有利于个人所得税调节功能的充分发挥；另一方面充分考虑税收征管与纳税意识的制约，确保制度间低成本、稳定过渡。

（一）建立综合与分类相结合的税制

我国现行的个人所得税采取的是分类征收的办法，虽然征收相对简单、效率较高，但很难保证税负的公平。税法虽然不可能将纳税人的所有收入都列举出来，但可以在制度上加以规定和完善，以保证可以将纳税人的所有收入都纳入其中。建立综合与分类相结合的税制结构，对于没有费用扣除标准的项目可以实行分类征收，而有费用扣除标准的项目则可以实行综合征收。这样，既可以有效保证国家的税收收入，又可以最大限度地体现公平税负的原则。同时，对于个人收入项目来源不同的纳税人也应该实行综合纳税，避免收入多的人少纳税、收入少的人多纳税，也可以尽量减少国家税负的损失，避免纳税人利用税法的漏洞逃税。

（二）设置合理的费用扣除标准

新《个人所得税法》规定的费用扣除标准为每月 5 000 元，虽然比起之前的每月 3 500 元的扣除标准，有了一个不小的提升；但是，众所周知，这是一个征纳双方相互协商、相互妥协的临时性的结果。随着我国经济的持续发展和人们对美好生活的不断追求，以及物价和通货膨胀的影响，这个标准在将来肯定还会有所提升。虽然现在全国都是统一的扣除标准，但不能真正地体现公平，因为各地区经济发展水平存在差异。东部地区的经济发展水平明显要高于中西部地区，所以其费用扣除标准也理应要高于中西部地区。在确定费用扣除标准的时候，不仅仅需要考虑地区差异的因素，还应该考虑居民的收入水平和消费水平等其他可能影响其切身利益的因素。一般而言，居民的收入水平和消费水平与城市规模的大小成正比，城市的规模越大，居民的收入水平和消费水平就越高，其费用扣除标准也应适当提高；反之则可以适当降低，但最低也不得低于国家规定的费用扣除标准。同时，对于个人所得税税率的大小和税率的级次也应该加以优化，以便更好地体现国家的政策。而要想真正发挥个人所得税在缩小收入差距、实现共同富裕方面的作用，对于个人所得税的改革，我们还有很长的一段路要走。

（三）逐步推进以家庭为纳税单位的征收模式

新《个人所得税法》虽然在一定程度上考虑到了纳税人的家庭因素和实际的税收负担能力，但目前我国个人所得税的纳税主体仍是以个人为主，以其为单位进行申报纳税，实行源泉扣缴。正如前文举例说明的一样，这样做的结果便会导致相同收入的两个家庭却要承担不同的税负，从而会影响社会的公平。为完善我国的个人所得税制度，调节社会收入差距，实现税负公平，我国在进行个人所得税的改革时，要真正做到以家庭为纳税申报单位。但在现阶段，由于我国纳税人的自主纳税意识还很薄弱，若盲目实行以家庭为单位的征收模式，则很可能会导致国家税款的大量流失。所以应该根据我国自身的实际情况，可以先行试点，待取得一定效果后，再在全国范围内稳步推进。这样既可以保证国家税款的稳定，又可以减轻纳税人的税收负担。

（四）完善相应的配套措施

1. 增强居民纳税意识

综合与分类相结合的税制模式中综合部分的有效实施需要依赖纳税人自行申报纳税，这就需要居民具有较强的纳税意识。首先，通过互联网、广播、电视等多种渠道，宣传税收知识和纳税申报方法，使居民更多地了解税收、理解税收，提高纳税人依法履行纳税义务的自觉性。其次，建立个人所得税纳税信用评价体系，将偷逃税款纳入个人信用记录，使依法诚信纳税成为一种普遍接受的社会规范。当税收遵从成为一种被公众普遍接受的社会规范时，人们就会自觉纳税。最后，提高政府预算透明度，使纳税人充分了解税收收入的使用领域、过程和效果，从而提升纳税人的主观纳税意愿。

2. 加强税源监控

到位的税源监控是实行综合与分类相结合的个人所得税改革的前提条件。一方面，逐步实现身份证号、社会保障号和纳税人识别号的统一，加强政府间各部门的信息共建共享，在全国层面上建立以唯一的身份识别码为标志的基础信息库，并通过纳税人自行申报信息、扣缴义务人提供信息、第三方信息和税务部门基础信息库四方信息的比对，全面准确地掌握个人的收入信息和家庭负担状况。另一方面，鉴于现金交易是个人所得税流失的重要原因，因此，加强个人所得税收入管理，应广泛推广网上银行、金融票据等支付方式，控制现金交易和现金结算方式，超过一定额度的支付必须通过银行账户转账，解决现金交易难以征收和监管的问题。

3. 提高纳税服务水平

在纳税服务方面，制作并发放报税手册，使纳税人清楚个人所得税纳税申报表的填报及扣除规定；细化纳税申报流程，运用网络、电话等各种渠道及时解答纳税申报中遇到的各种问题。

（本节原载于《河北大学学报（哲学社会科学版）》2017 年第 4 期 111-117页，文章内容有改动）

第四节　个税递延型养老保险发展策略

个税递延型养老保险属于商业养老保险，对于完善我国养老保险体系，解决人口老龄化问题及促进社会和谐稳定具有重要意义。因此，从个税递延型养老保险发展的必要性、主要障碍和可行性等方面展开研究，为我国设计和实行个税递延型养老保险提供政策建议。

一、个税递延型养老保险发展的必要性和意义

个税递延型养老保险属于我国养老保险体系中的第三层次，处于商业保险的范畴。其主要功能是允许投保人将保费在个人所得税前列支，缴费的投资收益免税，将当期纳税义务递延，减少当期税款支付，在领取保费时再缴纳个人所得税。这样一方面使纳税人获得了税款的时间价值，另一方面为国家涵养了税源，是一种隐藏式的税收优惠方式。

（一）个税递延型养老保险发展的必要性

1. 人口老龄化严重，养老负担重

我国已经进入人口老龄化阶段，截至 2017 年底，我国 60 岁以上人口已经达到 2.409 亿人，占总人口的 17.3%；65 岁以上人口达到 1.583 1 亿人，占总人口的 11.4%，人口老龄化速度不断加快（图 4.3 和图 4.4）。预计到 2020 年，全国 60岁以上的人口将达到我国总人口的 17.8%左右，这对我国养老保险制度提出了更高的要求。老年抚养比不断加大（图 4.5），养老负担不断增强。但同时养老基金收入增长速度低于支出的增长速度，养老金的支出压力不断增长。《中国社会

保险发展年度报告2015》显示，到2016年我国有22个省份的城镇职工养老保险基金收不抵支，即全国 2/3 省份的养老保险基金发放需要政府财政补贴。伴随我国人口老龄化的加剧，国家养老保险收入随着缴纳人口数的下降而降低，但是领取养老保险金的人口在不断增加。

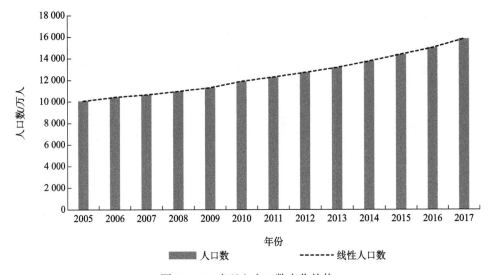

图 4.3　65 岁以上人口数变化趋势

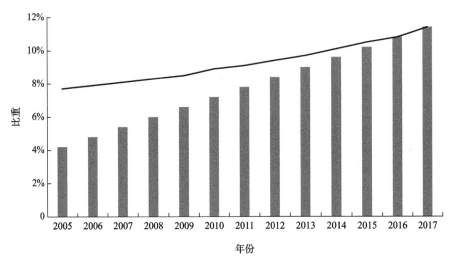

图 4.4　65 岁以上人口比重变化趋势

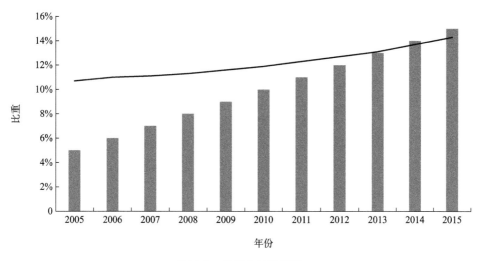

图 4.5　老年人口抚养比

2. 养老保险制度不健全和体系不完善

我国的基本养老保险保障程度低，企业年金的发展程度低，覆盖面小，这就为补充商业养老保险的发展提供了可能性和必要性。目前，我国基本养老保险社会统筹账户缺口较大，个人账户累计空账较多。近年来我国养老保险收支增幅均出现逆差，国家养老压力较大，依靠国家来进行养老难度不断加大。基本养老保险也只能为老年人提供基本的生活保障，且保障程度低，较高程度的养老保障和较高质量的养老水平则需要通过补充商业养老保险来实现。另外，我国目前养老保险体系中，第二层次的企业年金发展范围小，发展不充分，也不能为我国养老问题的解决提供可靠保障。目前，我国政府主导的第一层次的基本养老保险的替代率逐年下降，空账问题严重；企业建立的第二层次的补充养老保险覆盖面低，相应的税收优惠政策不健全；个人储蓄型的第三层次的养老保险发展缓慢。这就进一步加强了加快完善我国养老保险体系的必要性。

（二）个税递延型养老保险发展的意义

1. 个税递延型养老保险有利于优化中国养老保险体系

我国进入人口老龄化社会，养老负担压力大，完善发展第三层次的个人储蓄养老保险具有紧迫性和必要性。个税递延型养老保险属于商业保险的范畴，对于我国第三层次的养老保险的发展和完善具有重要意义，有利于进一步优化我国整体养老保险体系。我国个人商业保险中养老保险占比较小，个人储蓄型养老保险发展程度低，目前养老保险发展主要集中于第一层次，养老保险体系结构发展不平衡，发展个税递延型养老保险有利于平衡我国的养老保险体系结构。

2. 个税递延型养老保险有利于提高养老保障水平

我国居民的在职收入普遍高于退休收入，所以实行个税递延型养老保险可以降低居民在职税收负担，获得相应税款的时间价值，是国家减少税收的部分利益而对居民实行的一种税式支出型的税收优惠政策。这有利于增强人们参加商业保险的积极性，提高退休以后的生活质量，增强老年人保障能力，减轻国家养老负担，缓解政府社会保障的压力，进一步减轻政府的财政负担。

3. 个税递延型养老保险有利于实现社会公平

个税递延型养老保险属于商业保险的范畴，由社会第三方进行运作，全体社会成员不受单位等限制性因素的影响，都可以根据自身条件和自身需求购买保险，从而获得相应的优惠。商业保险的购买遵循市场交易原则，体现自由和公平性，更为实现社会公平提供了条件。

二、个税递延型养老保险发展分析

（一）我国实行个税递延型养老保险的障碍

1. 商业养老保险产品单一，不能满足多样化需求

商业养老保险的需求较低，则商业养老保险产品就缺乏创新的动力，目前我国各商业保险公司缺乏纯养老保险性质的养老保险。商业养老保险产品的单一和不完善，又反过来降低了人们购买商业养老保险的积极性。这就阻碍了个税递延型养老保险的发展和完善，因为其必须依托符合法律法规规范和税收优惠政策的商业养老保险产品，以其为载体，实施商业养老保险递延纳税政策。没有载体或者载体不完善，都将制约个税递延型养老保险的发展。

2. 居民缺乏社会商业保险意识，缺乏购买商业保险的能力

一方面，我国居民普遍缺乏对于商业养老保险的认知和认识，对于个人储蓄型养老保险的认识严重不足。有很大一部分人愿意进行养老储蓄，以提高老年生活水平和质量，但对于储蓄型养老保险的保险产品和相关政策了解有限，制约了群众进行储蓄型养老保险的购买。另一方面，由于我国居民个人收入和社会基本养老保险缴费的影响，居民商业个人储蓄型养老保险的购买能力下降。

3. 分类个人所得税制制约个税递延型养老保险政策的实施

国际上实行个税递延纳税的养老保险的典型国家基本上实行的是综合税制，但是我国即便是个人分类与综合相结合的个人所得税制也在探索阶段，发展尚待完善，这对个税递延的税收优惠的具体税率和税基的确定与相应政策的实施都增加了难度。我国个人所得税实行累进税率和比例税率，将自行申报和源头扣缴相结合，同时伴随着我国居民收入来源的多样化，个人所得税的征收在一定程度上不能真正反映纳税人的实际纳税能力，使综合收入较高的群体与其实际纳税能力不相符。因为我国现行分类与综合相结合的个人所得税制不能对居民家庭收入和消费进行全面准确的把握，所以对于个税递延型养老保险政策的制定和实施具有一定的制约。

4. 我国个人收入信息平台尚未完全建立

对居民个人和家庭收入及消费情况的了解缺乏，就难以有针对性地实施个税递延型养老保险的税收优惠政策。如果实施不当，税基和税率选择不当，就会造成养老福利差距增大，降低居民养老保障的整体水平和质量。特别是，如果高收入者成为个税递延型养老保险的购买主体，其可减少现阶段个人所得税的缴纳，待领取保费阶段纳税时，其个人所得税的边际税率降低，将会进一步增强高收入者的养老保障福利，进而加剧高收入者和低收入者之间的养老福利差距。

5. 税务机关征管能力较弱和税收优惠额度确定困难

个税递延型养老保险在保费领取阶段进行税费缴纳，税务机关必须能够实时了解和把握其运行情况，确保税收征管的及时性和有效性，增强税收征管的质量和有效，保证国家税收的稳定性和权威性。要想实现税收的公平性和效率性，需要科学规范优惠额度以确保个税递延型养老保险的有效实施。我国个人所得税实行累进税制，制定单一的税收优惠额度将形成高收入者的累退效应，不利于实现社会公平。如果分层次制定不同的税收优惠额度，就需要全面准确把握居民的整体收入，但是我国个人收入信息共享平台尚未建立完成，所以不能实现对于居民个人收入的总体和准确把握。

6. 养老保险基金的投资面临风险

我国资本市场发展不完善，投资限制较多，投资工具较少，会给养老基金的投资带来风险，而养老基金的投资保值和增值是递延型养老保险产品的关键环节，如果不能通过基金在资本市场上有效运作，则会使养老基金面临较大的投资风险。个税递延型养老保险可以充分发挥市场的作用。将其放入市场经济中进行运作，使市场发挥决定性作用，可以提高养老保险基金的运行效率，增强市场的运行效率，避免政府的过度干预和市场失灵，减轻政府养老保障的财政压力。但是，市场运作带来效率的同时，也对安全性产生一定的威胁。另外，宏观经济环境及投资政策的变化都会对养老保险基金的投资运作产生重要影响。同时，养老基金的积累具有长期性，还必须考虑通货膨胀对其实际购买力产生的重要影响。

（二）中国实行个税递延型养老保险的可行性分析

1. 全国保费收入增长，保险供给质量提高

近年来，我国保险行业发展较快。2010 年我国的保费收入为 1.4 万亿元，到了 2016 年保费收入达到 3.1 万亿元，年均增长 16.8%。保险行业的净资产、保险行业利润在 2016 年分别达到 1.76 万亿元和 2 824 亿元。同时，保险行业服务民生的意识加强，推出的相关医疗、教育、养老等民生保险品种增加。保险行业的健康发展为我国实行个税递延型养老保险政策的发展提供了必要的行业环境。

2. 个税递延型养老保险符合财政支出成本效益原则

首先，必须承认个税递延型养老保险会使政府的税收收入有一定的损失。但是，政府实行个税递延型养老保险，其税收优惠政策能够吸引更多居民参与其中，从而增强日后保费领取阶段的税基，弥补当前政府税收收入的损失。其次，政府这部分税收收入的减少可以通过政府的社会保障支出的减少和保险公司业务增长带来的增值税及企业所得税税收收入的增加进行弥补，进而保障政府的财政和税收收入，减少政府的社会保障压力，增强居民购买商业保险的积极性和能力。

三、我国实行个税递延型养老保险的改革思路

第一，建立个人收入、保险投保和税收征缴的综合信息平台。个税递延型养老保险需要商业机构进行运作，投保人通过商业保险公司进行投保，如果各家商业机构对投保人的信息获取不完善，容易使投保人重复投保，侵蚀国家税收收入税基。企业根据职工提供的保险机构开具的相应单据进行应纳税收入的扣减，其他个人自行持单据到税务机关进行纳税减免。在保费领取时，由保险公司进行代扣代缴。建立投保人投保信息共享平台，使政府相关部门加强对投保人纳税义务的监控，加强政府对个人所得税的税收征管。

第二，跟踪管理纳税人的递延纳税信息，实行差别化个税递延型养老保险的税收优惠政策。为了实现养老保障的公平，应该差别化实施个税递延型养老保险的税收优惠政策，对基本养老保障不足的农民群体和低收入群体给予更多、更大的税收优惠，从而提高这部分人群的养老保障福利，提高养老生活水平和质量。而对于收入水平较高的群体给予较少的税收优惠。

第三，限额内保费免税。我国若实行个税递延型养老保险，对保费进行税前列支要有严格的标准，不是全部进行税前列支，而是在一定的限度内。因为如果对保费全部进行免税，将会给高收入者可乘之机，利用税收优惠实现更大的利益，加剧养老福利差距。同时，限额内对保费进行免税，可以在一定程度上减少国家税收收入的损失。

第四，建立个人退休金账户，实行单独核算。要充分保证个人账户的透明性，从而避免部分纳税人利用个税递延型养老保险重复享受国家税收优惠政策，减少国家税收收入，加大居民之间养老保障福利水平的差距。另外，建立个人退休金账户，方便居民对于商业养老保险的自由选择，提高居民转变服务机构的便利性。

第五，加强税务机关的监督和征管能力。居民领取保费的阶段要缴纳个人所得税，税务机关要确保这部分税收的足额按时收缴，防止国家税收的流失。加强对居民个人收入和纳税情况的监督。税务机关要加强对居民购买个税递延型养老保险的监督，监督居民对税收优惠政策的运用，避免部分居民不当使用。对于养老金的提前领取要研究制定严格的制度和规则，除非特殊情况，否则不得提前支取。提前领取保费，不符合个税递延型养老保险税收优惠政策的条件，应对其进行一定程度的处罚。

面对我国人口老龄化趋势的加强和群众养老问题的急迫性，目前我国的养老保险体系还不健全，基本社会养老保险保障程度低，企业年金覆盖面小，发展商业保险完善养老保险具有必要性。个税递延型养老保险属于个人储蓄型养老保险，是商业保险，发展个税递延型养老保险具有必要性和可能性。首先，投保人缴纳保费在个人所得税前进行扣除。其次，对于资金运用阶段的资金收益免征企业所得税。最后，在养老保险领取阶段缴纳个人所得税。个税递延型养老保险政策的实施，有利于个人养老保险基金的积累，有利于缓解政府的养老保障压力，有利于居民养老福利的提高。但是，由于我国当前分类与综合相结合的个人所得税政策，缺乏相应的个人收入和消费的信息化平台，以及资本市场的不完善等，不利于其发展。因此，必须对个税递延型养老保险进行全面细致研究，结合我国实际情况进行设计和实施运行。

（本节原载于《经济研究参考》2018 年第 22 期 21-26 页）

第五章　税制结构的调整与优化

第一节　推进直接税制度建设的障碍
与破解对策研究

当前，我国经济建设已经取得举世瞩目的成果，人民生活和社会状况出现了翻天覆地的变化。随着"营改增"的加快推进，更加科学、高效的商品税制度也在逐步形成。但是，反观我国直接税制度建设，仅仅在所得税和一些小税种的设立上取得了一些成就，在房产税和遗产税制度建设方面的成果却寥寥无几。事实上，我国直接税制度建设的目标和方向早已明确，但由于对直接税制度建设面临的困难与障碍把握不到位，不能有针对性地破解建设过程中遇到的障碍，从而导致直接税制度建设进行缓慢乃至停滞不前。在这一背景下，对我国直接税制度建设的障碍进行分析和研究，并提出对应的破解对策，以期促进我国直接税体系更快、更顺利地形成，功能更有效、更充分地发挥。

相较于间接税，直接税具有更强的收入分配调节功能、经济稳定发展功能和更小的资源配置扭曲效应。从发达国家税收制度发展历程和经验来看，将直接税建设为税收体系中的主体税种也是各国税制发展的必然趋势。我国直接税制度建设问题较多且相对滞后，但经过多年的改革与实践，也基本确定了直接税制度建设的大体脉络。然而，近些年我国直接税制度建设情况并不理想。童锦治等（2010）对 2005~2008 年中美两国直接税收入调节的效应进行比较发现，美国直接税收入差距调节效果明显，而我国调节效果极其有限。究其原因，主要是我国直接税体系不完善、制度不健全造成的。在这一背景下，对我国直接税制度建设面临的障碍和可能引起的问题进行更多的研究，就显得尤为必要且紧迫了。

一、推进中国直接税制度建设面临的障碍分析

（一）直接税制度建设面临的经济性障碍

1. 经济下行压力阻碍直接税制度建设

尽管直接税相较于间接税对市场运行机制的影响更小，但其仍是政府在市场资源配置过程中强行打入的一个"楔子"，多少会对资源配置产生扭曲效应，一些学者通过实证分析甚至得出提高直接税比重需要以牺牲一定的经济效率为代价。首先，在当前我国经济转型升级的关键时期，经济增速明显下降，下行压力明显加大，直接税制度如若建设过快或者设计不合理，无疑将是对下行经济形势的雪上加霜。因此，我国构建直接税面临的第一个障碍即对市场经济的扭曲作用。随着我国直接税比重的提高，"抽肥补瘦"功能越加强化，高收入阶层的消费行为必然受到影响。对奢侈品的消费减少对我国经济可能没有太大影响，毕竟我国自主的奢侈品品牌并不多，国民大多消费的是国外奢侈品。但是，房产税的征收对房地产行业产生深远影响，房地产行业是我国经济的一大支柱，尤其是在当前经济转型升级的关键时刻。因此，如何化解直接税比重的提高对经济效率的影响或者说减少对经济效率的损失，是我国直接税制度建设的一大难题。

其次，基于拉弗曲线理论，直接税收入比重对我国宏观经济的影响也是至关重要的。如图 5.1 所示，仅从税收收入占 GDP 比重来看，我国的宏观税负水平并不高。但如果按照宽口径的方法测算，加上我国政府性基金、社会保险基金及国有资产经营性收入等非税政府性收入，2013 年我国宏观税负水平为38.3%，虽低于发达国家平均水平，与同等发展水平的发展中国家持平。但是，假如我国直接税比重提高造成我国宏观税负水平上升，那么将对我国经济增长产生影响。我国税收收入增长与经济增速大体呈现负相关关系。尽管经济增速可能还受到了其他因素影响，但宏观税负的增加也可能是因素之一。

2. 增加直接税比重可能导致人才与资本的外流

一方面，随着国际人才竞争的加剧，直接税制度在建设过程中还需要考虑人才外流问题。随着第二次科技革命对生产力的解放，各国之间的经济、社会、人才交流日益频繁，各国的税收制度也相互影响、相互交融。在多数发达国家，直接税可以占到其收入的一半以上，各国在考虑直接税制度时，不得不对改革慎之又慎。更重要的是，一般而言，直接税税负较重的都是一个国家各个领域的精英

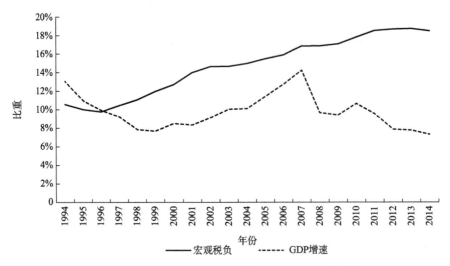

图 5.1　1994~2014 年我国宏观税负变动和 GDP 增速情况

资料来源：国家统计局

人士，他们在一定程度上对国家的发展具有很大的导向作用，国家的竞争力强弱归根到底靠的是人才的竞争。因此，尽管个人所得税在组织财政收入、调节收入分配领域发挥着重要功能，但为了吸引更多的人才流入或者为了保留人才在国内，各国政府不得不对直接税制度尤其是个人所得税和遗产税改革慎之又慎。此外，考虑到我国"子承父业、父债子偿"等"家文化"的影响，我国在开征遗产税之前如果没有做好充足的应对措施，必然引起大量人才的外流，进而对我国现代化建设产生不利影响。

另一方面，2014 年，法国学者皮凯蒂的《21 世纪资本论》风靡全球，作者通过对大量数据进行实证分析与研究，得出由于资本回报率高于经济增长率和劳动报酬的增长率，世界范围内财富分配和贫富差距正呈现扩大趋势，即资本是贫富差距的根源，因此作者建议在全球范围内开征资本税并健全直接税体系，加强税收调节收入分配力度。但是，作者也提到，随着经济全球化的不断深入，资本的流动速度不断加快，流动成本也在不断下降。因此，当一国对资本或者财产征税时，不得不考虑资本外流的后果，毕竟，在以资本为主导的世界里，资本是经济发展最重要的支柱之一，对于我国这样缺乏资本的发展中国家更是如此。直接税制度建设，需要改革个人所得税、开征房产税和遗产税，如有必要，甚至还会重新开征利息税。我国这些政策的一个很重要的导向就是由"注重效率"向更加"注重公平"倾斜。但引起的客观现象如人才外流和资本外流问题，则是我国直接税建设过程中不得不慎重化解的一个问题。

（二）直接税制度建设面临的制度性障碍

1. 直接税税收立法层次较低阻碍直接税法制建设

当前，我国除了少数几个税种是由全国人大及其常务委员会以法律形式颁布实施的外，其他税种都是全国人大及其常务委员会授权国务院以行政法规的形式颁布实施的。对于一些税种的实施细则，国务院更是授权级别更低的财政部和国家税务总局等相关主管部门制定实施。在我国改革开放初期，为了经济体制改革的需要，当时的立法授权有其合理性。但是随着我国经济体制的不断成熟和社会主义法制化建设的不断完善，税法的立法权理应回归全国人大及其常务委员会，改变立法层次较低的问题，尤其是在推进我国直接税制度建设的当前，一方面公众的民主和法制观念在逐渐增强，另一方面当政府直接对公众个人征收个人所得税、房产税和遗产税时，公众必然会对全国人大授权国务院立法的合理性提出质疑，毕竟政府是征税的直接受益者，由直接受益者来制定税收法律，不利于维护纳税人的合法权利及对税法实施监督，也有损于法律的权威。

2. 税收法定原则落实不到位削弱直接税征收合法性

直接税制度建设应遵循税收法定主义原则。"税收法定"是指国家征税必须要有法律依据，若没有法律依据，公民有权拒绝纳税。按照现代政治学原理来讲，即政府征税必须经过国民同意，因为法律即人民意志的体现。鉴于税收法定主义的重要意义，其已成为国际通行原则，各国现代税收制度在法源形式上必然以税收法律为主体，直接税是直接向公民的收入、财产征税，更需要落实税收法定主义原则。然而，正如前面所说，目前我国只针对个人所得税、企业所得税和车船税三个税种颁布了法律，其他税种仍然是以暂行条例和法规细则的形式存在于我国"税法"之中。这严重有悖于税收法定原则。因为暂行条例和法规细则的立法层次低、变动性大，不利于维护纳税人的正当权利和法律的权威性。而我国房产税即将开征，学术界和政府部门关于开征遗产税的研究讨论也日益增多，房产税立法却迟迟不推进，遗产税立法更是没看到任何迹象。名不正而言不顺，如果直接税体系建立后，相关税种连立法问题还没有解决，那么必然会引起纳税人的不满和质疑，进而有损于直接税制度建设的推进和功能的发挥。

（三）直接税制度建设面临的环境性障碍

公众的理解和支持是顺利实施税制建设的主观条件。个人所得税、房产税和遗产税等直接税税种是税务机关直接与公众接触征收税款，个人或者家庭都会直观感受到收入或财产减少的"切肤之痛"。从我国下一步税制改革的目标和方向来看，结构性减税会导致我国居民的实际税负下降。但是房产税、遗产税等直接税税种的开征可能给予公众的直观印象是老百姓的税负又加重了。如此一来，直接税的制度建设很可能会引起老百姓的不理解和不支持。而事实上，我国直接税比重的提高是以间接税收入减少为形式完成的，我国的总税收收入并不会显著增加。从我国近两年的税收增速也可以看出，税收收入增速明显低于 GDP 增长速度。而且，我国直接税的开征主要针对高收入阶层，中低收入者的税负可能还会有所下降。但是，由于我国特殊的政治体制，普通大众很少参与税收制度建设，普通公众很少了解我国的税收政策和直接税的征收原则、目的和效果，更别说公众对直接税制度建设的支持了。

二、中国直接税制度建设障碍的破解对策

直接税制度建设将是我国未来税制改革的重头戏，也关系到我国经济能否顺利实现转型、社会能否实现长久的和谐稳定。前面已经分析，在推进直接税制度建设的过程中，需要满足一定的经济条件和制度条件，也需要一定的环境条件支持。直接税的制度建设是一个长期的系统工程，在看到建设中面临的障碍及建设后可能引起的负效应外，我国政府及学术界更应积极寻找破解障碍的途径，为充分发挥直接税调节收入分配、稳定经济发展和弥补因间接税减税造成的财政收入减少的功能建言献策。

（一）根据经济发展水平，合理确定直接税宏微观税负

于宏观税负的确定而言，理论界普遍认为存在一条拉弗曲线，即经济增长与税收收入的线性关系中存在一种可以兼顾国家税收收入与经济发展的曲线。当税负超过这个拐点时，纳税人生产积极性受到打击，企业经营成本提高，投资减少，经济发展受到影响；税负没有达到这个拐点时，税收收入不能满足国家履行职能的需要，税收也可能不能发挥诸如公平收入分配、稳定和发展经济的职能。但是，理论界并没有分析出这一拐点到底在哪里，处于不同发展阶段的经济体宏观税负到底应该为多少最合适。而从实践经验来看，Scully 在 1991 年对 103 个国家 1960~1980 年税收收入占 GDP 比重与经济增长之间的关系研究发现，只要税收占 GDP 比重低于19.3%，国家经济增长就会达到最大化。尽管目前没有针对直接税与经济增长的相关研究，但根据我国当前宏观税负和结构性减税政策，我国未来直接税的收入水平应略低于当前由"营改增"引起的一系列间接税税负降低

水平。这一方面考虑到国家财政支出刚性，另一方面也考虑到经济承受能力和直接税功能的发挥情况。

于微观税负的确定而言，应以"提低、扩中、限高"的收入分配原则来确定家庭个人的税收负担。首先，无论是当前个人所得税改革还是今后房产税和遗产税的开征，可以考虑将低收入群体排除在直接税征税范围之外，甚至对于一些生活困难的家庭和个人没有达到个人所得税免征额的给予一定的税收补贴，减轻他们的生活负担。而对于中等收入群体，可以考虑将其纳入直接税的征收范围，但税负不宜过重。一方面是培养公民意识的需要；另一方面则是本着培养中产阶层、形成具有稳定性的"橄榄形社会"的目的。高收入阶层是我国直接税重点征收和监控的群体。一方面是出于保证财政收入的需要；另一方面则是公平收入分配的需要。毕竟，直接税随着经济的发展比重日益提高现象的本质就是它具有良好的调节收入分配的功能。让贫富差距保持在一定范围内，无论是从道德伦理角度讲还是从经济社会的长远发展角度来看，都是有必要的。

（二）创造良好的投资居住环境，防止资本与人才外流

个人所得税"抽肥补瘦"功能的加强、房产税和遗产税的开征会引起人才移民和资本外流问题，无论是从逻辑分析上还是从国外直接税实施情况来看，都是不可否认的现实。例如，2013 年，法国著名影星德帕迪约宣布加入俄罗斯国籍，其宣称是因为他对俄罗斯的热爱，但真实原因则是法国考虑将对年收入 100万欧元的超级富豪征收 75%的特别个人所得税，而俄罗斯的个人所得税税率仅有13%。但是，从国际税负比较来看，我国未来即使建立起完善的直接税制度，受经济社会发展水平的限制，在相当一段时间内税负也不会重于欧美发达国家。所以我国建立的直接税制度与我国现阶段经济发展水平相适应，不必过于担心直接税制度建设会引起资本外流和人才移民。但是，我们不得不考虑到这个问题的存在，因为我国的投资环境、居住环境远远落后于发达国家。此外，我国的人口红利正在消失，高素质、高技能的劳动力还很欠缺，这些投资环境不仅会导致资本的外流，也很难吸引外来资本的投入。因此，我国在深化经济体制改革的同时，应理顺政府与市场之间的关系，构建社会主义法制环境，加强高素质人才的培育，为国内外资本创造良好的投资环境。为了防止人才移民成为我国直接税制度建设的隐患，我国首先要解决的就是环境污染问题，其次我国需要健全民主法治环境，让公平正义得到体现和伸张，让人们的积极性和创造力得到充分的发挥和展现。

（三）提高直接税的立法层次，落实税收法定主义原则

税收法定原则作为税法的首要原则，目前尚未在我国充分落实。宏观来讲，不利于我国法治化建设进程；中观而言，降低了税法的正当性和权威；微观来看，损害了公平与民主原则，因此，未来我国直接税乃至整体税制的改革和建设，首先应制定税收基本法，为国家税制改革提供法律依据，也为国家行使征税权明确界限和框架。在直接税制度建设方面，无论是个人所得税的改革，还是房产税、遗产税的开征，都需要先立法后执行。其次，我国立法层次要回归全国人大及其常务委员会。政府作为征税的主体，如果授权其颁布税收法规、暂行条例的权力，必然导致政府征税权的不合理膨胀。而将税收"立法权"上交全国人大及其常务委员会，则有利于限制政府权力，防止其随意修改税法。但同时，鉴于我国经济体制改革还在深入、国内外局势复杂多变，在税收授权立法方面，可以采用"一事一授权"的形式，令税法可以适应经济形势的发展和改革需要。最后，在全国人大及其常务委员会制定税法时，必须要遵循公平原则和民主原则，令多收入者多纳税、少收入者少纳税、同等收入者缴纳相同税收。在实施法律之前，还需要先公布法律草案征求意见，举办立法听证会，让公民参与其中并听取民众意见。这也是落实税收法定原则的重要体现。

（四）做好直接税宣传工作，增加公众对直接税的了解

税收宣传是指相关税收信息的传播活动，以期达到增加公众对税法和税收政策的了解、提高纳税人纳税遵从度的目的。税收宣传的内容不仅包括税收知识、税收政策和征纳信息的传播，更包含一定价值观和理论指导下的教育引导。直接税作为与公众直接相关的税种体系，一方面公众主观上希望了解相关的税收信息、国家征税的目的与作用；另一方面，国家应做好充足的舆论宣传，也可以取得绝大多数公众的理解与支持，减少征税阻力，提高纳税人的纳税遵从度。在具体做法上，首先，建立税收舆情监测机制，及时把握社会各阶层对直接税开征的态度，如对各税种的理解、对税收优惠政策的看法及税收征管过程中的评价。由此相关部门就可以有针对性地进行税收宣传，提高宣传的效率，降低宣传的成本。其次，健全直接税宣传组织决策机制。总结已有宣传成功经验，吸取之前宣传效果不佳的教训，将每年一次的税收宣传月活动和寓于日常征管中的宣传相结合，从而达到"平地惊雷起"和"润物细无声"的双重功效，令宣传深入人心。最后，健全直接税宣传实施机制。将直接税宣传与我国传统文化传播结合起来，如"天下兴亡，匹夫有责"的士大夫思想与直接税公平收入分配的结合；将直接税宣传与大中小学的教育结合起来，令纳税人

意识浇灌在祖国的花朵上；将直接税宣传与税收征管结合起来。提高纳税服务水平并做好税务宣传反馈工作。

（本节原载于《财政研究》2015年第7期75-80页，被人大复印资料《财政与税务》2015年第12期转载）

第二节 直接税征管存在的问题及完善对策

直接税征管是直接税税收制度的重要组成部分，直接税征管的效率决定了税收收入功能和税收调节收入分配功能的有效发挥。随着我国经济转型的不断推进，税收制度的逐步完善，信息技术的日益发展，税收征管体系处于不断变革和完善中。与此同时，个人收入和财产的全球化、复杂化和隐蔽化，使得现行的税收征管模式难以有效支撑直接税的征管，尤其是以自然人为征税对象的个人所得税、房产税的征管，这不仅导致税收流失严重，也在很大程度上削弱了税收调节收入分配的功能，不利于直接税税制改革顺利推进。在这一背景下，通过梳理我国直接税征管的发展历程，着重分析我国直接税征管存在的问题，对于进一步完善直接税税收制度就显得尤为重要。

一、中国直接税征管的发展历程

（一）中国直接税征管理念的发展

1. 强制型征管理念向合作型征管理念的转变

自然人纳税人是直接税的课税主体之一，而根据博弈理论，自然人纳税人被假设为理性经济人，为了使自身利益最大化，往往会选择逃税。税务机关为了防范税款的流失，会制定严格的税收征管制度和建立严厉的处罚机制，以此约束纳税人的逃税行为，加强对纳税人的管理。随着这种税收管理关系的发展，征管人与纳税人往往会形成管理者与被管理者、指挥与服从的关系，成为一种固定型的"上对下"式的强制管理理念。在我国计划经济时期，个人所得税、房产税刚刚起步，传统的税收管理理念认为："纳税人都不会如实申报纳税，所有人都想少缴税，甚至不缴税。"

2. 传统手工征管理念向现代信息征管理念的转变

在早期的直接税征管中，我国采用"管户制"的征管方式，即由一个专门的征管人员，对一定区域内的各家各户征收税款。税源分散是直接税的主要特性之一，而"管户制"的征管方式在很大程度上需要依靠手工操作，一方面难以充分掌控直接税的税源情况；另一方面征管人员权力过于集中，税务机关对征管人员的征税行为难以产生有效的约束力，不能保障直接税税款应收尽收。为了应对居民日益复杂化的收入来源，提升直接税征管质量和效率，以手工征管为代表的"管户制"逐渐退出历史舞台。2005 年 7 月国家税务总局发布《个人所得税管理办法》，第六章二十四条规定："各级税务机关应在金税工程三期的总体框架下，按照'一体化'要求和'统筹规划、统一标准，突出重点、分布实施，整合资源、讲究实效，加强管理、保证安全'的原则，进一步加快个人所得税征管信息化建设，以此提高个人所得税征管质量和效率。"我国个人所得税征管信息化建设由此拉开序幕，各地方积极建设个人所得税监控系统，着重整理高收入人群的档案信息，并加快电子申报系统的推进步伐，提高个人所得税自行纳税申报的便捷性。我国已经初步实现由传统手工征管理念向现代信息征管理念的转变，但是，现代信息征管理念不仅要求硬件设备的智能化，更要求税源数据分析的信息化。因此，在下一轮税收征管信息化建设中，应以税源数据分析为中心，充分掌控以自然人为纳税人的收入和财产信息，树立现代信息征管理念。

3. 被动纳税理念向主动自行申报理念的转变

1994 年我国统一了个人所得税的征管标准，并在 1995 年开始实施《个人所得税代扣代缴暂行办法》，此时纳税人的个人所得税多由雇主代为扣缴，处于被动扣缴状态，自行申报意识较为薄弱。2006 年国家税务总局发布《个人所得税自行纳税申报办法（试行）》，至此，我国形成"代扣代缴为主，自行申报为辅"的个人所得税纳税扣缴模式。但是，随着综合与分类相结合的个人所得税改革步伐的加快，个人所得税的纳税单位将会由个人转变为家庭，婚姻、健康、养育情况等均会被作为个人所得税的抵扣项目，税务机关单纯依靠代扣代缴为主的扣缴方式，不能有效支撑综合与分类相结合的个人所得税的征管，应进一步强化自行申报制度，深化纳税人的自行申报理念。

（二）中国直接税征管制度的发展

1. 直接税征管制度的初始发展阶段：1949~1993 年

1950 年 1 月政务院公布了《全国税政实施要则》，对个人所得（薪给报酬所得、存款利息所得）和房产征收税款。但是，由于种种原因，这些直接税并没有征收，处于空运行状态。直到 1980 年，全国人大第三次会议通过了《中华人民共和国个人所得税法》，开始征收个人所得税。1986 年 9 月，国务院发布《中华人民共和国房产税暂行条例》，从 1986 年 10 月 1 日开始实施，规定对城市、县城、建制镇和工矿区区域内的房产按年征收房产税，对个人非经营性用房免征房产税。随着商品经济的发展，一部分人的收入大大超过一般水平，为了防范收入分配差距的扩大，1986 年国务院陆续出台了《中华人民共和国城乡个体工商业户所得税暂行条例》和《中华人民共和国个人收入调节税暂行条例》，利用税收杠杆调节社会各类成员的收入水平。

2. 直接税征管制度的不断完善阶段：1994 年至今

1994 年之后，我国直接税征管制度改革进入快速发展阶段。1994 年我国为了统一个人所得税标准，合并原有的个人收入调节税和城乡个体工商业户所得税，对个人所得税法做了重大修订，重新确定了个人所得税税率和扣除标准。为了进一步强化个人所得税和房产税的征收管理，出台了一系列的相关法律和措施：1995 年出台《个人所得税自行申报纳税暂行办法》；1995 年国家税务总局制定《个人所得税代扣代缴暂行办法》；1998 年国务院出台《境外所得个人所得税征收管理暂行办法》；2005 年国家税务总局出台《个人所得税管理办法》；2006 年 11 月国家税务总局印发《个人所得税自行纳税申报办法（试行）》；2010 年国家税务总局下发《关于进一步加强高收入者个人所得税征收管理的通知》；2011 年 1 月，国务院同意在上海、重庆开展房产税改革试点，开始积累对个人保有环节征收房产税的经验；2013 年 11 月十八届三中全会通过的《中共中央关于全面深化改革若干重大问题的决定》，进一步提出"逐步建立综合与分类相结合的个人所得税制。加快房产税立法并适时推进改革，加快资源税改革，推动环保费改税"，并将此作为我国未来直接税体系建设的主要目标；2014 年 11 月国务院公布《不动产登记暂行条例》，自 2015 年 3 月 1 日起施行，以加强个人房产税税源的管控。直接税征管制度的改革是一项浩大而艰难的工程，随着居民收入水平的提高和个人财富的不断积累，直接税征管工作也应该随之不断改革，以建立起能够有效支撑直接税征管的税收征管系统，从而推进直接税税制的顺利改革。

二、中国直接税征管的现状

当前，我国直接税收入占全部税收收入的比重仍处于低位，其比重保持在 40%左右，与发达国家美国 80%、澳大利亚 72%、法国 69%等相比仍有很大的差距。而作为我国直接税主体税种的个人所得税和房产税在整体税收中的比重更低，如图 5.2 所示，我国个人所得税的占比约为 6.6%，房产税约为

1.4%，与发达国家个人所得税和房产税在整体税收中的比重相比仍有很大的差距。例如，美国为38.2%和10.7%、加拿大为36.6%和10.1%、英国为27.5%和12.6%、日本为19.2%和8.8%、德国为17.6%和5.4%。我国个人所得税和房产税在整体税收中所占的比重过低，严重制约了我国税收调节收入分配功能的发挥。

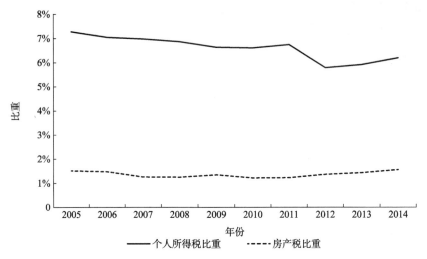

图 5.2　2005~2014 年我国个人所得税、房产税收入占全部税收收入的比重

（一）个人所得税的征管现状

我国个人所得税的征管现状主要表现在两个不公平上，即横向不公平和纵向不公平。两个不公平不仅弱化了个人所得税调节收入分配差距的功能，也在一定程度上降低了公民的纳税遵从度，逃税现象普遍，难以有效提升个人所得税的征管能力。

1. 横向不公平

横向不公平产生的原因在于我国个人所得税是根据纳税人不同性质的所得分别规定不同的税率和税基的分类所得税，共分为 11 大类：工资、薪金所得；个体工商户的生产、经营所得；对企事业单位的承包经营、承租经营所得；劳务报酬所得；稿酬所得；特许权使用费所得；利息、股息、红利所得；财产租赁所得；财产转让所得；偶然所得；其他所得；等等。不同所得的税率和税基的差异会造成不同的职业人群，在相同的收入下，所缴纳的税款和承担的税负不同，违背了税收的公平原则。如表5.1所示，在相同6 000元的收入下，工资、薪金所得的税负为 0.75%。利息、股息、红利所得，财产转让所得，偶然所得和其他所得

4类所得税负最高为20%，是工资、薪金所得税负的26.7倍，所缴纳的个人所得税的差异为1 155元。通过表5.1，我们可以得到一个直观的结论：相同收入的纳税人，因为所得类型的不同而承担不同的税负，甚至存在巨大的税负差距，这显然是违背了税收的横向公平原则。除此之外，税务机关对纳税人所得的分类界定，不仅会增加税收征管的复杂性，也使得税收征管成本不断提高。

表5.1　个人所得税相同收入下各类别缴税情况对比

项目名称	相同收入/元	应纳税所得额/元	适用税率	应纳税额/元	税负（应纳税额/收入）
工资、薪金所得		1 500	3%	45	0.75%
劳务报酬所得		4 800	20%	960	16%
稿酬所得		4 800	14%	672	11%
特许权使用费所得		4 800	20%	960	16%
利息、股息、红利所得	6 000	6 000	20%	1 200	20%
财产租赁所得		4 800	20%	960	16%
财产转让所得		6 000	20%	1 200	20%
偶然所得		6 000	20%	1 200	20%
其他所得		6 000	20%	1 200	20%

资料来源：《中华人民共和国个人所得税法》第六次修订版

2. 纵向不公平

个人所得税的纵向不公平表现为高等收入者所承担的实际税负要小于低等收入者，导致这个现象的主要原因在于税收信息的非对称性，即税务机关所掌握的经济信息与纳税人所掌握的经济信息存在着差异，该差异主要表现在高收入人群中。高收入人群一方面占有强势的经济地位，另一方面有着复杂的人脉网络，在这二者的作用下，高收入者有机会在纳税过程中钻法律的空子。例如，一些高收入者会利用自己的人际关系，做出寻租行为，以较小的成本换取较大的逃税利益。除此之外，高收入人群的大部分收入为隐性收入，中等收入和低等收入人群的收入多为显性收入。而我国税法仅对显性收入做出了具体的征收要求，对于隐性收入并不征税，也就是说，高收入者的隐性收入并没有缴纳税款，最终导致高收入者对税收的贡献度远小于中等收入者。纵向不公平不仅对国家的税收造成巨大的损失，也会进一步削弱个人所得税调节收入分配的功能，拉大收入分配差距，不利于社会的稳定发展。

（二）房产税的征管现状

根据《中华人民共和国房产税暂行条例》，房产税的征管对象是城市、县城、建制镇和工矿区范围内的经营性用房。对于个人非经营性用房、事业单位使用和拥有的房产、农村住房免税。但是随着个人房产数量的积累和房产价值的升值，对个人保有环节的房产不征房产税，在一定程度上违背了税收的公平性。除此之外，如表5.2所示，我国房产税在全部税收收入中的比重维持在1%~2%，难以达到作为直接税中主体税种的要求，不能有效发挥其调节收入分配的功能。个人非经营性用房属于房产的保有环节用房，也可称为存量房，由于市场经济的影响，房屋价格的影响因素主要取决于供需关系，当需求大于供给时，房屋价格自然呈上涨趋势，反之，房屋需求量小于供给量时，房屋价格将会下降，直到房屋供需双方博弈促使房屋价格达到均衡点，才会终止房价的涨跌。我国人口众多，土地资源有限，再加上大部分人购房置地的传统思想，大量购房者持币待购的现象将会持续拉升房价，不利于保障民生。对个人非经营性用房开征房产税，多套房屋拥有者的保有成本将会增加，以达到削减房屋需求的目的，保证房价平稳发展。同时，随着我国事业单位改革的不断推进，从事生产经营的事业单位将逐步实现企业化，成为市场经济大潮中独立的纳税人，部分事业单位已经拥有承载税负的能力，理应承担房产税的缴纳义务。除此之外，我国城镇化的脚步越来越快，部分地区城镇和农村的界定范围越来越模糊，会出现相同行业、相同规模的纳税人在不同地段承担不同的税负的现象。因此，房产税有限的征管范围在很大程度上影响了税收的公平性，而国家对于个人非经营性用房、事业单位使用和拥有的房产免除房产税，实际上也是对有效调节收入分配手段的放弃。

表5.2 2005~2014年房产税收入占全部税收收入的比重

年份	全部税收收入/亿元	房产税收入/亿元	比重
2005	28 778.54	435.96	1.51%
2006	34 804.35	514.85	1.48%
2007	45 621.97	575.46	1.26%
2008	54 223.79	680.34	1.25%
2009	59 521.59	803.66	1.35%
2010	73 210.79	894.07	1.22%
2011	89 738.39	1 102.39	1.23%
2012	100 614.30	1 372.49	1.36%
2013	110 530.70	1 581.50	1.43%
2014	119 175.30	1 851.64	1.55%

资料来源：根据2006~2015年中国统计年鉴数据整理所得

三、中国直接税征管存在的问题

近年来，我国个人所得税和房产税的改革处于不断推进状态，但是，从现实情况来看，个人所得税仍采用分类课征模式，税负不公现象频频发生；保有环节的个人房产税仍处于缺位状态，难以发挥房产税调控房地产市场的作用。其关键原因在于我国对于直接税的征管尚不成熟，在实际运行过程中产生诸多问题，如直接税立法层次低、征管人员业务能力不强、征管技术手段落后、三方协税职责不清、纳税观念落后等，在很大程度上阻碍了我国直接税税制改革的顺利推进。

（一）直接税立法层次低，阻碍直接税依法征管

从当下我国各税种的立法情况来看，仅有企业所得税、个人所得税和车船税三个税种是以国家法律的形式发布实施的，其他各税种都是经全国人大授权立法，由国务院以暂行条例的形式发布实施的。我国宪法第五十八条规定："全国人民代表大会和全国人民代表大会常务委员会行使国家立法权"，税法的制定也应当遵循宪法，但我国税法的制定形式多采用"授权立法"，即全国人大及其常务委员会授权国务院立法，这就导致国务院成为税法的实质立法机关。"授权立法"在一定程度上是由中华人民共和国成立初期的基本国情决定的，属于计划经济产物。但是，随着我国社会主义市场经济体制的不断完善和社会主义法制体系的不断健全，纳税人的法律意识不断提高，政府向纳税人征收个人所得税和房产税时，纳税人对于由国务院单方面制定征管细则的合理性会提出质疑。税收征管实际上是纳税人的利益流向政府，政府是其中的受益者，而由受益者来制定税收法律，则不能保障纳税人的合法权益。十八届三中全会明确了我国未来直接税的改革方向，紧随着十八届四中全会提出全面推进依法治国。由此也体现出了直接税的改革，一定要有法律作为坚强的后盾，实现依法治税、依法征管。直接税的征管关乎着纳税人的切身利益，但我国在税法制定方面并没有引入公众的观念，没有实现公众参与式立法。如果在直接税立法过程中缺少公众的参与，不仅会导致纳税不遵从现象频发，也有损法律的权威性。我国公民的纳税意识普遍偏低，一方面是税收知识宣传不到位，另一方面在于纳税人对税法认识的不足，如若在税收立法过程中，政府积极引导纳税人有序参与立法，在一定程度上也能够提升纳税人的税收法律意识，提升直接税税收的遵从度。

（二）征管人员业务不精，制约纳税服务发展

我国于2005年出台了《纳税服务工作规范（试行）》，2014年和2015年连

续出台基层纳税服务规范1.0和2.0，在制度层面上保障了我国纳税服务的稳步提高。但是，从实际工作来看，我国现阶段的纳税服务多被认为是精神文明建设，着重提高征管人员的工作态度，并没有将如何提高纳税人的办税效率、减轻纳税人的缴税成本、增强征管人员的业务能力作为首要目标，这在很大程度上制约了纳税服务的发展。微笑式服务、良好的办税环境等仅是纳税服务的基础，不应该作为提高纳税服务水平的核心内容。我国税务人员业务不精，在很大程度上制约着纳税服务水平的提高。第一，税收知识宣传不到位。纳税人对于直接税的认识有很多不足之处，仅有少部分纳税人了解税收是为了购买公共服务，是"取之于民，用之于民"，而大多数纳税人认为税务机关征税，就是为了和其争夺利益，这就容易导致纳税人对征税行为产生抵触心理。第二，征管人员业务素质有待进一步提高。纳税人是税务部门的顾客，征管人员应根据顾客的需求，提升办税效率，但我国征税人员的业务素质参差不齐，尤其是一些基层税务人员，不会使用计算机等信息工具，对于税法、财务会计核算方法、纳税评估的熟悉程度仍难以达到标准。除此之外，也会有部分征管人员难以做到依法征税，人情税和关系税不同程度地存在。

（三）征管技术手段落后，税源监控不力

我国现行税务机关的征管技术适合应对间接税的征收，对于直接税的征管尚不成熟，难以有效监控直接税的税源信息。直接税税源极度分散、信息不对称等特点造成税务机关对直接税的征管呈现出"成本高、效率低"的局面。第一，直接税税收征管业务流程不规范。虽然我国已经建立针对自然人纳税人的税务综合服务管理信息系统，个人所得税的纳税人可以实现网上办税。但是，直接税的其他税种仍多分散于不同的管理流程中，并没有纳入该系统，纳税人的缴税成本仍居高不下，导致纳税人产生纳税不遵从心理，税款流失严重。第二，直接税征管中计算机信息化运用程度低。我国已经建立起相对比较完善的计算机税务信息处理系统，但多是针对增值税、营业税和消费税等间接税的征收，而对于直接税纳税人的个人收入和房产情况并没有完全纳入税务部门的信息系统中。税务机关所掌握纳税人的收入和房产信息与纳税人自身掌握的信息存在差异，该差异会导致纳税人实际缴纳的税款远小于理应缴纳的税款。征税人员难以有效掌握纳税人的经济情况，使得直接税不能实现应收尽收。第三，隐性收入监管不力。随着经济全球化的发展，居民的收入渠道多元化，易产生隐性收入，现有的税收征管手段，并不能有效监控居民的收入来源，使得个人收入，尤其是高等收入阶层中的很大一部分收入成为税务机关的征收死角，不仅难以实现个人所得税的应收尽收，也不利于个人所得税调节收入分配功能的

发挥。

（四）三方协税职责不明，协同治税收效甚微

直接税信息不对称、税源极为分散、纳税人意识低等因素造成直接税难以单纯地依靠税务部门来实现有效的征管，形成直接税征管"成本高、效率低"的格局。如果税务部门能够得到其他相关部门的配合，实现协同治税，对于降低征税成本，提高效率，维护税收的法律权威，创造良好的纳税环境具有重要的意义。但是，我国现行的多部门协调治税在实际运行中仍有很多不足之处。第一，地方政府干预税收执法权。部分地方政府为了招商引资，随意出台税收优惠政策，导致区域之间恶性竞争严重，破坏了税收制度的统一性，越位干预税务部门的执法权。第二，司法机关协同治税存在局限性。税务机关在公安、检察院和法院等部门的配合下，对于涉税领域的犯罪活动的打击卓见成效。但是，随着经济全球化，个人财富更加复杂和隐蔽，司法机关的办案人员在税法、财务和资产评估等领域的业务并不熟练，难以有效核实个人收入和评估个人财产，易造成"立案难、结案难、执行难"的局面。第三，金融部门与税务部门的配合缺乏刚性制度保障。金融部门对于个人收入和交易信息掌握得较为全面，但是，部分银行担心顾客的流失，消极配合税务部门，甚至隐藏个人的收入和交易信息，不仅没有提高税务部门的征管效率，甚至在一定程度上帮助纳税人逃税。

（五）传统税收历史文化，弱化对现代直接税的认识

中国的税收文化最早起源于夏、商、周的"贡""助""彻"，其共同点都是对平民耕种土地进行征税，即每户平民耕种的土地，在收获后都要向统治者缴纳一定比例的产量，也被称为井田税。在这一时期，无论是"贡""助""彻"还是"井田税"都是奴隶主阶级、封建王朝为了维护其统治，对奴隶和平民赤裸裸的剥削。因此，税收在中国几千年的历史潮流中一直是剥削和压迫的代名词。例如，"苛捐杂税"的抗税传统、"轻徭薄赋"的贤君政策、"闯王来了不纳粮"的理想等都反映出中国人自古就对税收有反感心理。在中华人民共和国成立初期，为了适应当时社会经济的发展，国家采用了高度集中的计划经济，税收的功能遭到削弱，税收思想处于停滞、僵化阶段，丧失了学习和了解直接税的先机。大部分群众对直接税的认识仍停留在"取之于民，用之于民"的口号宣传阶段，而"税收是购买公共服务和产品的代价"的契约意识仍然比较薄弱，对于直接税具有调节收入分配的功能并不了解。这就导致了纳税人对于直接税的缴纳抱有可交可不交的态度，阻碍了直接税的征收。

四、完善中国直接税征管的对策

直接税征管中所存在的问题能否得到有效的解决，在很大程度上决定了我国直接税改革的推进速度，进而影响到直接税调节贫富差距功能的发挥，与居民的切身利益紧密相关。前面已对我国直接税征管所面临的主要问题做过系统的分析，其主要在于直接税立法层次低、征管人员业务素质低、征管技术手段落后、三方协税职责不清、纳税观念落后等。针对这些问题，从以下五个方面提出完善直接税征管的建议。

（一）提高直接税立法层次，构建良好纳税环境

十八届四中全会明确提出"全面推行依法治国"，税收作为国家组织财政收入的主要手段，关乎着一国政治稳定和社会和谐发展。在全面推行依法治国的大潮流中，在税收领域，更应该积极响应，努力实现依法治税、依法征税。在我国现行的直接税立法中，房产税和遗产税仍处于缺位状态。房价居高不下、居民收入差距越来越大、社会"仇富"心理愈发强烈已经成为当下社会的真实写照，直接税调节收入分配的功能处于不断递减状态。我国应加快直接税立法，切实保障直接税税制改革顺利进行。首先，应明确立法，在法律中明文规定纳税人的权利和义务、征管人员的权利和义务、税率、计税依据、课税对象等税收的基本内容，从而明确税务机关的征管权限。其次，提高直接税的立法层次，将立法权重归全国人大及其常务委员会。政府作为税收的直接受益者，根据其自行制定的税收法规和暂行条例实施征税，不利于维护纳税人的合法权利，甚至纳税人会质疑政府"随意课征税款"。当然，提高立法层次，并不意味着"一刀切"，可采用"一事一授权"的授权立法方式，使税法能够紧随经济形势的发展。最后，积极引导公众参与立法。直接税与公民自身的利益切实相关，在全国人大及其常务委员会立法的过程中应多引入公众的建议，实现共同立法，有利于提高公众的税收法律意识，同时也能够降低新税法施行中公众的抵触心理。除此之外，应进一步完善《税收征收管理法》，堵塞自然人纳税人税收保全和强制措施缺失的漏洞，打消自然人纳税人偷逃税款的侥幸心理。

（二）提升征管人员业务能力，提高纳税服务质量

公共服务型政府建设的核心是服务，应加快税务机关从"管理"角色向"服务"角色的转变，打造高效率、创新协调、标准统一的一体化纳税服务平台，树

立以纳税人为中心的服务理念，切实提升征管人员实际办税效率，节约纳税人的办税时间。在实际工作中，应做好以下四点：第一，利用电子信息技术，提升办税效率，优化纳税服务。随着分类与综合相结合的个人所得税制改革的推进和保有环节房产税的开征，纳税人的数量将会成倍增加。增加税务机关的人员并不能有效应对未来的局面，应加快建立电子化的服务平台，利用网络、电话或者电子邮件为纳税人实时提供税务疑难咨询服务。现在居民越来越倾向于手机文化，税务机关可以通过制作专业的税务手机应用软件，适时向公民普及税收知识，或者通过微信、QQ 等聊天工具实现税收宣传。第二，成立专业化的纳税服务机构。该机构应独立于税务征管系统，以社会机构的形式存在，其职责在于设计纳税服务制度、协调纳税服务内容、评价纳税服务绩效、向纳税人解读税法、适时宣传税收知识。当然，该机构应设立在人口密集的地区，便于纳税人咨询税务信息。第三，引入社会纳税服务。我国现行的税务代理制度存在着诸多的问题，缺乏独立性、法制不健全、信息共享机制不合理等，鉴于国内税务中介服务的现状，我国一方面应积极引导税务代理机构的发展，另一方面制定相应的法律法规和严密的资格审核准入制度，以建立现代化、专业化和规范化的税务代理市场。同时，税务机关应积极主动向税务中介机构提供最新的税收政策，提高其税务代理的能力。此外，直接税的纳税人多为自然人，数目众多，应制定相应的税收优惠政策，鼓励纳税人雇佣税务代理机构为其处理税务问题，以提升税收的征管效率。第四，建立纳税服务质量考评机制。可以通过纳税人满意度、第三方评价和量化考核方式建立纳税服务质量考评机制，及时发现纳税服务中存在的问题和不足之处，进一步完善涉税服务质量。

（三）增加税收征管科技含量，强化税源管控能力

面对直接税纳税人，税务机关处于信息劣势地位。强化直接税征管手段，全面推广信息化管理，能够打破税务机关"信息孤岛"的格局，进一步强化直接税税源信息的管控能力。一是进一步强化税收征收环节的信息化管理。使用规范、科学的方法对纳税人的纳税申报资料进行记录和登记，以满足税收管理和稽查环节网络数据的对接。同时，大范围推广计算机辅助决策系统的使用，利用网络信息实时传递的优势，强化税源管理。二是要构建可靠的信息交换和共享平台。按照统一的数据口径、科学的数据采集标准，由税务部门主导，与金融部门、工商部门和其他经济部门实现数据信息的高度共享，实现税务部门单兵作战向社会综合治税的转变。三是建立统一的税务代码制度。税务代码可以利用现行的身份证号码，由公安机关将其并入税务机关的税务代码系统中，并规定居民个人没有税务代码，不得办理社会保障有关手续、不得申请办信用

卡、不得申请贷款，以此来实现税务代码的全面推广。除此之外，应严格规定事业单位和企业不得雇佣无税务代码者，并不时抽查与雇员税务代码相关联的银行账户，比对个人税款的缴纳情况，确保税收征管的质量。四是健全个人财产等级制度。个人财产登记制度是否完善直接关系着直接税的税源流失情况，尤其要关注经济发达地区和高收入群体的财产登记情况，重点监控金融、石油化工、高等教育、房地产、烟草、电力、电信、航空等行业员工的个人财产申报登记情况。当然，在全面推动信息化建设的同时，应进一步强化税务征管人员使用信息管理工具的能力，否则，不仅不会提升征管人员的办税效率，更可能因为系统操作不熟练而适得其反。除此之外，税收征管信息化的实现并不能一蹴而就，应采用由上而下的推广形式，逐步建立起统一的税收信息化管理系统，提高税收征管的效率。

（四）建立三方协税制度，实现社会综合治税

我国现阶段三方协税职责极不明了，关键在于第三方部门在协税、护税的过程中缺少制度约束，应建立起制度化、规范化、科学化的协税体系。一是建立行政部门协税制度，规定国家经济部门应履行协税义务。房屋管理机构应向税务部门提供纳税人的房屋不动产和房屋租赁信息；工商管理部门应向税务机关提供个体工商户的经营信息；证券登记机构应向税务部门提供个人证券交易情况；知识产权登记机构应向税务机关提供个人特许权使用情况。二是建立司法机关协税制度，规定司法机关应将涉税案件的信息及时共享给税务部门。公安局、检察院、法院对涉及个人收入和财产纠纷的案件，有责任审查其是否已经完税，在未确定其是否完税的情况下，不得结案。三是建立社会机构协税制度。社会中的银行、保险公司和投资公司对于个人的收入情况比较了解，这些金融机构有义务与税务机关共享个人的收入信息，不得故意隐瞒或消极对待税务机关对个人收入情况的调查。

（五）多渠道丰富税收知识，转变纳税观念

在税务机关广泛宣传税务知识的同时，纳税人也应积极参与，丰富自身的税务知识，认真履行纳税义务，实现传统纳税观念向现代纳税观念的转变。纳税人应多渠道学习直接税知识，如网络学习、购书学习、寻求税务机关或税务代理的帮助。熟练掌握税法，不仅有利于提高自身的办税效率，也有利于维护自身的合法权益。

（本节原载于《河北大学学报（哲学社会科学版）》2016年第4期114-122页）

第三节　中国所得税改革的基本原则问题探讨

　　所得税改革在中国新一轮税制改革中有着举足轻重的作用，这是由中国国内经济社会发展环境、经济全球化背景、世界所得税减税浪潮和所得税制自身存在的若干问题决定的。因此，如何设计所得税制改革原则，确定所得税制改革方向，将从根本上决定中国所得税制改革的成败。根据所得税制改革的基本理论、所得税制设计的国际惯例及改革的国际趋势，结合中国经济社会发展的国情和经济全球化的发展趋势，当前，中国所得税制的完善和优化应在坚持适度减税和促进经济增长的基础上强化收入公平分配的功能。

一、适度减税的原则

　　减税已经成为世界税制改革的一种趋势。在中国，一方面由于税费之和占到财政收入的 25%甚至更高，超过了发展中国家的水平，因而存在着一定的减税必要性；另一方面，即使在 2006 年，经历了税收收入连续超常增长的情况，税收收入占 GDP 的比重也仅为 18%左右，比发展中国家或同等人均GDP 国家的宏观税负要低，因此又存在着适当提高税收收入占 GDP 的水平的必要性。从所得税收入情况来看，中国的所得税收入地位和收入水平更低。2005 年，中国所得税收入占税收收入的比重为 25.8%，占 GDP 的比重仅为4.2%，而发达国家所得税收入一般占到税收收入的40%~50%，占 GDP 的比重为 12%~15%。显然，过高的税负会加大企业或居民的负担，妨碍经济效率的提高，不利于经济持续增长；而过低的税收水平使政府无法履行其正常职能，特别是在中国经济转轨期间，为了承担起改革的巨额成本，政府对财政收入的需求更具有迫切性。

　　（一）中国税收征管水平客观要求关注财政收入

　　税收征管的可行性和有效性直接影响着政府财政收入的质量。由于中国税收征管的基础比较弱，税收征管的技术水平比较低，纳税人的纳税意识比较弱，客观上要求中国所得税改革必须更多地考虑财政收入的需要。

（二）中国和谐社会的构建迫切需要强大的财力保障

中国经济社会的协调发展、社会的安全与秩序稳定、公共产品的生产与提供、人民权益的保障与提高等无一不需要以雄厚的财力为后盾。从体现和谐社会的几个重要方面看，中国政府的公共服务水平存在亟待解决的问题。例如，在公共教育支出占 GDP 的比重上，一般情况，该比重为 5% 以上，目前高等收入国家为 5.4%，中等收入国家为 4.8%，欧盟为 5.8%，中国仅为 3.19%，中国不仅落后于高等收入国家、中等收入国家水平，也落后于菲律宾、印度等发展中国家水平。在公共卫生支出和社会保障支出上，中国不仅公共支出水平低，还存在明显受益群体偏差，大部分农村居民没能享受或极少享受政府的公共服务。因此，在中国整体税制改革及所得税改革中，应坚持税收收入原则，保持税收收入水平，为政府增强公共支出、加大转移支付力度、构建和谐社会提供充足的财力保障。因此，在目前世界各国普遍推行减税政策，直接影响到中国市场对国际资本和人力资源的吸引力的情况下，简化税制、降低税率，走所得税国际化的道路无疑是明智的。与此同时，由于此次税制改革可能减税的涉及面广、力度大，必须认识到尽管从长期来看减税有利于税收持续增长，但也不能笼统地一味强调减税，还应考虑到财政承受的压力，采取渐进式改革路径，实行适度的结构性减税。可选择的措施主要如下：优化税制结构，提高所得税制弹性，保证财政收入的稳定；规范税收优惠政策，尤其是取消带有地方色彩的各种减免税；强化征管，堵塞税收漏洞，减少税收流失；等等。

二、促进经济增长的原则

（一）中国经济发展的迫切性，要求所得税改革服从和服务于经济发展的目标

中国是世界上最大的发展中国家，尽管改革开放以来经济发展取得了长足的进展，企业生产效率有了不同程度的提高，但是由于起点低、底子薄、基础差、发展不均衡，其整体发展水平不仅与发达国家有相当大的差距，即使与其他很多发展中国家相比也存在不小的距离。只有依赖经济发展，才能在发展中逐步解决这些经济矛盾和社会矛盾。中国所得税改革必须服从和服务于经济发展这一基本目标。

（二）中国经济发展的可持续性，要求所得税在宏观经济调控中发挥更重要的作用

一国经济的可持续发展，不仅要求统筹经济社会和区域协调发展，促进环境保护和社会全面进步，还需要不断推动产业升级和技术进步，优化国民经济结构。比较而言，企业所得税较之于流转税，在促进投资、引导产业升级和结构优化、统筹区域发展方面，具有明显的优势。企业所得税可以利用不同产业的发展规律和特征，有针对性地制定优惠措施，促进环保节能产业、基础产业、高科技产业的发展，并能引导资金投向政府鼓励的落后地区，促进区域经济的发展，实现国民经济的可持续发展。

（三）所得税国际竞争的趋势，要求所得税改革必须着眼于企业国际竞争力的提高

随着经济全球化进程的加速，人才、资本、技术等生产要素的国际流动越来越频繁，各国企业的国际竞争越来越激烈，在世界各国关税水平普遍下降的情况下，所得税就成了影响国际流动和企业国际竞争的重要因素。在其他条件不变的情况下，所得税的轻税政策对于吸引人才和资本要素的流入、防止生产要素的外流具有重要意义，同时还可以有效地保护国内幼稚产业，提升传统产业；不仅能强化国家参与国际产业分工的劳动密集型产业的发展，还可以有效地保护资本密集型和技术密集型产业的成长和顺利转型。这点对于在国际竞争中处于劣势的发展中国家更为重要。因此，在全球性所得税减税浪潮中，中国必须顺应减税潮流，企业所得税的税率应维持在比发达国家和周边国家略低的水平。

三、强化收入公平分配的原则

（一）强调所得税的公平原则，是中国市场经济发展的必然要求

市场经济的一个基本要求是各经济主体的平等竞争，这就需要政府为各个微观经济主体创造公平竞争的环境，"统一税法、公平税负"就是市场经济对所得税制的本质要求。同时，在中国市场经济的发展进程中，尽管由于机会不均等而造成的收入差别会越来越小，但是市场机制充分作用下造成的结果不公平程度会越来越大，市场机制在公平收入分配上存在"失灵"，需要政府运用所得税政策加以调节。

（二）强调所得税的公平原则，是对原先所得税"牺牲"公平的矫正

长期以来，中国税制改革虽然遵循"效率优先、兼顾公平"的原则，实际上走的却是以牺牲公平换取短期经济效率的路子。从理论上讲，所得税在调节企业利润水平、调节个人收入分配、稳定经济发展上具有其他税类无法比拟的优势。但实际上，中国税收制度过分重视流转税制的建设，弱化了所得税对经济调控的作用，以至于出现内、外资企业所得税负严重不公、个人收入分配两极分化的尴尬局面。并且在前些年实施积极财政政策中，政府不得不通过单一的国债政策刺激需求，而很难发挥所得税对投资需求和消费需求的拉动作用。

（本节原载于《山东纺织经济》2009年第6期36-37页）

第四节　所得税国际化与中国企业所得税国际化进程评析

所得税国际化是指所得税在世界范围内传播与发展过程中相互联系、依赖和影响，并出现的共同特征和发展趋势。中国企业所得税国际化改革是一个渐进的过程，是在国内经济市场化与世界经济全球化的背景下进行的。在归纳所得税国际化理论内涵的基础上，笔者回顾了中国企业所得税国际化改革的历史进程，详细评述了《中华人民共和国企业所得税法》（以下简称《企业所得税法》）对中国企业所得税国际化的促进作用。

一、所得税国际化的理论内涵

所得税国际化是一个动态的发展过程，是所得税发展的总体趋势。这主要体现在两个方面：其一，所得税国际化是所得税在世界范围内广泛传播的过程。在这一过程中，所得税制度在世界范围内普遍确立，所得税收入占税收收入的比重逐步增加，所得税地位不断提升。其二，所得税国际化是各国不断改革和调整本国的所得税制度以求融入世界所得税发展轨迹，最终实现所得税制度国际趋同的过程和趋势。

（一）所得税征收范围的国际化

所得税在英国产生后，由于该税种自身的内在功能，政府组织财政收入、调节收入分配和宏观经济稳定的客观需要及国际经济交往的扩大使所得税在全世界范围内迅速传播，普遍开征。所得税征收的国际化实际上是从历史的角度考察所得税产生与发展的历程，它体现了一个优良税制被世界各国认同的过程。

（二）所得税制度设计的国际化

在世界经济相互渗透、相互影响的过程中，各国的所得税也相互影响、相互联系、相互借鉴，逐渐形成了为世界各国普遍接受的所得税制度运行的习惯做法。具体包括以下几个方面。

1. 税制要素的国际化

税制要素的国际化主要体现在各国所得税在纳税人、税基、税率、税收优惠政策等方面的界定上逐渐消除了分歧，达成了共识，形成了各国都能普遍接受的国际惯例。例如，在企业所得税税制要素的设计上，纳税人选择标准普遍实行了法人所得税制度，征税对象大都根据综合所得的概念，采用列举的方式来规定收入总额，在税率制度上普遍采用比例税率，在计税依据上允许扣除合理的成本和费用，根据政策或管理的需要都有免于征税的规定，规定亏损弥补，对跨国所得税给予税收抵免等。

2. 征管制度的国际化

征管制度的国际化主要体现在世界各国在征管方式和征管手段上的相似性方面。从征管方式上看，综合考虑所得税的财政原则和效率原则，主要选择了自主申报和源泉扣缴的方式；从征管手段上看，各国所得税的征收都逐渐实现信息化、技术化和专业化，充分利用互联网技术和专业化，加强对税源的控制，提高所得税征管效率。

（三）所得税制度改革的国际化

所得税制度改革的国际化，始于主要发达国家的所得税改革，其在经济全球化的推动下迅速波及世界各国，并呈现出大致相同的改革特点和改革结果。

1. 改革措施的国际化

改革措施的国际化首先表现在一国所得税改革决策的选择不仅取决于本国

的经济发展状况和施政需要，还要考虑世界性的所得税改革趋势方面；其次体现在各国改革措施的趋同方面，即主要通过调整税率、税基及税收优惠措施来完成税收改革。

2. 改革结果的国际化

改革结果的国际化体现在以下方面：通过减税等措施使各国税率普遍降低，所得税税率在某一个水准上实现世界范围内的趋近；发达国家与发展中国家所得税制度差异在不断缩小，融合趋势不断加强；所得税的独特优势和主体地位得到普遍重视和认可。

（四）所得税关系的国际化

1. 所得税分配关系的国际化

在国际税收形成以后，所得税分配关系突破了一国的范围，不仅表现为主权国家内部政府与纳税人、中央政府与地方政府及国内其他经济主体之间的分配关系，还表现为国家与国家之间、国家与相关国际组织之间、国家与跨国纳税人之间的税收分配和税收协调关系，所得税权益的分配呈现国际化。

2. 所得税竞争的国际化

由于经济活动扩大到境外和跨国所得的日益增多，主权国家内部中央政府与地方政府及地方政府之间的税收竞争扩展到国家与国家之间。各国纷纷以降低所得税税率和实行特殊的税收优惠政策为主要手段展开了对资本的争夺。由于各国经济实力和所得税制度之间尚存在一定差异，所得税的国际竞争在未来一段时期内必将长期存在甚至加剧。

3. 所得税协调的国际化

在所得税竞争国际化的同时，所得税协调也相应地扩展到世界范围，协调方式也逐渐呈现多样化。为了避免过度的税收竞争带来的负面影响，很多主权国家开始积极主动地寻求有效的协调路径，通过单方面的税制改革、加强国与国之间的税收合作甚至建立国际税收组织等方式，以求实现经济全球化的收益分享。这样，在今后一段时期内，就会出现所得税竞争国际化与所得税协调国际化并存的局面。

二、中国企业所得税国际化进程回顾

中国企业所得税国际化改革是一个渐进的过程，是在国内经济市场化与世界经济全球化的背景下进行的，其进程可以分为自发国际化、自为国际化和自觉国际化三个阶段。

（一）自发国际化改革阶段

1980~1990 年，是中国企业所得税国际化改革的第一个阶段。在这期间，中国在借鉴世界各国普遍开征企业所得税制度的基础上，相继开征了中外合资企业所得税、外国企业所得税、国营企业所得税、集体企业所得税、私营企业所得税几个所得税税种，中国的税收制度开始发生变化，企业所得税在税制结构中的地位逐渐确立。

这一时期是中国改革开放初期，虽然以贸易自由化、投资自由化、金融自由化为主要特征的经济全球化正在深刻影响着世界各国，中国经济也开始向开放经济过渡，但是，从根本上看，仍然实行计划经济体制，各项财税制度改革深深打上计划经济的烙印。此时的所得税制度改革仅仅是在形式上、表面上初步确立了企业所得税制度，所得税制度呈现出不规范、不统一、不科学的弊端，同世界成熟市场经济国家的企业所得税制度相比，中国还有很大的差距。所以这是一个"自发"的国际化改革时期，但是非常粗浅的所得税国际化的轮廓已经初步显现。

（二）自为国际化改革阶段

1991~2000 年，是中国企业所得税国际化改革的第二阶段。在这期间，中国一方面按照扩大对外开放，多渠道、全方位引进国外资金和现金技术的需要，进行了涉外企业所得税的统一；另一方面按照建立市场经济体制的要求，统一了内资企业所得税，为市场经济的发展营造了一个相对公平、统一的税收环境。

这一时期，尽管中国内、外资企业所得税在实际税负水平、税收优惠范围、税前列支标准等方面存在着相当大的差异，国内企业所得税同国际所得税改革趋势也有着比较大的反差，但是由于经济市场化的目标已经确定，经济全球化对一国税制的影响日益深刻，此时的所得税制改革是明确按照市场化的要求和国际化的目标进行的，所得税改革国际化的特征日趋明显。当然。该阶段改革受到中国财政收入的承受能力和吸引外资的压力，不可能完全按照国际惯例进行内、外资企业所得税的各项统一，也不能完全按照国际惯例将与企业生产经营有关的成本、费用一次全部扣除。因此，这时的企业所得税改革具有明显的过渡特征，具有明显的"自为"变革性质。

（三）自觉国际化改革阶段

2001 年至今，是中国企业所得税国际化改革的第三个阶段。这一时期，中国所处的国际、国内经济环境发生了重大改变。2001 年 12 月 11 日，中国正式成为世界贸易组织（World Trade Organization，WTO）成员；2006 年底，加入WTO 过渡期已满，这标志着中国全方位、多层次的对外开放进入一个新的阶段，中国加速了与国际经济的接轨。与此同时，中国经济市场化的进程在加快，市场经济的统一性、公平性与法制性迫切要求改变内、外资企业不同的税收制度。为此，2001~2006 年，中国在企业所得税制度上做出了一系列有利于"两税合一"的"自觉"调整，并于2007 年 3 月 16 日颁布了新企业所得税法，最终实现了内、外资企业所得税的统一，中国企业所得税国际化程度提升到新的层次。

三、新企业所得税法促进了中国企业所得税国际化水平的提升

新企业所得税法的颁布是中国税收制度发展历史上具有里程碑意义的改革举措，内、外资企业所得税的统一不仅为企业发展创造了公平竞争的环境，有利于规范的市场经济竞争秩序的形成，对于企业所得税自身建设和企业所得税国际化水平的提升也是一个极大的促进。新企业所得税法对所得税国际化水平的促进主要表现在以下六个方面。

（一）纳税人与纳税义务确定的国际化

实行法人所得税制度是世界所得税制发展的基本方向，世界大多数国家选择法人所得税。在法人所得税框架下，一方面，非法人被排除在企业所得税的纳税人之外，而纳入个人所得税的纳税人之列。根据新企业所得税法第一条，企业所得税的纳税人为除个人独资企业和合伙企业外的企业和其他取得收入的组织；另一方面，非法人的分支机构不作为独立纳税人，由法人实行统一汇总纳税，这就使得企业经营主体内部的收益和成本费用可在汇总抵消后计算所得，降低了企业成本，增强了企业竞争能力。新企业所得税法虽然没有在名称上使用法人所得税，但在第五十条规定："居民企业在中国境内设立不具有法人资格的营业机构的，应当汇总计算并缴纳企业所得税。"这实际上在法律上确立了法人纳税主体的地位，改变了内资企业长期以来以"是否独立核算"作为判断企业是否为企业所得税纳税人的传统标准，这是新企业所得税法与国际通行做法接轨的鲜明标志，也是中国企业所得税国际化的重要体现。

在纳税义务的判定标准上，新企业所得税不再区分内资企业和外资企业，而是采用"登记注册地标准"和"实际管理机构地标准"，遵循属人与属地相结合的国际惯例原则，将企业分为"居民企业"和"非居民企业"，居民企业承担无限纳税义务，非居民企业承担有限纳税义务。

（二）企业所得税税率的国际化

在经济全球化过程中，世界各国大都做出了所得税的减税规定，企业所得税税率出现了基准税率趋同的特点。例如，目前美国、法国、德国、英国、意大利等主要发达国家的企业所得税基准税率分别为 35%、33%、25%、30%、33%，中国周边国家企业所得税税率：日本为 30%、韩国为 27.5%、越南为 28%、印度尼西亚为 30%、马来西亚为 25%。另据资料分析，世界上 159 个国家和地区的平均税率为 28%，中国周边 18 个国家和地区的平均税率为 26%。中国新企业所得税法在考虑到企业的实际税负、世界所得税制改革趋势、周边国家税率水平、财政承受能力等因素的基础上，将税率定为 25%，并对小型企业征收 20% 的低税率，对高新技术企业征收优惠税率。这个税率水平符合世界税制发展的潮流，与周边国家相比是适宜的，与主要发达国家相比是具有国际竞争力的。

（三）税前扣除范围和标准的国际化

企业所得税税前扣除范围和标准，直接关系到企业所得税的税基和实际税负水平。在原有企业所得税制度下，内、外资企业的成本费用列支标准存在巨大差异，这是造成内、外资企业所得税负不同的重要原因。遵循国际惯例，在《企业所得税法》中，对企业实际发生的各项支出扣除政策进行了统一和规范，如第八条规定，企业实际发生的与经营活动有关的、合理的支出，包括成本、费用、税金、损失和其他支出，可以在计算应纳税所得额时进行扣除，尤其是取消了计税工资标准的限制，将公益性捐赠的扣除标准定为企业实现利润额的12%。这些规定不仅有利于各类企业的公平竞争，也有利于以"净所得"衡量企业的所得税实际负担能力，真正实现企业的税收公平。

（四）税收优惠政策的国际化

世界各国的所得税优惠制度大都是以产业优惠为主、区域优惠为辅，间接优惠为主、直接优惠为辅。而中国原来的税收优惠制度不仅内、外资企业适用不同的优惠政策，内资企业中不同所有制企业适用有别的税收优惠政策，并且，原先的税收优惠政策是以区域税收优惠为主的，并且是直接的降低税率或减免税额。

新企业所得税法扭转了这一局面，根据国民经济和社会发展的需要，借鉴国际上成功的经验，构建了统一适用于内外资企业的，以产业优惠为主、区域优惠为辅，以间接优惠为主、直接优惠为辅的税收优惠制度。在产业优惠政策上，根据中国经济发展和产业升级换代的现实需要，中国新企业所得税法对国家重点支持的公共基础设施项目、国家重点扶持的高新技术产业及创业投资企业给予了不同程度的税收优惠。这些税收优惠措施有利于进一步发挥税收优惠的导向作用，促进中国基础产业、高科技产业、风险投资产业的发展，推动中国产业结构调整，实现产业结构的优化升级。在间接税收优惠方式上，新企业所得税法对于企业研发费用和残疾人员工资方面规定了加计扣除，对于符合规定的固定资产规定了加速折旧，对于综合利用资源取得的收入规定减计收入等优惠措施。

（五）税收抵免制度的国际化

在经济全球化进程中，跨国投资成为普遍的经济现象，跨国公司经济成为世界经济的主要组织形式之一。由于各国都同时实行居民（或公民）管辖权和地域管辖权而引发的跨国投资所得的重复征税，不仅加重了跨国纳税人的税收负担，违背了税收公平原则，更阻碍了跨国投资与经济全球化的进程。为了有效地消除所得税国际双重征税，新企业所得税法规定了境外所得的税收抵免制度，对中国居民企业或者非居民企业在中国境内设立的机构场所来源于境外所得征收所得税时，准予从应纳税额中限额抵免在境外已经缴纳的所得税。

（六）反避税立法的国际化

针对关联企业利用不合理的转让定价而采取的避税行为，新企业所得税法在借鉴国际反避税立法经验和结合中国税收征管实际的基础上，用专门的"特别纳税调整"一章做了明确规定。这是中国首次较为全面的反避税立法，其先进性和适用性达到了国际水平。新企业所得税法明确提出了转让定价的核心原则——独立交易原则，促进了转让定价和预约定价立法的完善，强化了纳税人及相关方转让定价中的协力义务；增列了"成本分摊协议"条款，有利于防止跨国集团乱摊成本费用，侵蚀中国税基；赋予了税务机关较大的反避税处置权，并增加了避税处罚条款，解决了中国长期以来反避税措施缺乏应有的威慑力的困境，有利于维护国家税收权益。

新企业所得税法的颁布，标志着中国企业所得税国际化改革达到了新的高度，中国企业所得税与国际所得税惯例紧密接轨。中国企业所得税将沿着"低税率、宽税基、少优惠、严征管"的世界所得税制改革方向平稳发展。

（本节原载于《河北大学成人教育学院学报》2009年第1期84-86页）

第五节 "营改增"背景下以直接税为主体的地方税制体系建设

随着"营改增"加快推进，营业税作为地方财政的主体税种即将消失，地方财政收入中的房产税等小税种难以承担主体税种的大任，作为直接税的所得税虽然占有比例较高，却都属于共享税。而我国以直接税为主体的地方税制体系建设难以推进，除了经济结构和收入分配不合理等客观条件外，主要是由于法治建设落后、配套制度不健全、征管机制不完善等方面的阻碍。在此背景下，本节从我国地方直接税收入对地方财力保障的程度入手，对我国直接税制度建设的制度性障碍进行分析研究，并提出了基本对策。

中共十八届三中全会指出，我国深化财税体制改革的基本目标之一，就是要完善地方税体系，逐步提高直接税占税收收入的比重。从职能上看，相对于间接税而言，直接税具有更强的收入分配调节功能、经济稳定发展功能和更小的资源配置扭曲效应，将直接税建设为税收体系中的主体税种也是各国税制发展的必然趋势。然而，虽然我国直接税制度建设确定了大体脉络，但是近些年的制度建设情况并不理想，其首要原因是对我国直接税制度体系建设中存在的制约因素认识不足。

一、现行直接税制结构对地方财力保障的影响

目前，就我国地方财力保障而言，主要源于地方取得的本级财政收入和中央转移支付拨款，本级财政收入主要包括地方税收收入和非税收入。因此，在地方税制度建设中，税种的构成直接决定着地方财力保障程度。

（一）中国地方税制建设中直接税的基本构成

众所周知，直接税与间接税的划分是以能否转嫁为标准，而不是以直接向谁征收为标准。以地方税制体系中的烟叶税为例，由于烟叶税是由烟叶收购者缴纳的，将其归为直接税显然是不恰当的，虽然烟叶税是由收购者或购买者缴纳的，但是，烟叶税的缴纳者却不是消费者而是卷烟生产企业，这些企业最终会以加价的方式将税收成本转移出去，因此，烟叶税不能按照直接税的性质作为地方税收收入的构成。按照直接税的划分标准，在我国目前的地方税种构成中，所得税一

般被认为是典型的直接税，包括企业所得税和个人所得税，财产税中的房产税和车船税属于直接税也能够为多数人所接受。然而，在我国，由于土地公有制的特殊性质，人们往往认为城镇土地使用税等涉及土地资源的税种不属于财产税，但是，我国企业所得税法和个人所得税法均将土地使用权的转让界定为财产转让所得，因此，涉及土地的税种，不能把是否属于财产税作为直接税的判断标准，而应该看其是否容易转嫁。根据这一标准，土地使用权保有过程中缴纳的城镇土地使用税应该属于直接税，转让过程中缴纳的土地增值税属于价内税，应该归属间接税，因为该税与资源税、消费税等税种的性质相同，企业发生应缴纳的税金都计入"营业税金及附加"科目，通过价格将税负转移给了购买者。在土地取得过程中缴纳的耕地占用税由于计入相关成本，具有转嫁的路径，也不属于直接税，契税和印花税则很难界定，鉴于二者转嫁功能较弱，也把二者归为直接税的范畴。

根据上述界定，笔者认为，我国现行税制结构中，归属地方税收收入且具有直接税性质的税种主要包括企业所得税、个人所得税、房产税、城镇土地使用税、车船税、契税和印花税。

（二）中国地方税收收入对地方基本财力的保障程度

近年来，随着事权与财权匹配度的强化，地方财政收入占全国财政收入的比例有所增加，由 2009 年的 47.58% 提高到 2014 年的 54.05%，提高了 6 个百分点（表 5.3）。地方税收收入作为地方财政收入主要来源的地位却不断减弱，由 2009 年的 80% 下降为 2013 年的 78%，降低了 2 个百分点（图 5.3）；同时，尽管地方财政收入自我保障率有所提高，由 2009 年的 53.41% 上升到 2014 年的 58.76%，但需要中央转移支付的比例仍高达 44% 左右（图 5.4），这说明地方财政支出对中央的一般转移支付依赖程度仍然较高，结构性矛盾短期内仍然难以化解。

表 5.3   2009~2014 年我国地方税收收入相关指标   单位：亿元

项目	2009年	2010年	2011年	2012年	2013年	2014年	平均
全国财政收入	68 518.30	83 101.51	103 874.40	117 253.50	129 209.60	140 349.70	
地方财政支出	61 044.14	73 884.43	92 733.68	107 188.30	119 740.30	129 091.60	
地方财政收入	32 602.58	40 613.05	52 547.11	61 078.29	69 011.16	75 859.73	
地方税收收入	26 157.43	32 701.49	41 106.74	47 319.08	53 890.88	59 139.91	
地方非税收入	6 445.15	7 911.56	11 440.37	13 759.21	15 120.28	16 736.67	

续表

项目	2009年	2010年	2011年	2012年	2013年	2014年	平均
地方财政收入占全国财政收入的比例	47.58%	48.87%	50.59%	52.09%	53.41%	54.05%	51.10%
地方财政收入占地方财政支出的比例	53.41%	54.97%	56.66%	56.98%	57.63%	58.76%	56.40%

资料来源：历年《国家统计年鉴》，2014 年数据参考财政部网站相关新闻，并经过作者加工整理

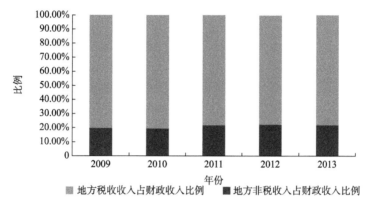

图 5.3　2009~2013 年地方税收收入与地方非税收入对比示意图

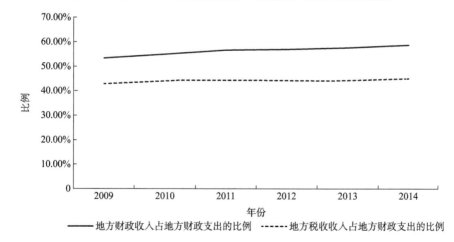

图 5.4　2009~2014 年地方财政收入与税收收入占地方财政支出的比例

（三）地方直接税收入在地方财政支出中的作用

按照上述直接税的界定范围，目前我国地方税收收入中直接税收入占地方财政支出的比重很低，平均占比不足 16%（图 5.5），如果除去 9 个百分点

的企业所得税和个人所得税分成收入，房产税等五税合计还不到地方财政支出的6%。以2013年为例，当年地方直接税收入为19 002.94亿元（表5.4），而同期地方财政收入为69 011.16亿元，地方直接税收入只相当于同期地方财政收入的27.5%。因此，无论从直接税与当年地方财政收入的占比分析，还是从直接税对地方财力的保障程度分析，若要将直接税作为地方财力的主要支柱，任重道远。

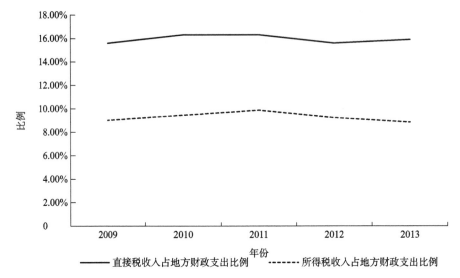

图5.5　2009~2013年直接税收入与所得税收入占地方财政支出的比例

表5.4　2009~2014年我国地方财政直接税收入构成　　单位：亿元

项目	2009年	2010年	2011年	2012年	2013年	2014年
地方财政企业所得税	3 917.75	5 048.37	6 746.29	7 571.60	7 983.34	
地方财政个人所得税	1 582.54	1 934.30	2 421.04	2 327.63	2 612.54	
地方财政房产税	803.66	894.07	1 102.39	1 372.49	1 581.50	
地方财政城镇土地使用税	920.98	1 004.01	1 222.26	1 541.71	1 718.77	1 993.00
地方财政契税	1 735.05	2 464.85	2 765.73	2 874.01	3 844.02	3 986.00
地方财政印花税	402.45	512.52	616.94	691.25	788.81	
地方财政车船税	186.51	241.62	302.00	393.02	473.96	
合计	9 548.94	12 099.74	15 176.65	16 771.71	19 002.94	

资料来源：历年《国家统计年鉴》，并经过作者加工整理

二、制约中国以直接税为主体的地方税制建设的主要因素

我国地方税制建设过程中，直接税之所以难以发挥主体税种的作用，究其原因，除了国民经济发展过程中经济效益不高、收入分配不合理外，主要是直接税税制体系不完善、配套制度不健全和综合治税机制缺失造成的。因此，本节主要就我国地方税制建设过程中直接税制度建设存在的问题进行分析。

（一）地方直接税的法制建设体系不完善

1. 地方直接税制度的立法层次较低阻碍其法制建设进程

就目前而言，在地方直接税制度中，只有车船税法由全国人大常务委员会以法律形式通过，个人所得税法和企业所得税法虽然也属于法律范畴，但属于中央地方共享税，至于房产税、城镇土地使用税、契税等税收制度，则是由全国人大及其常务委员会授权国务院以行政法规的形式颁布实施。至于一些税种的实施细则，是由国务院授权级别更低的财政部和国家税务总局等相关主管部门制定实施的。由于我国地方没有税收立法权，地方人大要想因地制宜地做出税种设置、调整税率、税收减免的规定，根本不可能。在全面推进依法治国方略的背景下，纳税人的"法治"意识不断增强，尤其是直接税与其利益休戚相关，因此，直接税的税制建设就更加引发纳税人的关注。在利益博弈过程中，立法层次的变化实质是一种利益权益的较量，政府为税收的既得利益者，纳税人为税收的贡献者，如果由既得利益者制定税法，却失去税收贡献者的监督制约，不仅关乎法律的威严，更关乎税制改革的进程。所以，立法层次的高低是地方直接税税制建设的重要制约因素。

2. 地方直接税不落实税收法定原则将影响其征收的合法性

税收法定原则是指国家或政府必须按照法律授予的征税权进行税收的征缴。法律是人民意志的体现，没有法律依据的税收制度，公民有权利拒绝遵守。税收法定原则已成为各国建立现代税收制度的通行原则。因此，在十八大以后，新一届党政部门也不断推进税收法定原则。2013年11月，十八届三中全会通过的《中共中央关于全面深化改革若干重大问题的决定》明确提出要"落实税收法定原则"，将税收法定原则首次写入党的重要纲领性文件。2014年6月，中共中央政治局审议通过的《关于深化财税体制改革总体方案》将税制结构的调整与改革作为重要内容。2014年10月，十八届四中全会审议通过了《中共中央关于全面推进依法治国若干重大问题的决定》，明确健全有立法权的人

大主导立法工作的体制机制，发挥人大及其常委会在立法工作中的主导作用。2015 年 2 月，国家税务总局发布了《国家税务总局关于全面推进依法治税的指导意见》，明确要提高税收制度建设质量，积极推动相关税收立法。2015 年 3 月，十二届全国人大三次会议审议通过《全国人民代表大会关于修改〈中华人民共和国立法法〉的决定》，促进了我国治税的规范化与法制化。然而，必须清楚地认识到，上述进程只是标志着依法治税、落实税收法定原则得到了"制度"上的认可，要将制度落到实处，在利益盘根错节的现实实践中，还有很长的路要走。事实证明，房地产税立法推进速度缓慢，遗产税立法遥遥无期。这些直接税不能立法，没有正当且权威的法律支撑，必然会增加纳税人的不满和质疑，进而有损于直接税制度建设的推进和功能的发挥。

（二）以直接税为主体的地方税制配套措施不完备

1. 所得税配套制度不健全

首先，现行分税制管理体制制约了税收职能的充分发挥。分税制的财政管理体制决定了今后无论怎样变革，都逃不掉职责与权力的划分。在现阶段，企业所得税与个人所得税虽然都属于中央地方共享税，但是，企业所得税一般是按照"分征分管"办法，谁征的税入谁的库，个人所得税却是由地税部门征收，中央与地方六四分成。就目前税务机构管理模式而言，由于国税系统直接接受国家税务总局领导，受地方政府的干扰较小，而地税系统受省地方税务机关领导，在个人所得税征收过程中难免有来自地方政府的干预，抑制了税收职能的充分发挥。其次，分类课征的个人所得税征管模式阻碍了征税效果。尽管个人所得税法明确了年综合收入达到 12 万元的纳税人要自行申报，但涉及的纳税人群体有限，大多数所得还是按照分类分次纳税，这样，各地税务机关很难掌握每个纳税人的全部所得，个人所得税的征收效果受到影响。最后，征信系统不健全导致税收收入的流失。由于我国尚未建立起覆盖全社会的征信系统，高收入人群取得收入的渠道较多，这些信息难以掌控，纳税人又不自觉申报，税务机关很难对其进行监控，低收入人群收入来源单一，监管更为容易，反而成为个人所得税的"主力军"，这种状况，不仅造成个人所得税税款流失，也极大地削弱了所得税调节收入分配的功能。

2. 房产税等财产税配套制度不完善

尽管2018年6月中旬全国统一的不动产登记信息管理基础平台已实现全国联网，我国不动产登记体系进入全面运行阶段，取得了一定的进步，但我国目前的财产登记制度仍不健全，尤其是私有财产登记制度，致使不少税源流失，更出现化公有财产为私有财产的非法行为，严重影响了税收征管的力度。在机构没有完全整合以前，税务机关很难从相关机构得到纳税人完整的房地产信息，也就无从为房地产税开征提供科学有效的计税依据。同时，在个人财富急剧增长的今天，不同纳税人名下的不动产会不断发生变化，没有科学有效的财产评估制度，则在今后房地产税征收过程中，对不动产的价值确认会有困难。另外，如何处理土地国有和集体所有两种性质的地权，真正做到土地"同质同权"和"同权同税"，也是摆在有关当局面前的一个难题。

（三）地方直接税的综合治税机制相对落后

以直接税为主体的地方税制建设，不仅涉及地方直接税税种的设置，还涉及这些税种的征收管理机制。而地方直接税的征收管理，绝不仅是地方财政、税务部门的职责，它需要税务、财政、工商、国土、住建、房管、公安、民政、科技、人社、安监、人行、供电等多部门的协调配合，需要建立一个综合治税的保障机制。目前，全国各地综合治税已经初见成效，山东、湖南等地由人大或政府颁布了税收保障条例或税收保障办法，然而，对于全国来说，仍然存在很多问题。首先，大部分省区市仍然没有类似山东、湖南等地的综合治税制度，不能建立起有效的综合治税保障机制；其次，政府部门缺乏涉税协商机制，各部门之间缺乏有效的沟通，同级国地税部门也没有完全建立起协调机制；最后，各部门之间涉税数据系统有待进一步完善，不能满足税源管理的信息保障要求。

三、推进中国以直接税为主体的地方税制建设的基本对策

（一）落实税收法定原则，不断提高地方直接税制的立法层次

尽管通过《中华人民共和国立法法》的修订，将纳税人、税种、课征对象、计税依据、税率等税收基本制度内容在法律中进行了明确，将税收立法权回归到全国人大及其常务委员会，为包括地方直接税税制在内的税制改革提供了法律依据，也为各级政府行使征税权明确了基本界限，但是，必须清醒地认识到，落实税收法定原则在我国还有很长的路要走。在全面推进依法治国方略的背景下，如何乘借东风快速推进依法治税的进程，对维护税法的权威性和正当性有着重要意义。

当前，落实税收法定原则，要采取"分步走"的办法，逐步提高地方直接税制的立法层次。首先，明确税收立法层次的时间表，力争在五年内（到2020

年）完成所有属于法规性质的税收实体法的立法任务；其次，将契税、印花税等不属于持有环节的地方直接税交由各地人大进行审议，提请全国人大批准，鉴于各种直接税制当初制定时利益纠葛较为复杂，可以采取"一税一议"的办法，坚持民主原则，广泛听取各方意见，以适应经济体制和财税体制改革的需要；最后，对于将要合并或新出台的税种，如遗产税、房地产税、环境保护税等，则要先行立法，并在颁布实施之前，将草案公之于众，广泛征求民意，全面落实税收法定原则。

（二）结合地方直接税税种需要，加快配套制度建设

首先，调整国地税各自职责，减少地方利益集团的阻碍。将个人所得税交由国税系统征收，协调不同收入来源地之间的利益分配，并建立全国统一的个人所得税退税、补税机制，补退税资金统一由中央财政拨付。如此一来，既化解了各地区之间恶性的税收竞争问题，也有利于发挥个人所得税在全国范围内调节收入分配的功能。其次，建立健全社会征信体系，加大纳税失信成本。实行纳税信用等级制度，将纳税人会计信息审查情况、申报纳税情况、欠税情况等作为纳税信用等级评价指标，对于信用等级较低的纳税人实行重点检查制度，对重复违反税法的纳税人加大惩处力度。还可以仿效发达国家建立纳税信用破产惩罚和商业信用挂钩制度。最后，建立健全财产登记与评估制度。在房地产税立法开征之前，不仅要建立健全统一的不动产登记制度，明确土地使用权和房产从取得到转让的时间节点，统一全国的登记政策与登记程序，还要加快建立财产评估制度，科学选择财产评估方法和评估周期。这不仅是防止房地产税收流失、降低征管成本的要求，也是更好地发挥房产税调控经济、公平收入分配的要求。

（三）完善地方直接税的综合治税机制，提高税收征管效率

首先，建立健全综合治税保障机制。针对建立以直接税为主体的地方税制过程中缺乏地方综合治税保障机制的问题，建议在修订《税收征收管理法》时，增加"建立综合治税保障机制"相关条款，并在该法的实施条例中明确如何引导各省、自治区和直辖市出台由地方人大审议颁布的《地方税收保障条例》。规范各地综合治税的基本规定，明确涉税部门的责权利，建立健全综合治税奖惩机制，使地方税务机关和相关协作部门有法可依、有章可循。

其次，深入推进税收信息管理现代化。在大力推进金税三期工程的同时，不断扩大涉税信息采集面，开发数据分析模块，提高数据信息的利用效率，通过信息的综合共享机制，加强房产税、个人所得税等税源管理信息化，强化对重点行业、重点地区等重点税源的动态监测，及时更新纳税评估数据，完善纳税评估模

型，有效跟踪检测分析，强化对整体形势的评估，最大限度地发挥数据分析功能，发现征管风险点，进行有效防范预警，加强风险监控，及时堵塞漏洞。

最后，进一步强化政府各部门之间的协作。综合治税是政府各部门、社会各有关机构协同配合的综合体系，而地方各级政府是凝聚各种力量的核心。因此，为了更加有效地推进综合治税，各级政府及其所属部门、社会组织均应负起相应的责任。不仅各级政府应当给予综合治税政策等方面的鼎力支持，搭建各相关部门协同治税的桥梁，还要求各职能部门按照职责分工，依法协助地方税务机关做好地方税收保障工作，建立一个集工商、财政、税务、银行、建设、房管、国土等部门的横向联网、科学、可靠的部门间信息交换系统，推进各部门信息共享，实现综合治税信息互联互通，进而降低税收征管成本，提高征收效率。

（本节原载于《财政监督》2016 年第 13 期 63-67 页，文章内容有改动）

第六章　税收征管与综合治税

第一节　推进税收征管改革的几点建议

目前，我国税收征管内部机制主要存在的不足如下：税收风险监控指标体系和税收风险特征库还需进一步完善；税收风险管理机制还需进一步细化；适应信息管税工作模式的涉税信息管理机制还未建立；纵向互动机制和横向联动机制还需进一步强化；等等。这些问题制约着税收征管质量的提高。笔者认为，应按照国家税务总局提出的"以确立明晰的税收征纳关系为前提，以风险管理为导向，以税源专业化管理为基础，以重点税源管理为着力点，以信息化管理为支撑"指导思想，进一步深化税收征管改革。

一、完善内部机制，健全竞争制度

税收征管的高效率，需要完善的税收征管内部机制。因此，笔者建议：①建立一套贯穿于税务内部行政管理各方面、全过程的工作制度体系，进而提高行政运转效率和质量，确保各项工作部署及时、准确落实。②建立严格的绩效考核制度，做到奖罚分明、奖惩到位，提高税务干部的工作责任心和进取心。③建立健全统一、合理的竞争上岗制度，干部轮岗和岗位交流机制，根据业绩实施动态管理，真正对税收征管起到促进作用。只有广大税务干部的工作积极性提高了，充分发挥主观能动作用，才能求"精"管"细"，促进工作质量和效率的提高。

二、优化业务流程，强化绩效考评

流程再造可以降低成本，提高效率。税务系统的税收业务工作规程，明确规定了各项税收业务的工作程序及时限要求。笔者建议按照精简、增值、高效的原则优化税收征管业务流程，实现信息资源共享，把各种业务有机结合起来，保障业务流程畅通，减少或避免各种资源不必要的浪费。此外，还应建立严谨合理的考核评价机制，促进各业务环节衔接有序，保证税收业务流程高效运转。

三、依托信息技术，推进信息管税

以数据应用提升税务管理水平，已经成为近年来各国税收征管改革的共同特征。税收精细化及专业化管理需要依托信息化建设。税收信息化建设发挥技术引领、驱动及支撑作用，不断推进税收管理方式向着专业化、集约化和现代化的目标迈进。信息化的基本要求是要掌握足够的信息量，且越多越好，通过对各类信息进行分析和比对，为科学决策提供依据。

我国应建立统一的数据分析综合应用信息平台，实现内外部信息集中采集共享、资源整合和综合利用，达到税收业务与信息技术的高度融合。同时，应建立健全信息管税各项工作制度，完善税收风险管理机制，制定税务系统"涉税信息采集、分析和应用管理办法"与"信息管税工作考核办法"，强化纵向互动和横向联动机制，推进税收管理的精细化、征管决策的科学化、纳税服务的个性化及税源管理的专业化。

四、强化税源管理，深化纳税评估

强化税源管理是落实税收征管改革要求的最终落脚点。应借鉴国际通行做法，大力转变税收征管方式，深入推进税源专业化管理进程，建立以风险管理为导向的税源专业化管理体系。重点是以大企业管理为着力点，推进税源的分级分类管理，对征管质效实施分类考核。建议税务系统中的省、市、县税务局均成立税源监控管理机构，建立严密的岗位责任体系，明确税源管理相关部门的职责分工，切实发挥其应有的管理职能，这样才能够专业地、高效率地协调各环节，能够及时有效地联系外部相关部门取得相关信息进行专业的综合分析，并发布风险预警，分配和下达处置任务，评价风险处置结果。

深化纳税评估是进行风险处置，实施税收精细化管理的重要手段。当然，纳税评估的前提是通过各种渠道获得大量相关信息资料，并保证数据的真实性、及时性、准确性和完整性，以促进纳税评估工作的顺利开展。在实施纳税评估时，还需注重程序合法、手续齐全，各项评估资料要妥善保管，并及时建立资料数据库，以实现信息共享并不断加以完善和改进。

五、加强部门协作，深化综合治税

综合治税需要政府搭台，税务、金融、房产、土地、交通、工商、公安等多个相关部门密切协作和大力配合，构建综合治税大平台。通过建立政府领导、相关部门共同参与的综合治税体系，可有效解决涉税信息不畅、涉税源头控管不严、征管不到位等问题。建议从以下两方面进一步深化综合治税：一是建立健全综合治税保障体系。建议从法律层面明确税收征管保障办法，建立有效的司法保障平台和第三方信息报告制度，切实保障税务机关获取涉税信息的权力，保障综合治税工作深入有效开展。二是建议省区市政府统一协调，实现综合治税软件与各部门专线联网，进一步拓展涉税信息采集渠道，逐步形成省、市、县、镇四级综合治税信息平台，不断提高综合治税工作质效。

六、提高服务水平，优化纳税服务

要进一步建立健全以纳税人需求为导向的纳税服务体系，充分利用信息技术进一步拓展纳税服务的内容，开辟全程服务绿色通道。推行分类服务，提升纳税服务层次。在普遍提供一般性纳税服务的基础上，对重点企业开展有针对性的重点服务。针对不同类型的纳税人实施分类辅导、分类服务，为不同类型、不同情况的纳税人提供差异性服务，不断拓宽服务的深度和广度，使服务更具针对性和实效性。

七、提升人员素质，优化人员构成

人是一切社会活动中最重要的决定因素，税收管理要落到实处，离不开税务人员的执行。应进一步提升税务人员的政治、业务素质，充分调动其工作的积极性、主动性，这是提高税务管理效率，推进税收征管改革的关键。第一，应把好"进人关"，建立一套严格规范的人员录用制度。第二，应采取多种形式搞好人员培训，提高税收业务人员的综合素质、业务水平和操作技能。第三，增强业务人员的流动性，拓宽人员的知识面和实践经验。第四，结合实际招聘急需的人才，特别是业务与技术相融合的复合型人才，采用聘任制，打破身份限制，不断补充新鲜血液。我国现有的基层税务人员当中，具有一般性财税知识的人员比较多，而适应现代税收征管工作要求，系统全面地学习过会计、法律、经济、计算机专业知识的复合型人员还比较少。因此，通过多项措施，培养出大批合格的复合型人才，普遍提高税务人员综合素质，是深化税收征管改革的必要人力资源保证。

（本节原载于《税务研究》2013年第8期78-79页）

第二节　税收精细化管理运行评价与完善对策

精细化管理是实现税收管理专业化、高效化的有效途径。本节在总结地税税收精细化管理在提升综合治税能力、提高技术支撑能力、优化纳税服务、强化风险监控方面的成效基础上，理性分析了地税税收精细化管理过程中存在的问题，并提出了完善对策。

一、地税税收精细化管理的实施效果

（一）推进了税源专业化管理进程

地税系统通过税收精细化管理，积极探索推进税源立体化、专业化的管理。一是深化税源分类管理，优化管理资源配置。深入落实省局税源分类管理要求。按照因地制宜的原则，打破属地局限。二是健全四级管理体系，促进管理职能转变。起草《四级立体化税源管理体系职责》，突出了市、县局的税源管理职责，初步搭建从市、县、分局到税收管理员的四级立体化税源管理体系。三是优化业务流程与岗责体系，稳步推进专业化分工试点。重新审视和梳理现有管理人员岗位职责，广泛学习借鉴先进省市经验，结合地区实际，大胆突破现有税收管理员制度、业务规程及征管应用系统等局限，调整优化岗责体系，合理设置工作流程，提高管理效率，防范执法风险。四是探索行业管理规律，结合地区的实际情况，进一步完善行业税源管理办法。

（二）积极推动了综合治税

通过积极协调，不断推进综合治税，努力拓展税收精细化管理信息渠道，确立"政府领导、财政牵头、部门配合、信息化支撑"的综合治税工作体系。政府部门和企事业单位通过综合治税平台传递涉税信息，极大地丰富了税务部门的信息量，为分析涉税数据、防范税收风险、加强税源控管提供了有力的支撑。一是第三方涉税信息的采集、分析和利用能力大大加强。二是委托代征、代收代缴工作得到加强，征收效率进一步提高。三是全市的协护税体系不断完善。

（三）提高了技术支撑能力

地税系统探索是提高信息技术保障能力的有效途径，为深化税收精细化管理提供了有力支撑。一是用足用好通用业务软件。依托征管应用系统、决策支持系统两大核心业务软件平台及其他单项业务管理系统，提高信息采集效率，改善数据质量，充分利用前台业务查询和后台数据提取功能，深度挖掘、利用内部数据资源。二是拓展自用软件功能。依托"税收执法责任自动考核公示系统"，拓展税收风险监控指标分析功能，促进技术与业务的有机融合。三是积极向市政府和财政提出完善建议，推动新的综合治税信息系统尽快投入使用并与地税实现并网，提高外部涉税信息的采集利用效率。四是开发办公网页"信息管税"专栏。适时发布信息管税工作动态，及时发布最新风险监控指标和共享信息，集中发布各类主题的监控分析成果，全方位动态展示和督导全系统信息管税工作的开展情况。

（四）不断优化纳税服务

地税系统不断改进纳税服务方式，大力提高了税收精细化管理工作质效。一是在全系统积极推行"一站式""一窗式"纳税服务方式，使纳税人在办税服务厅能够办理所有涉税事宜。二是试点推行涉税事项"同县通办"和国地税联合办税，积极探索拓展办税服务方式。三是积极推广网上申报缴税、个体纳税人银行批量扣税、简并征期、CA（certificate authority，证书颁发机构）认证等多元化申报纳税方式。四是地税驻市行政服务中心工作站积极开展"一照三证"联合办证业务，实现工商、质检、国地税"一条龙"服务。

（五）强化了风险监控分析

以风险管理为导向、监控分析为手段，加强税源与征管状况的信息采集和数据巡查，开展不间断的专项主题税收风险分析，有力地促进税收征管质量和效率的提高，地税税收精细化管理初见成效。一是连续开展重点行业税源监控分析。二是开展热点、难点行业税源风险监控分析与讲评。三是连续开展征管基础数据巡查整改攻坚。四是创造性地开展了全系统"切片式"税收风险分析，对采取针对性措施堵塞征管漏洞、提高征管质效，顺利完成税收收入任务目标发挥了积极的促进作用，并完善了后续管理机制。

二、地税税收精细化管理中存在的主要问题

（一）税源零星分散，难以精细管理

地税系统目前负责进行征收管理的税种较多，但除了营业税、城市维护建设税、个人所得税、企业所得税等主体税种外，其余都是一些收入规模小、税源较分散且征收难度大的小税种。例如，印花税、车船税、土地增值税、耕地占用税等，或者税源很不稳定、收入规模偏小，或者属于对特定的应税行为征税，缺乏对纳税人的管理监督，税源的管理难度较大。这些税种，有的涉及流转环节，有的涉及所得环节，有的涉及财产项目，有的涉及特定行为，种类多而且流程复杂。对于一些地方税种，出于地方经济管理的需要，地方政府会经常做出调整，如土地使用税和契税，经常发生业务上的变动，政府可能在年中调整土地使用税的税额标准，对个人购买房产的契税缴纳进行减免或补助等，这些情况都给地税部门在实施税收精细化管理上造成了较大的困难。

（二）税源动态监控与相关保障机制缺位

税源动态监控还不到位，表现为重新办证户管理轻新开业户管理，由于和工商部门之间还未形成真正的信息传输共享机制，一些工商登记户开业后长期不办理税务登记证，造成税款流失；重单个体税源情况掌握，轻整体税源的综合分析，一方面是对纳税人的纳税信息资料掌握不够及时全面，另一方面是信息综合利用率不高，无法对税源的变动情况做出全面、准确的预测；重起征点以上纳税人管理，轻起征点以下纳税人管理，户籍巡查不够，税源变动情况不明，缺乏对起征点以下纳税人有效的监控措施，造成漏征漏管等问题。相关运行保障机制有待进一步健全和完善，主要是税收风险监控指标体系和税收风险特征库还需进一步完善；税收风险管理机制还需进一步细化；适应信息管税工作模式的涉税信息管理机制还未建立；纵向互动机制和横向联动机制还需进一步强化；等等。

（三）技术支撑与综合治税作用发挥不够

目前税收征管系统主要采集纳税人的申报表、税务登记、税款入库和发票数据等信息，纳税人的财务报表、经营情况、银行存款及会计核算等信息录入还不够全面、准确，给落实税收精细化管理带来了困难。因此，税收征管系统还不能有效地利用现代信息技术建立起完整的税源信息库，进而加强税源管理

的基础性工作。在拓展自用软件功能上投入的资源不够、资金不足，促进业务和技术融合方面的效果还不明显。在运用信息化手段优化纳税服务工作方面尚未实现既定的目标。在税务机关外部，由于信息化程度较低，以及各部门之间的不衔接，地税系统尚不能实现与外部门实时对接联网，达不到完全的信息共享，没有实现构筑全方位的税源管理监控体系。由于各部门信息化发展不平衡，数据集中程度不一，部分数据不全面、不准确。市政府税源管理办公室开发的综合治税软件与市直各部门未实现专网连接，税务部门不能够直接上专网下载有用涉税信息。因此，综合治税的积极作用尚未充分发挥，综合治税的功效还有较大的拓展空间。

（四）税务人员综合素质亟待提高

各项专业化人才较为缺乏，还需进一步加大专业化人才的培养力度。在现有的地税税务人员当中，具有一般性财税知识的人员比较多，而适应现代税收征管工作要求，系统全面地学习过会计、法律、经济、计算机专业知识的人员还比较少。税务人员个人管理能力不足导致有些工作落实不到位。

随着税务信息化建设的不断推进，计算机在税源信息分析中的应用越来越广泛，这就要求税务人员，特别是税源管理人员必须具备比较高的计算机应用技能，要有一定的数据分析和综合利用能力，但目前不少税收管理人员计算机操作水平较低，普遍缺乏既熟悉税收业务又懂计算机技术的复合型税收管理人员。

三、加强税收精细化管理的政策建议

（一）完善内部机制，健全竞争制度

1. 完善内部行政管理机制

税收精细化管理应该建立一套贯穿于税务内部行政管理各方面、全过程的工作制度体系，进而提高行政运转效率和质量。主要需做好以下几点：建立项目管理机制和督查工作机制，强化抓落实的约束力，增强工作的执行力，确保各项工作部署的及时准确落实；规范内部财务管理，建立健全固定资产管理办法和日常财务监管机制，严格规范经费账户管理；加强基建管理，切实规范基本建设，建立健全政府采购制度，严格履行采购程序，进一步规范采购行为；建立严格的绩效考核制度，做到赏罚分明、奖惩到位，提高税务干部工作的责任心和进取心。

2. 健全干部竞争上岗制度

竞争上岗制度是激发干部潜能，调动干部工作积极性、创造性，促进税收事业发展的有效激励手段。要建立健全统一、合理的竞争上岗制度，须要根据业绩实施动态管理，能上能下；建立干部轮岗和岗位交流机制，能进能出。只有广大税务干部的工作积极性提高了，充分发挥主观能动作用，税收精细化管理才能落到实处，才能求"精"管"细"，促进工作质量和效率的提高。

（二）优化业务流程，强化绩效考评

流程再造可以降低成本，提高效率。实施精细化管理，有必要对税收业务流程实施流程再造，以提高征管质量和效率，降低税收成本。要把纳税人作为权利主体看待。税务业务流程的优化应以服务纳税人为导向进行设计和调整，按照精简、增值、高效的原则进行优化，实现信息资源共享，把各种业务流程有机结合起来，保障业务流程相互畅通，减少或避免各种资源不必要的浪费。减少税务干部自由裁量权限，规范完善内设机构设置，扩大办税服务厅窗口事务处理的范围，提高税收管理工作的效率和质量，实现税收执法由粗放式管理向规范化、精细化管理的转变。运转顺畅的税收业务流程可以解决不作为和部门协调不畅、工作推诿扯皮的问题。相关规定明确规定了各项税收业务的工作程序及时限要求，随着形势的发展，当前需进一步优化税收业务流程，积极做好"一站式"办结、"一窗式"服务及"同县通办"等工作，从而大力提高征管效率和服务水平。

（三）依托信息技术，推进信息管税

税收精细化管理需要依托信息化建设，信息化的基本要求是要掌握足够的信息量且越多越好，通过信息化手段，对各类的、充足的、真实的信息进行分析和比对，为进行科学决策提供依据。以数据应用提升税务管理水平，近年来已经成为各国税收征管改革的共同特征。要建立统一的数据分析综合应用信息平台，实现内外部信息共享、资源整合和综合利用，达到税收业务与信息技术的高度融合，进而大力推进信息管税。

税收精细化管理要进一步建立健全信管税各项工作制度，完善税收风险管理机制，结合省局资源进一步完善税收风险特征库，制定地方地税《涉税信息采集、分析和应用管理办法》和《信息管税工作考核办法》，强化纵向互动和横向联动机制。借助信息化手段，充分掌握纳税人申报、纳税、经营等信息，形成海量数据库，并根据一定的数据指标和模型进行分析比对，以确保税务管理人员能够筛选出有用信息，推进税收管理的精细化、征管决策的科学化和纳税服务的个性化。

（四）强化税源管理，深化纳税评估

强化税源管理是落实税收精细化管理要求的最终落脚点。因此，要把强化税源管理作为税收管理工作的重点来抓。要继续推进税源专业化管理进程，对征管质效实施分类考核。不断充实人员，及时健全税源监控管理处，建立严密的岗位责任体系，明确税源管理部门和征、管、查等部门在税源管理方面的职责分工，切实发挥其应有的实体管理职能，即专门的、能够高效率协调内部各环节，联系外部各相关部门取得相关信息，并进行税源综合分析处理。税收管理员是税收管理中最前沿、最基层的干部群体，是税收事业金字塔的基础。推行税收管理员制度是强化税源管理，解决"疏于管理、淡化责任"问题的重要手段，税收管理员应当成为基层税务部门推进税收管理精细化的中坚力量。要积极探索税收管理员管事制，积极推进税收管理员专业化分工试点工作，在税源管理体制、机制上大胆创新，稳妥推进。

（五）加强部门协作，深化综合治税

综合治税需要政府搭台，金融、房产、土地、交通、工商、国税、公安等多个相关部门密切协作和大力配合。建议从以下两方面进一步深化综合治税：一是要建立健全综合治税保障体系。建议从市级立法的角度切实明确税收征管保障办法，建立有效的司法保障平台和第三方信息报告制度，切实保障税务机关最大限度地获取涉税信息的权力，对综合治税工作给予法规层次的支持，保障综合治税工作深入有效开展。二是建议市政府统一协调，实现综合治税软件与各部门专线联网，进一步拓展涉税信息采集渠道，逐步形成市、县、镇三级综合治税信息平台，不断提高综合治税工作质效。

（六）提高服务水平，优化纳税服务

要充分利用信息技术进一步拓展纳税服务的内容，开辟全程服务绿色通道。推行分类服务，提升纳税服务层次。在普遍的基础上提供个性化服务，对重点企业开展有针对性的重点服务。从根本上简化办税办事程序，创新征管服务手段，优化税收征管制度，改革创新税收工作体制和工作模式，最大限度地降低纳税成本。要在公平公正的前提下，针对不同区域、不同类型的纳税人实施分类辅导、分类服务。纳税分类服务的核心，就是在充分满足大多数纳税人的基本需求的同时，最大限度地为不同类型、不同层次、不同情况的纳税人提供具有个人特点的差异性服务，不断拓宽服务的深度和广度。同时，要进一步做好信息服务、咨询服务、援助服务、办税服务、环境服务等各项纳税服务工作，加强工作督导，确保实现"一窗式"服务、涉税事项"同县通办"、推广财税库银横向联网和推广CA 认证等纳税服务工作目标。落实纳税服务工作的精细化，提升税收管理的工作水平。

（本节原载于《经济研究参考》2013 年第 46 期 8-12 页）

第三节　强化税收调节收入分配功能的路径选择

十八届三中全会通过的《中共中央关于全面深化改革若干重大问题的决定》要求"完善立法、明确事权、改革税制、稳定税负"，明确了中国现代税制建设方向。公平是现代税制的重要原则之一，在当前税制建设中，应强化税收调节收入分配功能，缩小收入分配差距，促进社会公平。本节立足于税收调节收入分配的作用机制，客观分析中国税收调节收入分配功能弱化的原因，从构建"双主体"税制结构、健全税种调节体系、完善税收征管制度等方面探索强化税收调节收入分配功能的路径。

长期以来，中国税收制度改革过于强调效率，弱化甚至忽视公平，致使税收调节收入分配作用有限，甚至产生"逆向调节"作用。本节以十八届三中全会精神为指导，立足于税收调节收入分配的作用机制，客观分析中国税收调节收入分配功能弱化的原因，从构建双主体税制结构、健全税种调节体系、完善税收征管制度等方面探索强化税收调节收入分配功能的路径。

一、税收调节收入分配的作用机制

税收在初次分配、再分配和第三次分配中都发挥着调节作用，并通过对存量收入和流量收入的双重调节达到缩小收入分配差距的政策目标。然而，税收调节收入分配的效果往往会受到税制结构、税种选择和征收管理的影响，明确各个影响因素对收入分配的作用机制，是强化税收调节收入分配功能的重要前提。

（一）税制结构对收入分配的调节机制

世界各国大致采用三种税制结构，即以流转税为主体的税制结构、以所得税为主体的税制结构、以流转税和所得税为双主体的税制结构。不同税制结构对税收调节收入分配的作用差异明显。

1. 以流转税为主体的税制结构

流转税强调的是税收在初次分配中的调节功能，从宏观层面优化政府、企业和个人之间的收入分配关系。具体而言，通过增值税和消费税的组合，以增值税的中性和消费税对高档物品的高税率，实现税收调节收入分配的目标。流转税以公司、企业等经济组织的销售收入为税基，最终会将税负转嫁到消费者身上，税收调节收入分配的功能在初次分配阶段受到税负转嫁的影响，导致税收负担难以准确衡量，税收归宿模糊化。这在一定程度上会违背量能征收原则，难以发挥税收调节收入分配的功能。

2. 以所得税为主体的税制结构

明确税负归宿，是税收调节收入分配的重要前提，累进的税收制度能够有效调节收入分配。以所得税为主体的税制结构，特别是以个人所得税为主体的税制结构对社会分配调节的重点在再分配环节。所得税往往采用累进税率，以居民个人收入为税基，不会受到税负转嫁的影响，具有明确的税负归宿，能够充分发挥税收调节收入分配的功能。从根本上说，就是利用税收手段对高收入者课以重税，使收入分流合理化，从而实现缩小收入分配差距的目的。

3. 以流转税和所得税为双主体的税制结构

双主体税制结构是兼顾以上两种税制结构的综合性税制结构。流转税的调节分配功能主要表现在初次分配阶段，从宏观层面优化政府、企业和个人之间收入分配的关系，减轻基本消费的税负水平，缓解税负负担；所得税主要作用于再分配阶段，从微观层面调节居民个人之间的收入差距，提升高收入者的税负，缩减收入分配差距。再次分配是在初次分配的基础上实现的，流转税和所得税的协调、合力发展，能够同时提升税收在两次分配中的调节功能，进而实现税收对整体收入分配的调节功能。

（二）税种选择对收入分配的调节机制

收入可划分为流量收入和存量收入，并且每一税种或多或少都会对这两种收入产生影响。因此，强化税收调节收入分配功能，需要不同税种之间协调配合，不应局限于单一税种的调节，而应建立起一整套调节流量收入和存量收入的税收体系，包括个人所得税、消费税、社会保障税和财产税。

1. 个人所得税对收入分配的调节

个人所得税征税环节是国民收入分配的最终环节，对收入分配格局具有重要影响，这也奠定了个人所得税调节收入分配的主体地位。个人所得税主要是通过其累进税率的设计来调节收入分配，税率随着个人所得额增加而提高，对高收入阶层实行高税率、中等收入阶层实行普遍税率、低收入阶层免税，实现高收入向低收入的分流，从而缩小高低收入者之间的收入差距，对调节收入公平分配产生决定性影响。

2. 消费税对收入分配的调节

消费税是以特定消费品和消费行为为主要课税对象的一种税，除了具有组织收入的财政职能以外，一般还具有正确引导消费者，抑制超前消费、调节产业结构、调节支付能力及缓解社会分配不公等功能。从调节收入分配的功能来看，其对奢侈品征收高额消费税，能够间接增加该类消费者的税收负担。由于高收入者消费支出中奢侈品所占比重高于低收入者，高收入者将承担更多的税负，从而达到调节收入分配差距的目的。但消费税作为一种典型的间接税易通过税负转嫁将消费者作为税负归宿，致使税负关系复杂化，难以真正有效调节收入分配，因此，消费税只能作为辅助税种调节收入分配。

3. 社会保障税对收入分配的调节

社会保障税又称"社会保险税"，起源于美国，是西方发达国家的主要税种，其目的是筹集社会保障基金，以企业支付的工资为课征对象，故也称"工薪税"。社会保障税通过为社会保障体系提供资金来源调节收入分配，以社会保险救济金的形式再分配给那些真正需要的人们，以此体现收入分配的公平性。然而，低收入者大部分收入来自劳动所得，高收入者则来自非劳动所得，并且社会保障税没有起征点、免征额和优惠政策，低收入者相对于高收入者将会承担较重的税负。因此，社会保障税仅适合作为辅助税种调节收入分配。

4. 财产税对收入分配的调节

以上三个税种主要调节流量收入，财产税在存量收入分配中具有较强的调节功能，是个人所得税的补充。我们一般所称的收入是流量收入，财产是一种存量收入，因此收入和财产都是收入差距产生的重要影响因素。财产是基础，在一定程度上能够放大收入，同时也会拉大收入分配差距，不利于社会公平、正义的实现。财产税一般在财产保有环节和财产转让环节两个环节征收。财产保有环节课征的税一般称为财富税，主要征收对象是高收入阶层，具有累进性，有利于分散高收入阶层的财富，达到调节收入分配的目的。财产转让环节课征的税一般称为赠与税和遗产税，以无偿转让或继承的财产为征税对象，能够弱化财产过度集中，调节财产所有者和财产非所有者之间的收入分配。从理论上看，财产税在很大程度上补充了个人所得税的不足，但在实际操作过程中，因为所有权难以确定的问题，致使财产税在调节收入分配过程中力有不及。

（三）税收征管对收入分配的调节机制

累进性的税收制度能够充分发挥税收的调节功能，但其只能反映出理论税负，实际税负往往取决于税收征管。理论税负和实际税负之间的差异，说明税务部门并未做到应收尽收，在一定程度上弱化了税收调节收入分配的功能。此外，低效率的税收征管也会直接导致国家税收的减少，国家不得不通过扩大税基、提高税率和增加新税种等手段增加税收，居民的"税痛感"将不断增强，收入分配差距进一步扩大，导致税收对收入分配的逆向调节。

二、税收调节收入分配功能弱化的原因

随着经济的不断发展，收入分配差距的产生是不可避免的，但差距的不断扩大又从另一方面反映了税收制度尚不完善，因为国家各种调节收入分配的政策中，税收是最有效、最有力的调节工具，正是由于其调节功能不能充分发挥，才造成收入分配格局的失衡。中国目前的税收制度过于强调税收筹集财政收入的职能，从而弱化甚至忽视了税收调节收入分配的功能。税收制度不完善是税收调节收入分配功能弱化的主要原因，具体表现在税制结构不合理、税种调节体系不健全、税收征收管理制度不完善等方面。

（一）税制结构不合理

中国现行税制结构仍以流转税为主，如 2013 年国家全部税收收入为110 530.70 亿元，流转税为 63 810.69 亿元，占比 57.73%，所得税为 28 958.73 亿元，占比 26.20%，由此可以明显看出中国目前的税制结构仍然处于失衡状态。流转税的比重处于主导地位，尽管这有利于实现财政收入的稳定增长，但是其税负容易转嫁，累退性较强，将会抵消所得税的累进性，造成整体税收调节功能的弱化。此外，中国所得税中的个人所得税总体占比较低，如 2013 年个人所得税为 6 531.53 亿元，所占比重为 5.91%，虽然个人所得税的税率设计具有很强的累进性，但因其比重过低难以发挥调节收入分配的功能。

（二）税种调节体系不健全

中国目前具有的调节收入分配的税种远远不到位，个人所得税不能充分发挥"抽肥补瘦"的再分配功能，消费税范围滞后于社会经济的发展，财产税和社会保障税缺失，难以组成相对完整的调节体系。

1. 个人所得税制不完善

中国采用分类个人直接税制，在一定程度上制约了公平性税收调节功能的发挥。

（1）分类导致税基变窄。中国个人直接税仅列举了 11 种所得，无法涵盖所有的收入类型，而随着经济的发展，居民的所得呈现多元化、复杂化和隐蔽化特征，如消费卡、代金券、网络销售和民间借贷等收入都很难具体统计，使得个人直接税范围的局限性更加显著。

（2）不利于横向公平的发展。分类个人直接税制是根据收入来源进行分类，确定不同的税率标准，而不是将所有的收入综合之后计算，违背了税收公平原则，如同样是 20 万元收入，歌星、影星按劳动报酬所得，只缴纳 20%的比例税；而企业高管按工资薪金所得，却面临高达 45%的超额累进税率。一些收入来源比较广的居民，通过改变收入来源、分解收入的方法，达到适用低税率的目的。因此，分类征收无法整体衡量纳税人的真实能力，也不能整体反映纳税人的综合收入情况，体现税收公平的原则较为困难。

2. 消费税的范围设置不合理

中国消费税是在增值税"普遍征收"的基础上，对特定商品再次征收的一个税种。随着经济的不断发展，居民的生活质量得到极大改善，消费税范围滞后于社会经济的发展，如普通化妆品、啤酒、黄酒和摩托车等已经进入一般居民家中成为普遍用品，如果继续征收消费税，将直接增加低收入阶层的税收负担，产生"逆向调节"作用。相反，对一些高档的消费品及消费行为却未开征消费税，如高档服饰、皮具、红木家具、私人飞机及高档娱乐消费场所等。消费税范围设置不合理，是造成调节收入分配功能弱化的根本原因。此外，对部分商品税率设计过低，税率档次未拉开，不能体现消费税的累进性，不利于调节收入分配。

3. 社会保障税和财产税缺失

社会保障通过收入和支出的协调配合才能实现对收入分配的调节，社会保障制度主要在支出环节给予穷人社会福利，实现再分配功能。但目前中国社会保障税仍处于"费"的阶段，"费"在收入阶段往往存在很多漏洞和不规范性，致使支出阶段难以为继，社会保障制度的收入再分配职能受到很大限制。到目前为止，具有财产税属性的房产税，尽管名义上是对纳税人的不动产在保有环节征税，但现行税收制度规定其征税范围仅限于城镇经营性房屋，并将纳税人设定为企业或公司，对居民个人财产保有环节的征收还处于真空状态，遗产税和赠与税更无从谈起。总体来看，中国财产税严重缺位，不利于对存量收入的调节，进而影响对整体收入分配的调节。

（三）税收征收管理制度不完善

1. 纳税服务制度不健全

"以申报纳税和优化服务为基础，以计算机网络为依托，集中征收，重点稽查，强化管理"是中国当前及未来主要税收征管改革的方向，其强调纳税服务应融于征收、管理和稽查中。但在现实工作中纳税服务并不能得到完全有效实施，尤其是对纳税遵从度的促进效果并不明显，阻碍了中国以自然人为纳税人的征管模式的建立。中国纳税服务制度存在的主要问题：第一，征管人员观念难以转变。传统税收征管工作观念建立在纳税人不会依法自觉履行纳税义务的基础上，税收征管人员以管理者和监督者自居，难以认识自身在公共产品服务体系中的地位和作用，未完成向服务者的身份转变。第二，缺乏绩效评价机制。中国的纳税服务普遍缺少刚性制度约束，未制定相关提高纳税服务质量和效率的绩效评价体系，难以有效地推动纳税服务的改进。第三，纳税服务观念错位。现阶段中国税务机关片面强调硬件措施建设，如部分税务服务大厅越来越豪华、设施越来越先进，却忽略了现代纳税服务基本准则——以人为本。

2. 征收管理手段滞后

中国现阶段的税收征管格局是"间接+截流"，即现阶段的税收征管体系更偏向于征收间接税和以现金流为依据的税，不适于直接税的征收，难以有效提高直接税的比重，进而抑制了税收调节收入分配的功能。直接税的征管涉及生产、销售、采购等几乎所有环节，现行的征管手段很难满足直接税的征管。具体表现如下：第一，税源信息掌控不足，如个人直接税的税源监督不到位，高收入阶层收入来源多，通过分解收入逃避高税负；缺乏完善的不动产登记制度，导致财产税源信息不对称，拥有多套房产的居民，在租赁过程中并不缴纳任何税款。第二，税务机关信息化程度较低，各部门之间信息不通畅，缺乏关联性，导致税务机关在实际征收过程中困难重重。为了便于征收，税务机关往往把征收重心放在易于征管的纳税人身上，导致中小企业、个体工商户、工薪阶层的税收负担过重，违背了税收调节收入分配的公平性。第三，税收信用系统不健全，纳税人税收法律意识淡薄，逃税处罚力度不够，并且随着经济发展的复杂化，许多新生经济行为尚在监管之外，偷、逃税行为呈现多样化和高智能化趋势，单靠税收滞纳金、罚款等行政处罚很难起到震慑作用。

三、强化税收调节收入分配功能的路径

中国目前的税收制度存在很多漏洞，其调节收入分配功能的弱化尤其突出，不利于促进社会公平，实现国家税收治理目标。《深化财税体制改革总体方案》提出，要"深化税收制度改革，优化税制结构、完善税收功能、稳定宏观税负、推进依法治税，建立有利于科学发展、社会公平、市场统一的税收制度体系，充分发挥税收筹集财政收入、调节分配、促进结构优化的职能作用"。此次税制改革应着力于构建双主体税制结构、健全税种调节体系和强化税收征管制度，进一步强化税收调节收入分配功能。

（一）构建双主体税制结构

从税收对收入分配的调节机制来看，流转税税负易于转嫁，且税负分布受供求弹性、市场结构和课税范围等多种因素影响很难测量，对收入分配调节方向很难掌控；所得税税负难以转嫁，税负归宿和分布比较清晰，合理的累进性设计使其成为调节收入分配的有力工具。然而，中国现行税制设计中流转税与所得税比例失衡，调节收入分配功能极度弱化。税制改革下一步应继续推进流转税的结构性减税，逐步提升所得税的比重，尤其是个人所得税。另外，中国正处于经济转型期，由生产投资型向内需型转变，显然，拉动内需是政府调控政策选择的关键，而收入分配格局的失衡严重制约了内需。因此，无论从缩小收入分配差距还是从促进经济转型的角度，构建双主体税制结构已成为税制改革的必然选择。

（二）健全税种调节体系

完整的税种调节体系以个人所得税为主，消费税、财产税和社会保障税为辅。中国正在实施全面的结构性减税，旨在有增有减，实现税制结构内部的调整，因此，社会保障"费改税"不宜立刻实施。立足于目前的国情，应建立以个人所得税为主体，消费税和财产税为两翼的初步税种调节体系。但是就目前的个人所得税、消费税和财产税来说，其税制仍然存在很多漏洞，不仅不利于调节收入分配差距，甚至会产生"逆向调节"作用，急需进一步完善。

1. 建立综合与分类相结合的个人所得税制

分类个人所得税制的征收范围明确、清晰，然而在实际征收中，不同来源所得的扣除标准和税率有很大差异，极易造成纳税人改变收入属性或分解收入导致避税和偷税，不利于对收入分配的调节。中共十八届三中全会要求"逐步建立综合与分类相结合的个人所得税制"，即混合所得税制，它是以综合为主、分类为辅的结构，并以家庭为纳税单位，即对纳税人的劳动所得，主要包括个人工资、薪金所得，劳务报酬所得，对企事业单位的承包经营、承租经营所得，个体工商户的生产、经营所得，以家庭为基本征收对象，综合汇总后，按照一定的扣除标准和累进税率进行征收；利息、股息、红利所得，财产租赁所得及财产转让所得，偶然所得和其他所得等非劳动所得仍按照分类所得税制的方法进行征收。总的来说，混合所得税制能够体现按支付能力课税的原则，而且能区别对待某些不同性质的收入，比较适合中国人口多、地域广和收入差距大的国情，是个人所得税制改革的最优选择。

2. 进一步调整消费税范围

中国消费税征收范围仅停留在"物品"阶段，尚未涉及高消费"行为"。因此在下一阶段的消费税改革中，一方面完善"物品"的范围，将普通化妆品、啤酒、黄酒和摩托车等完全进入人们日常生活的消费品从消费税范围中剔除，将高档皮具和服饰、私人飞机、红木家具等奢侈品纳入征收范围；另一方面将高消费"行为"，如夜总会、桑拿按摩、高尔夫球场等高档消费行为列入征收范围。此外，应进一步拉开高档消费品与普通消费品之间的税率档次，增强消费税的累进性，充分发挥消费税对收入分配的调节作用。

3. 加快房产税立法，充实财产税

收入分配差距通过收入和财产体现。财产属于存量收入，财产是收入的基础，在一定程度上能够放大收入分配的差距。从现行税制可以看出，中国并没有真正意义上的财产税，中共十八届三中全会要求"加快房地产税立法并适时推进改革"，国务院适时推出《不动产登记暂行条例》，为房地产税的立法做铺垫。可见，下一步的财产税制改革，将会以房产税为切入点，逐步将遗产税和赠与税纳入议程充实财产税，进一步强化财产税调节存量收入的功能。

（三）完善税收征管制度

1. 健全纳税服务制度

建立健全的纳税服务制度，首先须转变征管人员观念，使其将服务作为

征收工作的核心内容，实现由"管理型"向"服务型"的转变；其次须建立纳税服务绩效考评机制，针对纳税服务质量和效率制定相应的绩效指标体系，运用科学、合理的指标体系实现人力资源的合理分配，将不同专业特长和能力的人安排到相应职位，提升纳税服务的质量和效率；最后须树立正确的纳税服务观念，在提供纳税服务过程中做到"以人为本"，即一切以纳税人为服务中心，不仅仅要做到表层的"笑脸服务"，更需要拓展服务的深度和广度。

2. 强化税收征管手段

税收征管手段的强化有利于实现税收的应收尽收，实现税收调节收入分配的目的。第一，健全居民税源信息监管机制，建立统一的纳税识别号码，加快不动产登记，并以计算机网络信息技术为依托，根据税源的分布特点建立税源监控网络，实行集中管理，实现应收尽收；第二，增强税务机关与各部门的联动性，实现税务部门与金融、工商、司法和其他部门之间的信息共享，充分掌握纳税人的收入性质、来源和金额等信息，避免偷税漏税；第三，建立税收信用系统，将个人涉税信息纳入诚信档案，并与信贷担保、投资担保和税收优惠相接轨，对其社会生活的各方面产生影响，进一步提升纳税遵从度。

（本节原载于《河北学刊》2016 年第 1 期 126-130 页）

第四节　提高个人所得税征管水平的建议

在经历数次税收征管改革后，我国个人所得税流失依然严重，严重阻碍了个人所得税公平收入分配作用的有效发挥。本节从提高税务机关的征管水平、抓好重点税源的征管工作、建立个人所得税惩罚和激励并存机制、深入持久地进行税法宣传教育工作四个方面，提出了提高个人所得税征管水平的建议。

一、提高税务机关的征管水平

（一）增强个人所得税的现代化征管手段

目前，我国的个人所得税征管正处于新旧交替阶段，各地区改革进程不尽相同，计算机的普及率也相差很大。大部分地区计算机在税务部门的应用仅限于会计、统计领域，在整体上还没有形成以计算机网络为依托的现代化征管手段。虽然在我国许多地方已经实施"网上申报、网上纳税"，但这只是在流程上实现了网络化。从更大的层面上来看，纳税人的信息不能自由共享，税务部门和其他相关部门之间缺乏实质性的配合措施。

个人所得税征管是一个系统工程，涉及所有行业、部门和单位及数以亿计的纳税人，其征收管理需要纳税人的档案系统、与有关单位相连的信息传递系统、税务机关内部的信息交换系统等的支持，而这都离不开电子计算机的应用。因此，有必要建立和完善网络申报、电子商务控管系统，建立税务、银行和企业的信息联网，同时开发有效而迅捷的征管软件。通过国家间、地区间、部门间的信息共享，实现快速、全面、翔实的税收情报交换，填补税收漏洞。

（二）强化业务培训，提高税务人员素质

税务干部对现代化管理手段的掌握和适应，将最终决定税收信息化建设的成败。人是管理的主体，税务管理的现代化离不开税务人员的现代化，包括思想、观念和技能。要更新教育观念，对税务干部不仅要进行基础教育、后续教育，还要树立终身教育和培训的思想，使其具有强烈的使命感和责任感。此外，要强化信息管理及信息技术知识的教育培训，以尽快培养出更多既懂信息技术又精通税收业务的复合型人才，使其具有良好的为纳税人服务的职业修养和业务素质，承担起税收征管的各项工作。

二、抓好重点税源的征管工作

（一）建立严密的收入监控体系

建立有效的个人收入监控机制，是搞好个人所得税税源监控，堵塞税款流失漏洞的一项重要的基础工作。可以借鉴国外先进做法，在全国范围内建立统一的纳税身份证制度，即对每一位达到法定年龄的公民编制终身不变的纳税身份证号码，个人的收支信息均在此号码下，通过银行账号在全国范围内联网存储，并与税务机关联网，纳税人的每一笔收入都在税务机关的直接监控之下，从而有效地监督个人所得税征纳情况。同时，在全社会范围内建立个人信用体系，将每位公民的诚信活动记录在案，如在个人纳税、个人消费信贷和经济活动等方面有不良的记录，就要使个人在经济上、声誉上付出一定的代价，这样可以提高个人缴纳所得税的自觉性。

（二）建立高收入重点纳税人档案信息管理系统

将与高收入纳税人有关的所有数据存入纳税档案中，并利用计算机进行信息化储存，与政府其他公共部门通过网络实现数据库对接，以充分利用政府各部门与纳税人相关的数据和资料。建立非现金支付运行机制，使所有的交易都通过银行网络账户。在建立重点税源数字化档案的基础上，强化基层税收征管单位的信息搜集能力，并将信息及时入库，细化并充实档案内容。严格审查费用账户，防止纳税人利用大额劳务发票等其他票据在税前进行逃税行为的发生。经常对双向申报情况进行稽核，尽早发现问题并及时处理，对于拒不申报、虚假申报行为进行严肃处理，同时对不能恰当履行义务的扣缴义务人加重处罚，使偷逃抗税者不敢逃，不能漏。

（三）加强对外籍人员的征收管理

第一，做好外籍人员税务凭证的出具工作，以强化个人所得税管理力度，规范税源控制渠道，扩大管理范围，清查管理漏洞，确保各类外籍人员的各项收入依法纳入税务管理；第二，加强对外商投资企业和外国企业中的外籍个人境外支付工资薪金收入的管理工作，督促企业按照国家统一规定，严格履行扣缴义务。

（四）进一步深化代扣代缴工作

着重对高收入行业等税源大户以及外派人员多的单位、发行债券的企业等扣缴义务人做好辅导工作，使办税人员熟悉税法规定，自觉做好代扣代缴个人所得税的工作。为了进一步提高代扣代缴质量和代扣代缴率，各级税务机关要做好对扣缴义务人建立资料档案的工作和扣缴义务人申报支付个人收入明细表的工作，加强对多次零申报单位的代扣代缴管理和检查，对不依法履行代扣代缴义务的单位要严格处罚，确保代扣代缴工作的顺利进行。

（五）加强对个体工商户个人所得税的征收管理

对实行查账征收的个体工商户，要严格按照《个体工商户个人所得税计税办法》的规定计算应纳税所得额，严把费用扣除关，凡不属于生产、经营中发生的费用，不予扣除。对收入总额明显与实际不符合的个体工商户，须加大稽查力度，杜绝通过建假账偷逃税现象的发生。对实行定期定额征收的个体工商户，凡定额偏低的，须重新核定和调整定额，以提高定额的准确性和合理性。

　　此外，针对经济体制改革和社会经济生活中出现的新情况、新问题，如国有企业职工下岗、住房改革、个人收入分配方式改变等问题，要及时进行调查研究。如果属于新增长的税源，要及时制定或完善有关的征管制度和办法，以便对其加强征管。

三、建立个人所得税惩罚和激励并存机制

（一）建立惩罚和激励的制度

　　要制定出更加严密和严厉的个人所得税违章违法的处罚措施和惩处法规，并且通过立法机构形成法律条文，赋予税务机关在处理违章行为方面的某些特权，如设置专门的税务法院或法庭，税务机关在一定条件下可以查封违法人的财产，建立税务武装警察，实行武装稽查和武装拘捕违反税法的当事人甚至涉嫌人等。一般来说，一种法律制裁越严厉，违法行为发生的可能性就越小。对法纪的遵守，一方面，要宣传到位做到家喻户晓；另一方面，就是要法度严密、执法严格和严厉，在法律面前做到人人平等。另外，要对偷逃税案件通过新闻媒体进行曝光，组织有关人员座谈，在惩戒违法者的同时教育广大纳税人和扣缴义务人。

（二）建立守法交税的配套奖励制度

　　中国历来的法制重罚不重奖，可是法不治众，我们应当研究一下法制的可行性和有效性。假如逃税的人太多，就得研究制定鼓励交税的制度，对依法纳税的人在职位提升、工资晋级等方面给予优先考虑。要使守法交税的人比不守法逃税的人有更多成功的机会和更多受保护的权利。建立交税激励机制的办法有很多，如把交税记录作为信用记录的基础，以交税记录作为标准来判断公民的能力和品格。如果我国在税收政策和信贷政策之间建立操作上的良性循环，会使诚信者不仅有公平的税负，也比偷逃税者有更多的贷款和发展机会。如果只有惩罚而无有力的奖励机制，将无法抑制灰色经济的过度扩张。

四、深入持久地加强税法宣传教育

（一）通过多种形式宣传新《个人所得税法》

　　继续通过各种行之有效的方式和方法宣传新《个人所得税法》的基本规

定和其他的新政策、新规定，增强全民纳税意识。此外，从牢固树立纳税意识的角度看，有必要在中小学专门设置税法教育课。要有重点地突出宣传工资外收入、境外所得、企业债券利息收入、私房出租收入、股东账户利息收入等有关缴纳个人所得税的政策规定。各地要针对本地区征管的薄弱项目和群众认识模糊的项目，通过公益广告、热线服务、有奖征文、有奖答题等形式使纳税人和扣缴义务人明白政策，了解税款的计算、缴纳程序和期限、权利、义务等具体规定。在纳税人相对集中的地区、部门和行业不定期地进行税法知识考试，以获取作为一定社会信誉认可的专门依据，形成一个"人人学税法、懂税法、遵守税法、维护税法"的社会氛围。要充分发挥新闻舆论的正确导向作用和社会监督作用，使每个公民在享受公共服务权利的同时牢记自己的义务和责任。

（二）选择典型进行宣传教育

有目的地选择一些正反两方面的典型纳税人和扣缴义务人加以报道，特别强调对查处偷逃税大案要案的宣传，以达到表彰先进、鞭策落后、严惩犯罪的目的。同时，加强对先进征管经验的宣传和推广，可以实行总局定期通报收入进度情况的举措，并对个人所得税收入列前5名的省区市的征管措施和经验通过媒体进行广泛宣传报道，以扩大影响，促进全国税务系统征收管理水平的进一步提高，推动全国个人所得税征管再上新台阶。

（三）加强政府部门的廉政建设

目前，新《个人所得税法》存在一些不合理的地方，如税基或税率不是一个确定的数，而是一个区间。这种不确定性往往会成为税法的漏洞，一方面使得纳税人有避税行为产生，另一方面使税收征管人员获得一种特殊的权力，从而为其进行"设租"和"抽租"提供方便。因此，必须完善税收法规，使税法的不确定性降低甚至消失，从而削弱征管人员手中的权力，使其"不能违规"。同时，要加强财政税务部门和其他直接提供公共服务部门的廉政建设，堵住逃避税收的漏洞。可以对税款的用途增大透明度，提高税金的使用效益，以解决纳税人的麻木和盲目心理，消除纳税人的逆反心理。

（本节原载于《经济论坛》2010年第3期49-51页）

第五节 中国地方税保障体系运行评价与完善对策

2016年5月1日，"营改增"的全面推行调整了目前我国营业税和增值税这两个税种的征收范围和权限，随着"营改增"改革的不断推进，作为地方税税源最重要支撑的营业税，这一地方主体税种征收范围和权限将会逐步萎缩直至消逝。虽然目前在收入分成上采取了一些渐进过渡式措施，试点地区将"营改增"的收入100%返还地方，但是在结构性减税的大背景下，这项改革对地方收入的影响是显而易见的，构建完善的地方税体系是大势所趋。伴随地方税体系的逐步建立，一系列配套措施的建立和完善也相当重要，其中建立地方税收保障体系尤为重要，其在保障地方税收及时、足额收缴入库方面发挥着举足轻重的作用。因此，建立地方税保障体系的紧迫性显而易见。

一、地方税保障体系的理论界定

（一）地方税保障体系的界定

地方税保障体系是地方税务机关和政府有关部门、单位为保障地方税收及时、足额收缴入库所采取的税收分析预测、监控管理、信息提供、协助配合、监督评价等措施的总称。它是以地方政府牵头，地税机关为主管部门，通过各部门间地方税税收信息的取得、存储、处理、运用来实现地方税税收依法纳税、管控有序、足额缴库的目的，同时也是地方税税收征管的依据和准则。地方税保障体系的构建应该具有确保地方税收收入的入库、利于地税部门依法征税、保障纳税人应有的合法权益、保证税务中介的合法发展、实现社会广泛监督的功效。

地方税保障体系由第三方信息共享制度、税务中介服务、代扣代缴制度、税收的司法保障及社会监督构成。

（二）构建地方税保障体系的重要性

1. 有利于推进地方综合治税，提高税收收入质量

地方税收是地方财政收入的主要保障。现行地方税存在税种繁多、税源分散度大、征收难度高、征收成本大的问题，较多的涉税信息并没有存在于地税部

门，而是被管控在主要的经济管理部门等第三方手里，征纳双方的信息存在不对称、透明度不高的问题，主要的经济管理方不能及时、确切、全方位了解到准确的涉税信息，地方税收无法足额缴库。因此，需要由各级地方政府牵头，调动各股力量，有效沟通协调，整合各部门的信息资源，提升税源信息的收集、处理和分析能力，提高税收收入的征收质量。

2. 有利于构建地方税收体系，提升依法治税水平

随着全国经济向纵深发展，经济运行过程中不断出现收支隐蔽化、分配多元化、核算复杂化、偷税智能化等新情况，这些新情况的出现迫切需要我们积极主动转变治税思想。现行的《税收征收管理法》及其实施细则在地方税收管理的许多措施上规定得比较宽泛，一方面缺乏相关部门协助地方税收部门征收管理的明确规定，在实际的征管工作中不能快速、有效地协调难题；另一方面没有确切条文规定获取第三方信息的具体措施，使得地方在税收征管工作中难以做到有法可依。这些都是新一轮税制改革迫切需要解决的难题。根据"减税制、宽税基、低税率、严征管"的改革目标，构建地方税收保障体系，对《税收征收管理法》及其实施细则进行深入细化的规定，使地方税务机关、纳税人和相关第三方部门都能有法可依，提升依法治税水平。

3. 有利于提高税收服务质量，优化税收征管环境

税收为重要的经济调控手段，地方经济和社会的发展需要税收征管手段的与时俱进。随着经济发展的不断深入，地方经济在国民经济发展中的作用愈显突出，税收这一经济杠杆在处理经济发展过程中生产力和生产关系矛盾方面有着不可取代的作用。地方税体系的建立对于提高税收服务质量，加强地方政府的社会管理能力，盘活区域经济，优化税收征管环境，促进地方经济全面、协调、可持续发展有着重要作用。

二、中国地方税保障体系的现状与问题

（一）中国地方税保障体系发展的现状

各省区市在长期的积极探索下，不断创新实践地方税保障措施，这在一定程度上促进了我国地方税保障体系的不断完善，在以下几方面都有所突破、创新。首先，在司法保障方面，《税收征收管理法》实施细则不断充实，使得各地的税收征管有法可依。与此同时，山东、江西、湖南、深圳多个省市颁布实施了税收保障办法，进一步加强了组织领导和工作协调，明确了目标要求和推进措施。其

次，在收入分析预测方面，部分城市强化分析预测保收入，确立了预警式税源管理新模式的工作思路。一些城市通过对房地产、交通运输、金融、建筑等行业的税收政策产生的效应进行分析，来为地方税务机关各项税收如何征收管理提供决策依据，同时也在一定程度上为政府相关政策的制定、实施提供了重要参考。再次，在信息化平台建设方面，部分城市已经相继设立信息化管税平台，税收征管质量与效率都有了明显提高。例如，青岛市 2011 年在房地产、建筑两个行业尝试应用新软件，实时准确地掌握了税基。同时也在不断推广应用评估技术，解决虚假申报的问题。最后，在协税护税方面，各个地方各有特色，我国部分地区在协税护税网络建设上也有实践经验，初见成效。同时，协税护税网络建立需健全的协税护税相关工作联系制度、信息共享制度和考核奖罚制度也已初步建成。在积极探索实施下，各地采取了各方面地方税保障措施，并且初见成效，以下几方面显得尤为突出。

1. 税收分析预测水平提高

各地相继建立税收分析预测机制，注重充分利用税收数据进行横纵向对比，加强了税收分析工作的科学性。以往各地税收、经济各方面的数据很多，但是没有系统、深入挖掘，现在通过应用税收分析预测技术，提高了数据利用价值，这在很大程度上发挥了经济发展数据对税收征管的支持功能。各地地方税务局通过开展经济社会发展热点、难点问题专题分析，在税收职能作用方面，全面掌握制定的税收政策的执行情况，为现今火热开展的税收制度改革和政策调整添砖加瓦。与此同时，还联合高校与经济研究机构，对宏微观经济运行、税收收入走势和对税收征管工作产生重要影响的税收指数进行探索研究，以提高税收征管水平、增加税收收入。

北京国税局和地税局分享整合税种数据、行业数据和区域数据，初次实现了经济、税收征管数据的完整性和全面性，解决了多年由于数据残缺而导致的分析不到位的问题，从而对北京支柱产业和主体税种有了深入了解和全面掌控。国家统计局数据显示，2013 年，北京市税务机关完成税收收入 9 909.1 亿元，排名由 2012 年的全国第三上升至全国第二。通过国地税联合数据分析，2013 年北京市税收收入呈现的特点如下：重点行业支撑明显、主体税种地位稳定和各区域发展协调。从行业看，金融业、批发和零售业、房地产业税收贡献居前，合计完成 5 912.4 亿元，占比达 59.7%；从税种看，企业所得税、增值税、营业税和个人所得税成为四大主体税种，合计完成 8 809.6 亿元，占比达88.9%；从功能区看，首都功能核心区收入规模和增幅领跑全市，完成 4 527.9亿元，增长 19.8%；城市功能拓展区、城市发展新区和生态涵养区分别完成3 654 亿元、1 440.5 亿元和 286.7 亿元。在全市税收收入数据的整合分析下，地方税务机关得以全面掌握行业、税种和功能区的征管情况，从而为政策制定提供方向和思路。

2. 纳税服务内容不断充实

我国纳税服务的内容随着经济不断发展得到充实和完善。从国家层面上看，国家税务总局在 1997 年发布的《关于深化税收改革的方案》中首次明确"纳税服务"的概念，并在方案中提出要规范完善办税场所，为纳税人提供舒适的纳税场所；2003 年，税务总局下发《关于加强纳税服务的通知》，该通知要求将纳税服务理念应用到税务机关各个部门，以及"征管查"各个环节；2004 年，国家税务总局开通了纳税服务热线"12366"为纳税人进行税务咨询提供便捷的条件；2008 年，国家税务总局正式成立纳税服务司，这是我国第一个专门的纳税服务国家行政管理机构；2009 年 9 月，在《全国税务系统2010-2012年纳税服务工作规划》当中明确提出了征纳双方法律地位平等，进一步明确征纳双方的权利和义务；2011 年，国家税务总局出台了《"十二五"时期纳税服务工作规划》。从近些年尤其是 2000 年以后的国家税务总局做出的努力可以看出，税务部门的纳税服务理念已经从理论上升到操作与实践等各方面。

各地在国家税务总局的领导下，不断提高纳税服务水平，简化纳税人办税流程，规范地税政策执行标准和纳税服务。其中，天津市地税局服务水平在全国范围内领先，已于 2014 年 5 月纳入国家标准化试点，将公共服务部门的各种规章制度规范化、标准化，大致包括服务产品、服务运行、服务行为等各个标准，被喻为公共服务领域里的"ISO 9000 认证"。2011~2013 年，天津市地税局从机构调整、职能转换、程序简化、服务强化入手，规范服务事项 147 项，简化办税流程 193 项，将税务登记、发票管理、涉税服务等多个窗口功能统一于一体，简化纳税人的纳税流程，为纳税人节省了不少纳税成本。通过改造服务厅和综合税所，统一服务标牌，增设咨询台、评价器等设施，优化了纳税服务环境。实行全员岗位培训，提高服务水平、效率。山西省阳泉市国税局、地税局有关负责人走进电视台栏目，为纳税人详解税务系统推出的一系列便民服务举措。山东省济南市国税局、地税局联合推出45 项服务措施，并启动"税收春风普惠泉城"活动，相继推出一系列便民服务措施，在最大限度范围内方便纳税人，与此同时，进一步规范税务人，推动省会经济圈的大力建设与飞速发展。

3. 信息共享制度逐步建立

在国家层次上，国家税务总局和国家工商行政管理总局（现为国家市场监督管理总局）建立了信息共享平台和信息交换机制，在股权变更登记信息方面进行共享。在此基础上，省级及以下各级国家税务局连同地方税务局分别与同级工商行政管理局、市场监督管理局进行协商达到信息交换。在信息化高速发展的今天，税务部门更多地充分利用网络平台进行信息交换，逐步确立信息化条件下的信息交换机制。有条件的地方已建立工商、税务信息共享平台，有的可以利用政府共享信息平台，集中进行信息交换。2012 年，各级国家税务局、地方税务局和工商行政管理局做到将每月发生的应交换信息，在当月终了 15 日内完成交换。往年发生的交换信息也限期完成交换。2011 年全年发生的应交换信息，在 2012 年 6 月 30 日之前完成交换。2010 年全年期间发生的应交换信息，在 2012 年 9 月 30 日之前完成交换。在国地税务机关与工商管理部门的通力合作下，税务部门利用第三方信息加强征管，在 2013 年，增加税收1 048 亿元。其中通过获取房地产业信息评估，增加税收 356 亿元；获取公共管理和社会组织信息入库税款 353 亿元，获取金融行业信息入库税款 97 亿元，获取建筑业信息入库税款 53 亿元，获取采矿业信息入库税款 52 亿元。与此同时，税务总局与工商总局通力合作，在股权转让信息方面实现共享，其中加强非居民企业股权转让所得税和股权转让高收入者所得税管理是共享重点，由于2 100 万条股权转让信息的获取，从而让其补缴税款 146 亿元。目前，国家税务总局与商务部、住房和城乡建设部、海关总署、国家质量监督检验检疫总局等多部门达到了对企业不良记录信息进行共享，同中国人民银行、国家市场监督管理总局、中国证券监督管理委员会、公安部等多部门在企业生产经营方面实现信息共享。

4. 税务中介服务发展迅速

经过多年发展，税务中介服务机构不断建立，其中注册税务师行业已初具规模和影响。2006~2010 年，在各级税务机关、税务师事务所、广大注册税务师及各地注册税务师协会的共同努力下，注册税务师行业取得了突破性进展。第一，行业规模持续扩大。据统计，截至 2010 年，全国范围的税务师事务所总计 4 231 家，业务总收入超过 80 亿元，服务的纳税人数将近 240 万户，从业人员 84 567 人。其中，执业的注册税务师 31 894 人，具有其他中介执业资格的从业人员 3 455 人。第二，法律规范体系和执业准则体系建立。《注册税务师管理暂行办法》的出台为注册税务师行业法律的规范建设夯实基础；以规范涉税业务开展、保证质量为契机，初步建立由基本准则、具体准则和操作指南构成的符合行业特点的执业准则体系，使得注册税务师行业执业更具标准化、规范化。第三，行业涉税鉴证业务快速发展。在税务机关支持和行业协会的努力下，鉴证范围和领域不断拓展，鉴证比重逐年扩大。资产损失税前扣除、所得税汇算清缴纳税申报、企业亏损税前弥补三项业务的开展进展迅猛，调增、调减的应纳税所得额和鉴证金额逐年增加，切实做到了维护纳税人合法权益和国家税收利益。第四，行业社会信誉大幅提升。行业服务人员通过业务培训和诚信建设，服务纳税人的执业水平显著提高、能力明显增强，通过每一个从业人员的努力赢得了税务机关和纳税人的认可和信赖。一方面，纳税人为了维护自身合法权益，正确履行纳税义务，开始积极寻求注册税务师提供的专业服务依法进行纳税；另一方面，各级税务机关从改革征管水平的需求出发，不断利用注册税务师的专业服务，为完善纳税服务、和谐税收征纳双方的关系提供帮助。第五，税务师行业协会自身建设得以加强。各地协会注重自身建设和培养服务意识，不断进行行业宣传、强化行业培训，显著提升了行业社会认知度和社会影响力。

（二）中国地方税保障体系存在的问题

1. 税收保障立法力度不够

虽然地方相继颁布实施了税收保障办法，但是这些措施的立法层次不高，缺乏权威性。《税收征收管理法》虽是全国人大直接立法的税收法律，但是并没有系统地规定税收保障的相关措施，均属于提纲挈领的规定，细则方面不够全面。税收保障法律至今都没形成一个完整、科学、严密的体系，已经无法适应现代化市场经济高速发展的需要。与此同时，现行的税收法规、规章制度弹性大、变动快、界定模糊、操作性差，缺乏应有的法律严肃性和权威性。这一方面致使税务人员队伍中不少人缺少法律意识，进而导致执法不够公正严明，甚至到现在为止很多税务人员脑海中仍存在着人治和特权思想，不能正确对待税收法规之严肃性，这对建设地方税收保障体系来说是很大的阻碍。因此，提高税务人员的责任心和综合素质是亟待解决的问题。另一方面，公民的纳税观念差，存在严重的偷税漏税现象和普遍的税收盲点，这在很大程度上不利于税收征管工作的进行。

2. 人员业务素质参差不齐

各地方税务机构在整个数字信息化过程中只是注重技术手段取代手工操作，并没有对现有数据进行更深层次的挖掘和管理，这难以做到真正的税源监控和收入预测分析。而且，虽然各地方均建立了数字化信息平台，但是并未实现有效的数据网络互连，并且在信息化推进过程中，由于国地税分家，地税部门掌握的信息不完全、层次低。各省级地税部门内部仍然各自为战，广覆盖的省级信息化网络并未有效建立。

在信息化背景下，税务人员掌握信息技术知识和运用技术手段的能力对于地方税收保障来说是当务之急。虽然整体来说，我国税务从业人员群体庞大，但是高层次专业型技术人员缺乏，人员素质与日益增长的信息化管理需求呈现不匹配的特点。另外，税务人员对财务软件的认知有待提高，很多稽查人员进入涉税企业之后由于对专业财务软件操作上的生疏，使得工作难以展开。

税务部门普遍重视税收收入，这导致征管部门的地位明显要高于稽查部门，这样很难保证稽查部门作用的发挥。首先，目前的稽查部门所做的工作仅仅是查补税收问题，而没有完全发挥稽查本职工作的作用，将征管环节的问题很好地反映出来。其次，部门人员素质参差不齐、税务专业水平不高，甚至很难做到独立查账，较之征管部门，稽查部门的效率质量都不高。再次，税务稽查的突发性较强，而且通常都具有很强的针对性。与此同时，稽查人力和物力有限，且随纳税人数量的增加矛盾越来越突出，对稽查部门来说要想很好地掌握全部问题就越发困难。连锁反应下，案件信息不能及时提交，信息的反馈也就失去了其真正价值，再加上分析手段不完善，反映的问题少且意义不大，真正实现以查促管长路漫漫。

3. 外部部门支持配合不够

信息共享是地方税保障体系建设的重要内容之一。通过将相关部门持有的涉税信息与税务部门共享，税务机关可以准确掌握纳税人的真实生产经营信息，有助于将信息资源转化为征管资源，进而转化为税收增长。当前，在治税信息交换中，相关部门提供的涉税信息质量参差不齐，普遍存在信息交换不及时、不同步、重复交换、缺乏系统性等问题。一方面，造成大量社会涉税信息的浪费；另一方面，造成涉税信息不足。

税务部门虽然有国家税务总局、省级、地市级及区县级四级无缝连接的内部广域网络系统，但是缺乏与其他部门的信息连接，这在无形之中局限了数据资源在工商、银行、海关、保险部门之间的共享与协同运用。由于税务部门难以掌握企业及个人各方面交易和收入的状况，税收征管和监督无法有效实施。

税收的征管水平不高在很大程度上是因为外部部门不积极配合造成的。有一些单位和部门因自身利益阻碍税务执法。随着经济快速发展，税收代扣代缴业务不断增多，但也因此出现了不少的问题，税收代扣代缴部门扣税缴税不主动，还有部分单位企图将应纳税额"消化"掉。除此之外，对税务涉税案件的移交，各个司法部门的配合力度也不够。

4. 税务中介服务有待优化

税务中介行业在持续快速发展的同时，也遇到一些行业发展的制约瓶颈，如行业制度不完善，管理体制不明确，监管体系建设滞后；缺乏行业高端素质人才，注册税务师队伍发展速度远远不能适应涉税业务拓展的需要；涉税业务出现地区不平衡发展趋势，涉税服务市场占有率低；税务师事务所内部机制建设亟待加强，行业协会服务意识也需提高；行业监管有待加强，涉税中介服务市场混乱，市场秩序有待进一步规范。

三、中国部分省市加强地方税保障工作的成功做法及经验启示

（一）中国部分省市加强地方税保障工作的成功做法

1. 保定市——建立社会综合治税格局

保定市自 2011 年 11 月开展综合治税工作以来，不断加强制度建设，推进综合治税开展；加强部门建设，建立健全协税护税网络；加大涉税信息采集，加强信息利用效率；加强税收分析，提升税源征纳能力；加强专项整治，显现综合治税成效，逐步建立了以政府主导、部门协税、群众护税、专业治税、司法保税为主要特征的综合治税格局，转变了税收由税务部门单一征管的局面，开始向政府主导、多部门综合治税的格局转变。2013 年，保定市共采集城镇土地使用税纳税信息 16 万条，纳税企业信息 21 万条，高新技术企业信息 110 条，出口企业信息 1 624 条，家电下乡产品及财政补贴信息 620 条，国家、省、市、县重点建设项目信息 152 条；上传到省综合治税信息共享平台信息 66 万条，收集单据 729 个。通过开展专项治理，国税、地税部门清缴税款 11 618.57 万元。其中，以电控税查收 1 714.8 万元，以票控税查收 7 334.27 万元，以地控税查收 1 602 万元。通过开展土地出让等四项涉税信息比对和医保刷卡信息比对查收税款 1 603.85 万元。市国税局利用工商、地税登记信息开展户籍核查，清理各类漏管户 3 000 余户。

2. 湖南省——实施地方税收保障办法

近年来，山东、江西、湖南等多个省份都已颁布并实施税收保障办法，为保障地方税收职能有效发挥提供了纲领性指导作用。湖南省自 2013 年 1 月 1 日起正式施行《湖南省税收保障办法》。《湖南省税收保障办法》是以《税收征收管理法》等法律法规为蓝本，结合自身省份的特点，为了加强本省税收收入的征管，保障地方税收收入及时、足额入库而颁布实施的。《湖南省税收保障办法》主要强调税收收入预算的编制和调整要有科学性，要与本地区的经济发展状况和税源相协调，税收规模和结构要合理。对于税收优惠对象要进行严格审查，对资格不

符、虚假申报的，要取消其取得优惠的资格，并依法追究其责任。地方政府应当依法执行税收的开征、听证、减免税、退税等，不能擅自做出与税收的法律、行政法规相抵触的行为。建立健全部门间涉税信息共享制度，有关部门和个人应当协助配合税务部门，共享有关的涉税信息。税务部门应当加强涉税宣传，提供政策法规咨询服务，为纳税人提供便利，使得纳税人的合法权益得到维护。审计部门和财政部门要加强对税收收入的监督，社会公众有权对相关涉税信息依法进行监督。加大违反相关税收法律法规的惩处力度，维护纳税人的合法权益，促进经济的良性发展。

3. 青岛市——依托网络强化信息管税

信息管税能使税收的征管质量和效率大幅提高，目前很多地区都在信息化管税领域有所突破，构建了比较完善的涉税信息管控机制。青岛市将先进的信息科技和税收征管工作紧密结合，在时间和空间上减少了不必要的耗费，税收征管质量和效率都显著提高，依托网络信息管税工作凸显成效。目前，青岛市已经在房地产、建筑这两个领域开发出了针对性的升级应用软件，单位和个人必须如实在线开具网络发票。信息管税，突破了传统的以票控税。税务管理现代化，将原来零散的信息整合集中化、系统化，准确及时地掌握了涉税信息。2010 年信息管税铺开，行业、税种间实行了模块化管理，税收征管更加精细，水平不断提高。其中，通过地域信息管理系统的不断完善，通过地域来管控税源的技术不断提高，土地增值税的年增加额达到 1.4 亿元。随着社会综合治税的不断深入、涉税网络的构建，涉税信息取得的渠道更加广泛，涉税信息获得数量达到 91 万条，从而使得税收收入增加 25 亿元。同时，税务服务质量不断优化和提升，通过建设税务网站、服务热线等方式改进服务，网站点击量过千万次，人工服务受理达40 万件。通过网络信息管税，服务办理程序简化，纳税人可通过网上自行申报，缩短办理时间，维护自身权益。同时，推出身份认证系统、电子缴税、POS（point of sale，终端销售）机刷卡纳税方式，便捷的网络信息管税改革的步伐越来越快。

4. 山东省——加强中介服务税收征管

税收中介服务机构具有合法代理、信用服务、提供更好服务的特点，能够及时帮助缴税人正确解读政策，提高办税效率，在法律界限范围内，维护纳税人的合法权益，履行纳税人义务。山东省平度地税局在加强中介服务行业税收征管方面有所突破。一方面，地方积极为中介服务行业创造环境，稳步改革政企、政事、政资，不断加强对中介服务机构的规范，强化对中介服务行业信用的管理和建设，努力在本地区培育一批信誉良好、竞争能力强的中介服务机构；另一方面，主动与各个税务中介机构联系，对各个机构收集的纳税人各方面的信息进行深度分析和研究，以此补充地方税务机关在某些方面信息不足的情况，并有计划地健全相关税收征管措施，从源头上堵塞税收漏洞。

5. 石狮市——构建惩防体系强化监督

地方税收保障体系如果没有强有力的监督机制，将是一纸空文。近年来，福建省石狮市地税局坚持标本兼治、综合治理、惩防并举、注重预防的工作方针，将反腐败工作纳入税收征管、税收监督等日常业务工作之中，并在平时的党建工作中加大对干部职工的廉政警示教育，从源头上杜绝贪贿腐败现象的滋生，构建教育、制度、监督并重的惩防体系。并且该局还聘请了廉政监督员，通过多种形式的学习教育，提高税务部门的工作效率，加强党风廉政建设等；走访入户，积极为该局的政风行风效能建设、税务征收管理等建言献策，促进了石狮市地方税保障体系的建设。

（二）中国部分省市加强地方税保障工作的经验启示

建立地方税收保障的综合治理格局。地方税收保障体系的全面建立是在协税护税基础上的一种全新的社会综合治税方式。一要充分利用本地区各种类型的媒介强化宣传，不断扩大社会层面对综合治税工作的了解、认知程度，拓宽人民群众的了解范围。主动与乡镇、县直单位沟通联系，构建"政府领导、地税主管、部门协作、信息共享、社会参与、齐抓共管"的地方税征收保障网络。二要强化涉税信息的收集管理，着力研究、收集各部门的涉税信息，统一数据存入格式，规范数据导入程序，解决涉税信息建立困难、共享不畅的问题。三要加大对本地区范围内重点税源、关键行业的巡查和监督，防止税费的流失，排查漏征漏管户。通过本地区电视台、有影响力的报刊等向社会公开涉税举报途径，公开举报电话、创新举报奖惩制度，充分调动社会各界参与税收保障工作的积极性。

1. 加大税收保障的地方政府支持力度

地方税收保障制度的建立是复杂的、全局性的工作，仅仅依靠几个部门在短时间内是很难完成的，需要强化政府各部门和社会各界参与协税护税的积极性。建立健全地方税源信息相互之间传递、共享机制，及时、准确地汇集各参与部门掌握的关键信息，科学研究分析，综合有效利用，形成全方位的税源监控网络，实现对税源信息的准确把握。同时，依靠地方党委、政府及各参与部门的力量，对随机分散和异地上缴的税款依法实行委托代征，严把税收管理质量，促进税收收入增长。

2. 建立地方税收保障的信息共享平台

地方税收保障体系的建设仅依靠一些制度立法是不够的，还需要信息应用平台的支撑。一方面，地方政府应积极协调各参与部门的沟通与协作，实现相关部门间信息交换和共享，为涉税信息数据库及应用支撑平台的建立搭建桥梁。同时，建立部门间涉税信息共享的长效机制，以政府文件的形式下发至各单位，保障涉税应用平台的有效运行。另一方面，地方税务部门要制定与之配套的管理制度，加强对与纳税人发生交易行为的上下游纳税人涉税信息的采集处理，并在平时的工作中定期与地方涉税信息数据库保存的信息对比，规范对数据库的管理和数据信息的利用。在这一工作的基础之上，吸纳外部与之相关的数据信息，运用高科技的数据处理技术，增强数据的有效价值，使涉税信息数据库的利用更加规范有效。

3. 健全地方税收保障的相关服务体系

方便有效的税收服务体系的建立，除去地税机关提供的常规税收服务外，还应充分发挥社会力量的活力，通过社会组织的积极作用，拓宽为纳税人提供便捷税收服务的平台和渠道。一是地税机关应为不同需求和不同对象的纳税人提供微量差别但大体统一的服务模式。同时，积极创新为不同需求的纳税人提供税收服务援助，用特殊化的服务模式为纳税人办理纳税手续、免费提供纳税信息、争取税收优惠等。二是鼓励地方税收中介服务机构的建立与发展。各地应根据实际制定本地区关于税收中介服务的发展规划，出台地方政策，激励本地区税收中介服务机构的发展。税收中介服务机构作为连接税收参与各方相互之间的桥梁，应理顺税务机关、税务中介、纳税人的关系，在税收管理方面形成相互监督制约的新型模式。三是广泛建立代扣代缴的纳税制度。代扣代缴纳税制度不仅提高了纳税人对税法的认知度和遵从度，同时又为税务机关和纳税人之间建立了便捷的纳税通道，降低了全社会的缴税成本。

4. 加强地方税收保障工作的考核力度

工作落实得好不好要靠行之有效的考核制度，地方税收保障工作亦是如此，所以地方政府还必须要在地方税收保障工作的考核上下功夫。第一，要将地方税收保障工作纳入参与部门的定期和不定期考核体系之中。在征求各方意见的基础上，认真研究制定绩效考核办法、实施细则等相关制度，制定科学的考核指标，充分考虑不同参与部门之间的工作差异，从实际出发合理设置各项考评指标及计分权重，增强考评指标的科学性和激励性。第二，加强教育激励，在各部门之间建立起绩效考核的理念。同时加强各部门对绩效考核的重视力度，以政府绩效考核为导向，不断强化地方税保障参与部门的积极性。第三，利用绩效考核结果，发挥绩效考评导向和激励约束作用。地方政府可以将考核结果与一定的奖惩机制相挂钩，同时也可以将其作为改进部门工作、改变工作方式的重要依据，将绩效考评与行政评优有机结合，确保政府各部门在地方税收保障工作方面协调一致。

四、地方税收保障体系建设的对策

地方税收保障体系的建设应当坚持政府主导、税务主管、部门联动、税源信息共享、社会共同参与的五项原则。第一，政府主导是指各级政府要做到协调、组织相关部门和单位落实地方税收保障政策，监督地方税收保障工作情况的正常进行，还可适时将其纳入工作绩效年度考核范围中去。第二，税务主管是指国税、地税机关负责税收收入依法征管，纳税资料合理收集、使用和保管，在税源严格控管、加强发票管理和欠税清缴方面发挥主要作用，公开税务信息与政策，为纳税人提供纳税便利。第三，部门联动是指财政、工商、审计、公安、统计、国土、民政等各相关部门在职责范围内，做到无偿及时协助税务机关做好地方税收征管工作。第四，税源信息共享是指各级政府通过完善政务网络系统等建立地方税收保障信息交换平台，包括财政、建设、民政、粮食等在内的33个行政主管部门和企事业单位需按规定定期向同级税务机关传递涉税信息，实现信息联动、共享。第五，社会共同参与是指相关部门、单位和个人对税务机关委托的代征、代扣代缴工作应当给予理解、支持和大力协助。任何单位和个人都有权对违反税收法律、法规的偷税漏税、非法治税等行为进行举报，税务机关根据其举报贡献程度按规定给予相应奖励。在此五项原则的指导下地方税收保障体系的建设大致包括以下四点：一是地方税务机关应当依法征收税款，不得违反法律、法规的规定随意开征、停征、少征、多征、延缓征收、提前征收税款或者摊派税款，逐渐改变"任务征税"思想。二是地方税务机关应当充分合理利用互联网信息技术和网络平台，简化税收申报征管程序，降低税收缴纳和征收成本。三是提升地方税务机关人员专业水平，创新税源管理方式，根据税源结构和分布状况，实行分层、分类、分级管理，从而提高税收管理水平。四是地方税务机关应当结合中介服务机构定期对纳税个人与法人进行纳税评估，对纳税人是否依法履行纳税义务的真实情况进行审查、分析、评价和处理。详细对策如下。

（一）加强法制化建设

1. 完善地方税收立法

首先，出台税收保障法。通过全国人大立法，出台税收保障法，将各级政府的职责、各相关部门的权利和义务全部列入其中。一是明确领导责任。在税收保障法中要明确税收征管保障工作的领导责任，完善地方税收保障体系，成立地方税收保障工作领导小组。二是明确部门职责。负责协税助税的部门应做好相关工作，积极、主动给予税务部门配合，规范、完善本部门的工作，确保严格、到位落实有关要求。对由于与税务部门配合不力，给国家税收收入造成损失的单位和个人，要严肃追究其有关领导和相关直接责任人的责任。

其次，建立税收司法保障体系。建立税收司法保障体系主要涉及两个方面的内容：一是规范履行公检法机关的税收司法权；二是设置专门的税收司法机构。税务案件的处理不同于普通案件，它专业性极强，因此，建立专门的税务司法保障组织体系是现在特别亟须的工作，可为税收司法保障制度充分、有效发挥作用提供组织保证。例如，建立健全个人信用登记制度，目前个人信用档案收集的信息从最初单纯的银行信息延伸到非银行信息，包括社会保障信息、个人住房公积金缴存信息、公共事业费用的信息等方方面面，现在更应将欠税、偷逃税等信息也纳入进去进行完善。实现缴税、缴费、银行存款、办理房产证都使用一个号码。纳税人在购房、购车、银行贷款时必须有税务机关出具完税证明及没有偷逃欠税的证明。

最后，规范税收优惠政策。由于现行法律中关于地方政府税收优惠政策方面的规定各地都不太一样，地方政府为了吸引税源，就采取多给税收优惠的方式，这样就会造成各地税收的恶性竞争。短期看，这样做虽有利于提高某地的税收收入，但是从整体和长期来看，并不利于国家税收收入的增长，所以国家要规范税收优惠方面的立法，减少不正当竞争而造成的税收流失。

2. 加强税收法制宣传力度

相关税收政策提出后，政策的宣传也不可忽视，这样才能为税收征管创造一个优良的社会环境。以前税收法制宣传多采用传统的广播、电视等手段来进行，这些传统宣传方式的效果并不突出，所以，为了使税收法制能更深入人心，相关部门可以举办税收宣传下基层、深入社区活动，对税收政策、法律、法规进行大力宣传。例如，可在房地产交易场所做宣传，这种宣传方式更为人性化，更加贴心、亲民；建立税务咨询服务平台，更好地解决纳税人纳税过程中遇到的麻烦；也可在办税大厅中设立税收知识宣传栏，向纳税人普及税收知识，如办税的基本流程、如何受理投诉等问题，真正做到使税收政策深入人心，一切服务于民。

（二）加强信息化建设

涉税信息的采集、处理、利用是信息治税的核心工作。由于涉税信息具有种类多、数量大、时效性强的特点，加快信息化建设步伐，加强信息共享平台建设，是提高信息利用效率的必然选择。在现有综合治税平台的基础上，可将政府有关部门的审批、办公系统与综合治税平台联网，畅通部门间信息共享的通道；对综合治税平台进行智能性开发，增加自动采集、自动比对、自动预警功能，拓展信息采集范围，不断完善综合治税信息共享平台功能，切实发挥现代信息技术的优势。同时，加快政府各部门网上审批、网上办公建设步伐，为全面推进综合治税信息化建设打好基础。

1. 加强税源监控信息化

税源监控最终还是要经过人来实施，税源监控信息化倘若离开作为价值主体的人而谈建设，那么将会陷入无本之源的境地。税源监控的信息化必须有一支业务能力强的干部队伍，更应该有一群懂现代信息技术的人才。并且要建立完善的人才激励机制，好的激励机制能够激发人的潜力，也能够做到保障人才队伍的稳定性以持续推进信息化建设。加强信息化条件下的基础设施建设是税源监控信息化建设的重要条件。在信息化建设持续推进中，地方各级税源监控的信息化却与国家整体的信息化建设出现不同步的现象，地方由于地域偏僻，抑或是资金的缺乏，其基本的计算机网络建设滞后于税务业务的需要。基础设施建设首先要加强计算机网络建设。计算机网络作为税务管理信息系统的重要基础平台，同时也是实现地方税税源监控信息化的基础，在现代税务管理中发挥着至关重要的作用。

2. 加强税收管理信息化

改革完善税务管理手段，需以信息化为基础建立现代税收管理模式。税收管理只有实现信息化才会高效运转，信息化的实现有利于大大提高税收服务质量，信息化还对提高征管效率和降低征纳成本作用巨大。目前，征管体系中正在建立依托网络的征管方式，但是并没有发挥计算机广域网的巨大作用，效果并不好。所以，税务信息管理系统以省级税务机关为主导，便可做到高度集中处理税务信息。税务信息管理系统承担的职能广泛，具体包括各级税务机关的行政管理、税收业务信息管理、其他相关部门的决策支持和对外部信息的应用，而保证这一系统的高效性、安全性、严密性是我们必须达到的。建立税收业务管理和税务部门行政管理这两个内部系统迫在眉睫，在此基础上建立健全税收决策系统和外部信息交换系统，特别针对纳税人服务环节也要建立相关系统，保障税收征管和决策的贯彻落实。

3. 主动公开政府信息情况

首先，公开政府部门职能职责。各级地方税务部门应当将地方税收征管范围、工作职能、内部机构设置、举报投诉方式、税务机关应履行的责任与义务等内容全面向纳税人公开，从而加强广泛的社会监督。同时，将办税服务厅的服务内容、窗口职能及相关工作人员的姓名、职责进行合理的公开公示，最大限度为纳税人提供优质服务，同时也敢于接受来自纳税人的全面监督。其次，公开涉税政策。将各项税收政策尤其是税收优惠政策作为政务公开的主要内容，依法进行重点公开。对于中央涉及国计民生与老百姓切身利益的涉税内容及省委、省政府制定的关系纳税人切身利益的涉税优惠政策，各级地税部门都应及时予以公布。完善12366纳税服务热线，提升专人税法咨询解答水平，安排专业人士对纳税人提出的涉法涉税政策问题进行解答，为纳税人提供全天候咨询服务。最后，公开征管流程。以公正执法、公平税负为目标，着力抓好制定、征收、优惠、稽查四个关键环节的税务公开。制定方面，严格评定程序方法，规定每一户纳税人都要通过专管员、税务所、县局评税委员会三个程序，同时将评税依据、核税过程、定税结果限期在税务公开栏、办税厅进行公示，确保同规模、同行业、同区域纳税人税负基本一致。税收优惠方面，在全国税务系统上试运行并推广减免税管理信息系统，通过互联网在线完成减免税申请、受理、核查、审理等所有程序，真正实现"阳光减免"，接受来自社会各界的监督。

（三）加强专业化建设

首先，税务机关要加强对税务人员"执法风险"的警示教育和"法治"教育，不断提升税务人员的"依法治税"观，提高依法行政意识，自觉地学法、懂法、守法，从而达到让"法治"观念深入每一位人民公仆的内心。在执法上要杜绝侥幸和麻痹心理，并有针对性地对税务人员进行政治教育和业务技能培训，以全方位提高税务人员的综合法治素质。

其次，通过提高税务干部的素质，加强合作，全面提高税收征收管理水平。地方税收收入的稳定与可持续需要一个紧密联系、有效制约的保障体系。第一，保证制度上全面支持，完善征管查三位一体，做到更好地配置资源、更为精细地分工。第二，税收征管要做好规划，对税款进行有条理的征收和管理，正确有效地进行稽查。第三，加强各个部门交流沟通，管理的条理性依赖于管理的科学性，而管理的科学性则需要信息技术和计算机软件的配合，这就需要提高员工队伍的计算机水平。只有建立配套的协作机制，才能实现管理的有条不紊，改善税收的管理现状。

最后，要严格考评，工作落实有责。健全政务公开、责任追究制度，严格督促检查，制定机关和全系统的绩效考核管理办法时，把政务公开工作纳入其中，重点在政务公开制度的健全性，职责的明确性，内容的真实、准确、全面性，时限的及时、有效性，载体是否方便纳税人和社会公众及时获取相关信息等方面，对政务公开工作进行全面考核，并在系统内公开考核结果，以确保各项责任落实到每一个岗位甚至是每一个人。

在具体措施上：一是地方税务机关应当依法为纳税人、扣缴义务人等相关责任人提供税法宣传、培训辅导、纳税咨询、办税指南等服务。二是地方税务机关应当建立健全公开办税制度，做到税收法律法规及其变更、税收优惠政策变化、办税程序及服务规范流程、纳税人权利与义务等事项的及时全面公开，依法保障纳税人的税收知情权和参与权。三是为了及时化解涉税争议，地方税务机关应当建立税收政策依法执行和税收缴纳有异议的协调、调解机制。四是地方税务机关应当在收集、使用和保管纳税人的涉税信息时做到合法、慎重。法律、法规规定除外，不经纳税人同意，地方税务机关不得随意公开纳税人相关的个人隐私和商业秘密。五是地方税务机关应当根据当地纳税人实际情况，为有特殊困难的纳税人办理纳税事宜提供必要的纳税便利。六是应当建立健全社会各界对地方税务机关的监督机制，税务机关要做到接受新闻媒体、社会团体和纳税人对税收执法的合理的评价和监督，及时公开回应制定的改进措施，并及时反馈改进结果与成效，形成税务机关同社会及纳税人的良性互动机制。

（四）加强多部门协作

加强与银行等多部门的合作至关重要，应建立与银行、财政、工商、海关等部门的横向网络的紧密联系。具体措施如下：金融机构应当依法按要求向地方税务机关提供其需要的从事生产、经营的纳税人开立账户的情况，并且应当依法协助其实施税收保全及税收强制执行措施。财政部门应当实时依法对纳税人财务会计制度执行情况进行监督和检查，发现有涉税违法行为的，应及时通知同级税务机关依法处理。审计依法进行审计、检查时，发现被审计单位有税收违法行为的，应向被审计单位下达意见书，让被审计单位及时向税务机关缴纳应缴税款、滞纳金。若工商、国税部门在执法过程中发现涉嫌违反地方税收法律法规的行为，应当及时通知同级地方税务机关依法处理。纳税人或者其法定代表人在出境前未按照规定结清欠缴的应纳税款、滞纳金或者提供纳税担保的，公安机关应协助地方税务机关阻止其出境；公安机关应当依法及时处理地方税务机关移送的涉嫌犯罪案件。只有向不动产登记机关提交税务机关出具的完税、不征税或者减免税证明，方能申请办理不动产转移登记；不提交不动产登记的则不予办理。

推进委托代征。目前，由于税务部门征管力量有限，除集中优势力量控管重点税源和高风险税源外，没有更多力量对零散税源实行有效控管。推进社会化管理，实行委托代征是有效管控零散税源的有效途径之一。税务部门可对需要委托代征的零散税源进行研究，提出委托代征方案，报市政府批准后，由综合治税办公室、零散税源行政主管部门牵头，组织有关单位与税务机关签订受托代征税款协议，对零散税源实施有效代征，填补税收漏洞。例如，可与工商管理部门进行配合，建立股权变更信息登记制度，实现所得税等相关税收的委托代征管理；通过与国土部门的合作，进行"先税后签"可控制土地使用税、耕地占用税等税种的委托代征与税源管理；而与交通部门的配合，可在交通部门进行车辆验审时，让其依法代征运输业相关税收；与国税部门配合，可加强代开增值税发票业户和临时户的城建税及教育费附加的税源管理；加强与专业市场管理委员会的配合，规范专业市场税收的委托代征管理。

外部部门的配合在加强征管工作中发挥着举足轻重的作用，要做到税收管理的精细化必须要协调好各部门关系。为了满足税务服务日益增长的需求，可将民间提供志愿服务的组织或者是社会中介部门纳入纳税征管系统中来，借助它们的力量来提高税务机关纳税征管服务水平，从而使税收服务的社会化大大提高，税收服务的质量也会提高，越来越能满足人们对于高质量服务的要求。

（本节原载于《经济研究参考》2014 年第 52 期 61-70 页，被人大复印资料《财政与税收》2015 年第 1 期转载）

第六节　综合治税现状、存在问题与完善对策

近年来，河北省综合治税的开展已经取得一定的成效，为稳定财政收入增长、提高税收征管水平发挥着重要的作用。但是，综合治税管理中法制化、信息化水平有待提高，需要不断完善。本节在总结河北省综合治税现状的基础上，客观分析了综合治税存在的问题，并从加强地方政府支持力度、加强法制化建设、加强信息化建设和加强监督管理等方面提出了完善对策。

一、河北省综合治税开展的基本情况

2011 年 6 月，河北省人民政府印发《河北省人民政府关于建立综合治税大格局的实施意见》，对全省综合治税工作做出了全面部署。在省政府的带动下，全省各级、各部门以"政府领导、财政牵头、信息支撑、齐抓共管"为总要求，健全工作机制，强化工作措施，加强税源管理，取得了一定的成效，有力地促进了财政收入稳定增长、税收环境不断优化、税收征管不断完善。

（一）组织机构是综合治税的基本条件

完善的组织机构是开展综合治税的必要条件，为综合治税管理提供了良好的基础。在省领导重视的基础上，河北省综合治税已经形成自上而下的系统性、完整性体系。从纵向看，省、市、县各级机关均成立综合治税领导小组，负责本地区综合治税管理，层层抓管，形成全省覆盖的统一的整体；从横向看，各级政府组建的综合治税领导小组均涉及财政、国税、地税、工商、电力等成员单位，由综合治税办公室发挥牵头作用，加强各成员单位之间沟通联系，强化协调，解决各种税收相关问题，形成积极参与、齐抓共管的良好氛围。

（二）法制化水平是综合治税的重要依据

依法治税是税收工作的灵魂，综合治税实质上是以法律、法规、规章等为依据的地方政府多部门合作的税收征管活动，是依法治税的重要表现形式。实施综合治税始终贯彻依法治税的根本要求。综合治税的法律保障主要依据《税收征收管理法》。这是综合治税实施必不可少的法律文件，也是综合治税顺利实施的重要依据。

（三）信息化水平是综合治税的核心内容

目前，社会已经进入一个信息化时代，税收管理与信息化的结合，直接影响综合治税水平，是综合治税不可或缺的核心内容。在优化与发展税源管理新模式过程中，把涉税信息平台建设作为综合治税一项基础性工作，不断提升平台功能，实现省、市、县全覆盖，增强信息控税效果。一是强化信息采集，根据综合治税需要，不断优化涉税信息的共享目录，切实做到集中采集与分散采集相结合，采集信息质量不断提升；二是加强信息比对分析，通过信息有目的性自动对比分析，挖掘潜在税源；三是加强信息查证反馈，通过信息采集、比对，将综合治税与税收征管、税务稽查等相结合，提高税收收入。

（四）专项检查是综合治税的有效推手

开展专项检查是综合治税督导检查的一种方法，是综合治税治理的有效推手。专项检查不仅可以发挥多部门协作优势，还可以扩大综合治税增收成效。专项检查主要以对重点行业、重点税种等进行督导检查为基础，主要有商品房产出租税收、福利企业税收、医保卡信息专项等，取得了一定的成绩。截至 2014 年上半年，通过省统一部署专项行动清缴税款 2.13 亿元，市、县通过自行组织专项行动清缴入库税款 27.31 亿元，为提高税收征管质量提供了有效方法。

（五）调研分析是综合治税的辅助手段

调研分析为综合治税开展确定了重点方向，成为综合治税实施的辅助手段。河北省综合治税将调研分析作为工作重点，使其发挥应有的参谋助手作用。一是开展全省财源普查调研活动，通过财源普查，摸清全省财源情况及底数，有利于反映税收征收情况，找寻收入增长点。二是开展纳税风险评估。通过对全省进行纳税风险评估，深入找寻税收的风险点和潜在增长力，2014 年全省开展行业（产品）评估企业 2 631 户，发现涉税风险企业 1 003 户，查补税款 2.26 亿元。三是开展税收形势分析，定期对全省税收、经济相关等方面进行专项分析预测。在河北省经济结构转型中，专项分析为调整经济结构、增加收入提供了重要依据。

二、河北省综合治税存在的问题

（一）治税整体意识有待提高

全省综合治税开展已取得一定成绩，也得到全省各级政府的大力支持，宣传力度也不断加大，但是仍存在相关部门、相关人员、社会人员对综合治税理解不到位的现象，主要表现在：一是思想上认识不够，未认识到综合治税是顺应时代的信息化征管模式。二是宣传力度不深。有时宣传深度、广度不够，只是停留在"面"上的有声有势，缺乏"质"上的深入人心。三是治税相关人员素质有待提高。综合治税涉及面广、涉及业务复杂，不仅包括财政、税收、工商等相关部门相关知识，也对计算机、网络等现代技术有较高的要求，目前工作人员在业务、技术等方面存在一定的欠缺。

（二）法制化水平力度不足

目前，河北省开展综合治税的法律依据不足，成为制约工作深入推进的瓶颈。《税收征收管理法》虽然规定政府部门有协税护税的义务，但是在仅有原则的情况下，地方在实施综合治税上仍存在一定的难度。同时，以地方性法规的形式，最大限度地规范地方部门保障协税护税有法可依，也是十分必要的，如山东、宁夏等多省区市均已出台相关税收保障条例，但河北省在这方面仍有欠缺。此外，公民纳税观念差，存在偷税漏税现象和税收盲点，这也是法制宣传力度不足造成的，不利于综合治税法制化的推广及综合治税工作的进行。

（三）信息化水平需要完善

通过信息来监管税收、摸清经济形势是现今综合治税监管的重要方式，目前很多省区市在此方面均有所突破，构建了比较完善的涉税管控体系。河北省综合治税虽然已经建立财政牵头的综合治税体系，但在信息化方面仍有许多需要完善的地方。

1. 治税平台数据涵盖面窄

数据信息的收集与范围，决定着综合治税比对、分析、利用的效率，是综合治税开展的基础性工作。目前，河北省综合治税信息收集涉及三十多个成员单位，但信息仅包含了简单的涉税内容，未包含涉税其他相关内容，如个别企业的税负、详细税收状况、财务状况、企业的经营情况等一系列反映经济形势、财务状况、税收情况的信息，不利于为综合治税微观税收分析提供数据支持。

2. 治税信息利用效率低

综合治税的最终目的是根据收集到的数据进行分析加工和挖掘，将涉税信息转化为征管效果。目前，河北省的综合治税信息共享平台数据采集数量大，分类不明确，数据整合不清晰，数据对比结果不准确，造成数据信息利用率低。此外，信息的集中共享、比对分析和综合利用功能显得略微不足，不能较好地利用。

（四）治税形式手段单一

专项清查是堵漏增收最直接的工作手段，这种手段不仅易抓易管，还具有针对性。因此，全省各地市综合治税的开展主要是以各项专项清查为主，如医保卡、"以电控税"、商品房出租专项整治等。但除此之外，各地区综合治税未能通过收集的大量数据信息，加以比对、分析，并充分利用，形成多种渠道、多种手段的治税手段。

三、提升河北省综合治税水平的对策

在新的形势下，我们不仅要顺应当前经济发展形势，也要不断提高自身征管水平，必须努力构建与现代化税收征收管理体系相适应的综合治税管理工作新机制，加大工作力度，努力推动河北省综合治税向纵深发展，确保税收征管健康、高效和可持续发展。

（一）加强地方政府支持力度

综合治税是一项系统、复杂的工作，涉及部门多、内容多，仅仅靠几个部门不足以完成综合治税的高效工作，强化政府各部门及社会各界参与，是健全机制，形成全方位的税源监控网络，实现对税源信息准确把握的最佳途径。因此，全省综合治税应该在机制建设上，建立包含组织领导、部门配合、人员素质提升、考核奖惩等相匹配的、完善的长效机制；在岗位设计上，整合业务流程，形成更加协调的管理体系。同时，积极研究将社会治税纳入综合治税中，促进部门间、部门和社会间和谐融洽，提高综合治税成效。

（二）加强法制化建设

1. 建立地方税收保障条例

首先，建立配套的地方税收法规。河北省综合治税相关法律规范不健全，应积极由综合治税办公室牵头，尽快制定《河北省税收保障条例》，确保在综合治税工作上健全法律法规基础。其次，积极开展地方税体系研究。"营改增"后，地方政府将缺失主体税种，如何确保地方收入稳定及如何稳定地方收入、完善地方税收征收管理，为税制改革提供有力的研究基础，对地方税体系的研究尤为重要。再次，规范税收优惠政策。在现行法律中，国家关于地方政府税收优惠方面的政策各不相同，地方政府为了吸引税源，大多采取税收优惠方式，形成经济方面的洼地效应，不利于地区长久平稳发展。因此，一是积极响应国家号召，梳理并清理本地区税收优惠政策；二是利用综合治税信息平台，有效摸清全省税收优惠政策情况，同时为全省税式支出的测算纳入预算提供数据依据。

2. 加大税收法制宣传力度

大力宣传税收政策能为税收征收管理创造良好的社会环境。为了使税收法制深入人心，更有利于综合治税开展，应积极拓宽涉税宣传渠道，使涉税宣传主体更加多样化，除原有传统的广播、电视、报纸等方式外，也可采用税收宣传下基层、深入社区活动等方式。此外，政府相关部门为社会提供公共服务的同时，从多方面、多渠道提供相关税收宣传、内在便利及经济服务。

（三）加强信息化建设

涉税信息的采集、处理、利用是综合治税的核心工作。由于社会信息种类多、数量大、时效性强，加快信息化建设步伐，完善信息共享平台的建设，是提高信息利用效率的必然选择。

1. 强化涉税信息收集

第一，扩大数据采集面。用数据来支撑综合治税，增强数据的权威性、实用性和科学性是综合治税的主要内容。应积极做到以综合治税共享平台为基础，不断拓展数据共享范围，将涉及全省经济运行的财政收支信息、行业企业信息、经济资源信息、宏观经济信息等纳入数据采集范围，并实现实时传输。此外，着力研究数据相关性，收集各部门的涉税信息并统一数据格式，将收集的数据自我更新、自我归类整理，以提高审核、比对、分析、评估、应用等利用效率。第二，提高数据利用率。加强数据信息的利用，充分发挥综合治税效果。首先，专门设立数据分析应用机制，开发数据加工利用模块，实现数据利用高效化；其次，充分利用涉税信息，强化税收收入形势、宏观经济形势动态监测分析，并开展不同的专题分析研究，做到及时发现问题、解决问题。第三，通过信息的集中共享、分析和综合利用，进行有效防范预警、风险监控，并将异常数据反馈于相关人员，进行核实并处理，务求实效。

2. 加大税源管理信息全面化

一是开展重点税源、行业动态监测。扩大本地区范围内重点税源、关键行业的排查、跟踪与分析，及时掌握税收实际情况，防止税费流失，同时监控全省经济发展态势，为经济结构转型提供数据支持。二是分行业、分税种实行模块化信息管理，使税收征管更加精细，水平不断提高。三是设立纳税评估预警指标，实现纳税评估信息化。在信息共享平台中，设立分析结果预警体系，针对有问题情况提示预警，争取做到早发现、早处理。通过信息管理系统的不断完善，不断提高综合治税管理技术。

（四）加强监督管理

第一，完善信息利用链条，强化以分析为主导。充分运用第三方信息采集技术，通过信息存储、数据挖掘等技术，利用数据信息，最大限度发挥数据分析功能，以分析为主导检查，发现征管风险点，及时填补漏洞，创建综合治税信息分析模式。第二，有效跟踪检测分析，强化整体形势评估。依据数据信息的检测、重点税源、行业的跟踪分析，动态掌握全省经济发展状况、税源征收情况、纳税情况、企业发展情况等，及时研究提出措施，为全省经济转型、收入增收提供有效数据支撑。

（本节原载于《经济研究参考》2014 年第 52 期 70-72 页）

参 考 文 献

陈澄. 2011. 隐性债务驱动下的投资：全国社保基金资产配置战略选择[D]. 苏州大学硕士学位论文.

陈树存，宋凤轩，赵冰洁，等. 2014. 河北省综合治税现状、存在问题与完善对策[J]. 经济研究参考，（52）：70-72.

陈雪，张岱渭. 2014. 我国个人住房房产税法律制度的构建[J]. 河北大学学报（哲学社会科学版），（1）：74-77.

陈志楣. 2000. 税收制度国际比较研究[M]. 北京：经济科学出版社.

成继平. 2008. "省管县"财政体制的成本—收益分析[J]. 消费导刊，（4）：93-94.

崔志坤. 2013. 基于课税模式转变视角下的个人所得税征收管理框架分析[J]. 地方财政研究，（9）：49-55.

邓大松. 2002. 社会保险[M]. 北京：中国劳动社会保障出版社.

丁庆华. 2012. 优化投资组合视角下的社会保障基金投资策略研究[D]. 南昌：江西财经大学硕士学位论文.

高培勇. 2003. 中国：启动新一轮税制改革[M]. 北京：中国财政经济出版社.

高培勇. 2011. 迈出走向综合与分类相结合个人所得税制度的脚步[J]. 中国财政，（18）：40-41.

谷成. 2014. 从理论研究到制度优化：现实约束下的中国个人所得税改革[J]. 经济体制比较，（1）：16-23.

谷彦芳，刘曼. 2016. 我国国库集中支付制度运行评价及完善对策[J]. 经济研究参考，（40）：15-19.

谷彦芳，孙颖鹿. 2017. 我国分类个人所得税制改革评价与完善对策[J]. 河北大学学报（哲学社会科学版），42（4）：111-117.

哈妍，宋凤轩. 2012. 我国开征社会保障税的理性思考[J]. 山东纺织经济，（1）：27-29.

侯平，周廉，张海波. 2006. 加强与完善外籍人员个人所得税征收管理[J]. 税务研究，（8）：92-94.

黄熙. 2005. 社保基金筹资模式选择与投资运营管理[D]. 天津大学硕士学位论文.

黄运. 2014. 税收调节国民收入分配的作用与路径探析[J]. 税务研究，（10）：26-28.

贾康，白景明. 2002. 县乡财政解困与财政体制创新[J]. 经济研究，（2）：3-9.

蒋志强. 2002. 推进我国企业年金发展的必要性及对策研究[J]. 广西经济管理干部学院学报，（3）：33-38.

焦建国，郑建新. 2002. 预算是什么：关于预算的几个基本认识[J]. 财政研究，（7）：2-6.

靳东升，李本贵. 2006. 企业所得税理论与实践[M]. 北京：经济科学出版社.

靳东升. 2003. 税收国际化趋势[M]. 北京：经济科学出版社.

孔振华. 2007. "省管县"财政体制的评析与推进思路探讨[D]. 西南财经大学硕士学位论文.

李克桥. 2016. 以直接税为主体的地方税制体系建设研究——基于"营改增"的背景[J]. 财政监督，（13）：63-67.

李克桥，宋凤轩. 2011. 个人所得税各类客体的税负比较[J]. 中国财政，（22）：35-36.

李克桥，宋凤轩. 2012. 完善现行消费税抵扣政策的几点建议[J]. 中国财政，（10）：36-37.

李堃. 2015. 中国地方税体系改革研究[D]. 吉林大学硕士学位论文.

李西. 2013. 我国社保基金最优投资组合研究[D]. 华南理工大学硕士学文论文.

李晓红，穆军. 2009. 全国社会保障基金投资状况及其保值增值问题探讨[J]. 财会研究，（7）：48-49.

李旭红，贾浩波，郭雪剑. 2004. 从公平角度看中外企业年金税收优惠[J]. 比较税收，（2）：41-45.

李珍，孙永勇. 2003. 中国养老社会保险基金政策性资产分配决策分析[J]. 社会保障问题研究，（2）：136-163.

林羿. 2002. 美国的私有退休金体制[M]. 北京：北京大学出版社.

刘军，郭庆旺. 2001. 世界性税制改革理论与实践研究[M]. 北京：中国人民大学出版社.

刘卫东. 2007. "扩权强县"与地区公共产品供给研究[J]. 学术交流，（8）：100-103.

刘孝诚，刘静. 2002. 论国家财政监督机制构建 4——预算监督[J]. 财政监督，（7）：32-33.

龙菊. 2006. 我国社会保障储备基金投资问题研究[D]. 首都经济贸易大学硕士学位论文.

马启明. 2004. 私营企业投资人个人所得税的征管[J]. 统计与决策，（12）：118.

时杰. 2010. 战略性新兴产业发展中的政府角色[J]. 领导之友，（5）：8-9.

施正文. 2011. 分配正义与个人所得税法改革[J]. 中国法学，（5）：77.

宋凤轩，蔡建荣，王晓亮. 2009. 当前中国所得税改革的基本原则问题探讨[J]. 山东纺织经济，（6）：36-37.

宋凤轩，曹万鹏，谷彦芳. 2015. 化解产能过剩背景下如何正确认识河北省财政增收问题[J]. 经济研究参考，（63）：4-7.

宋凤轩，陈树存，董群，等. 2014. 我国地方税保障体系运行评价与完善对策[J]. 经济研究参考，（52）：61-70.

宋凤轩，谷彦芳. 2006. 国外促进就业的财税政策措施及借鉴[J]. 中国财政，（6）：79-80.

宋凤轩，谷彦芳. 2009. 所得税国际化内涵与中国企业所得税国际化进程评析[J]. 河北大学成人教育学院学报，11（1）：84-86.

宋凤轩，李林. 2013. 财政支持高新技术产业发展的实证分析与对策建议[J]. 河北大学学报（哲学社会科学版），38（6）：63-67.

宋凤轩，李少龙，姜晓杰. 2014. "营改增"背景下消费税"扩围"和"调整"的改革建议[J]. 中国财政，（5）：44-45.

宋凤轩，李少龙. 2015. 推进我国直接税制度建设的障碍与破解对策研究[J]. 财政研究，（7）：75-80.

宋凤轩，宋超. 2003. 西方国家国库管理制度特点及借鉴[J]. 经济研究参考，（90）：31-35，48.

宋凤轩，孙颖鹿. 2016. 我国绩效预算管理制度运行的路径选择[J]. 经济研究参考，（40）：4-9.

宋凤轩，肖维娜. 2013. 提高个人所得税征管水平的对策建议[J]. 经济研究参考，（46）：38-40.

宋凤轩，徐宗欣. 2016. 政府采购制度现状分析与完善对策——以河北省承德市为例[J]. 财政监督，（14）：51-57.

宋凤轩，于晓峰. 2013a. 地税税收精细化管理运行评价与完善对策[J]. 经济研究参考，（46）：8-12.

宋凤轩，于晓峰. 2013b. 推进税收征管改革的几点建议[J]. 税务研究，（8）：78-79.

宋凤轩，张亚凯. 2016a. 强化税收调节收入分配功能的路径选择[J]. 河北学刊，36（1）：126-130.

宋凤轩，张亚凯. 2016b. 我国直接税征管存在的问题及完善对策[J]. 河北大学学报（哲学社会科学版），41（4）：114-122.

孙健夫，张晋武，张晓光. 2006. 财政学[M]. 石家庄：河北人民出版社.

孙健夫，朱天华. 2014. 关于逐步提高直接税比重的几个问题[J]. 河北大学学报（哲学社会科学版），（5）：14-17，159.

孙健夫. 1998. 中国税制导论[M]. 保定：河北大学出版社.

孙颖鹿，宋凤轩，段杰仁. 2015. 促进河北省文化创意产业发展的财税政策[J]. 经济研究参考，（63）：17-21.

孙颖鹿，宋凤轩. 2016. 我国预算公开制度的评述与展望[J]. 经济研究参考，（40）：9-15.

孙昭杨. 2007. "省管县"财政管理体制研究[D]. 西南财经大学硕士学位论文.

田学辉. 2009. 全国社会保障基金投资理念与绩效分析[J]. 湖北经济学院学报（人文社会科学版），6（11）：49-50.

童锦治，李星，周竺竺. 2010. 中美两国直接税收人调节效应及其原因的比较[J]. 涉外税务，（10）：41-46.

王争亚，袁媛. 2011. 关于全国社保基金投资管理的思考[J]. 商业时代，（18）：58-59.

韦宁卫. 2006. 关于完善个人所得税征管问题的建议[J]. 改革与战略，（S1）：89-90.

熊军. 2009-05-11. 资产配置系列研究之六：商品期货对养老基金资产配置的改善[EB/OL].
　　http://ishare.iask.sina.com.cn/f/11645844.html.

徐金强. 2003. 深圳市高收入者个人所得税征管的现状、问题及对策[J]. 涉外税务，（11）：
　　24-27.

严鹏理. 2009. "省管县"财政体制改革研究[D]. 西北大学硕士学位论文.

杨灿明，李景友. 2004. 政府采购问题研究[M]. 北京：经济科学出版社.

杨丹华. 2010. 社会和谐视角下社会保障"费改税"问题再思考[J]. 陕西行政学院学报，
　　（5）：8-11.

杨君. 2011. 全国社会保障基金的投资运营研究[D]. 财政部财政科学研究所硕士学位论文.

杨真祝，刘朝明. 2001. 公共财政管理[M]. 上海：上海财经大学出版社.

叶栩青，王方华. 2003. 企业年金计划中的税收问题研究[J]. 上海会计，（5）：38-40.

张斌. 2011. "综合与分类相结合"的个人所得税征管机制研究[J]. 涉外税务，（9）：18-21.

张继红，李健，毕晨飞. 2006. 我国高收入群体隐性收入个人所得税征管对策研究[J]. 商业研
　　究，（13）：143-145.

张照东. 2007. 政府采购制度比较研究[M]. 南昌：江西人民出版社.

郑秉文. 2004. 建立社保基金投资管理体系的战略思考[J]. 公共管理学报，（4）：4-21.

郑功成. 2008. 社会保障学[M]. 北京：中国劳动社会保障出版社.

中国注册会计师协会. 2008. 税法[M]. 北京：经济科学出版社.

钟清流. 2010. 战略性新兴产业发展思路探析[J]. 中国科技论坛，（11）：41-45.

周寻. 2010. 中国基金制养老基金投资运营研究[D]. 辽宁大学博士学位论文.

朱青. 2003. 国外企业年金计划的税收制度及启示[J]. 涉外税务，（8）：46-50.